कटरा बी आर्ज़ू

[उपन्यास]

कटरा बी आर्ज़ू

राही मासूम रज़ा

राजकमल प्रकाशन

ISBN : 978-81-267-0522-1

मूल्य : ₹595

पहला संस्करण : 1978
पाँचवाँ संस्करण : 2022

प्रकाशक : राजकमल प्रकाशन प्रा. लि.
1-बी, नेताजी सुभाष मार्ग, दरियागंज
नई दिल्ली-110 002

शाखाएँ : अशोक राजपथ, साइंस कॉलेज के सामने, पटना-800 006
पहली मंजिल, दरबारी बिल्डिंग, महात्मा गांधी मार्ग, प्रयागराज-211 001
36 ए, शेक्सपियर सरणी, कोलकाता-700 017

वेबसाइट : www.rajkamalprakashan.com
ई-मेल : info@rajkamalprakashan.com

मुद्रक : बी.के. ऑफसेट
नवीन शाहदरा, दिल्ली-110 032

KATRA BI ARZU
Novel by Rahi Masoom Raza

बयान

मनकि राही मासूम रज़ा पुत्र स्वर्गीय हाजी सैयद बशीर हसन आब्दी, एक़रार करता हूँ कि यह एक झूठी कहानी है। इसके पात्र झूठे हैं, जगहों के नाम ग़लत हैं। घटनाएँ गढ़ी हुई हैं।—परन्तु यह झूठ बोलने पर मैं शर्मिन्दा नहीं हूँ।

राही मासूम रज़ा

10-देवदूत,
बैंडस्टैंड, बान्द्रा,
बम्बई-400 050

अपने दो दोस्तों, विमल दत्त और अजीज़ कैसी, के नाम कि लगभग दो बरस पहले उन्होंने फ़िल्म राइटर्ज़ एसोसिएशन की भरी सभा में उस प्रस्ताव का विरोध करने में मेरा साथ दिया था जो श्रीमती गाँधी की खुशामद में फ़िल्म राइटर्ज़ पर थोपने की कोशिश की जा रही थी। इन दोनों यारों ने इस शाम उसी प्रस्ताव के विरोध में मेरे साथ सभा से वाक-आउट करने की हिम्मत भी की थी।...

...और उस रात के नाम जो उस शाम के बाद आई थी और जेल के डर में गुज़री थी।

राही मासूम रज़ा

भूमिका

रोशनाई के लिए अपने को बेचा किए हम
ताकि सिर्फ़ इसलिए कुछ लिखने से बाक़ी न रहे
कि क़लम ख़ुश्क थे और लिखने से मजबूर थे हम

राही मासूम रज़ा

के.बी.ए. फ़ाइल

वास्तव में उस कटरे का नाम 'कटरा बी आर्ज़ू' नहीं था। उसका असली नाम 'कटरा मीर बुलाक़ी' था। कारपोरेशन के काग़ज़ों में भी उसका यही नाम लिखा हुआ था। वह तो हुआ यूँ कि जिस दिन शहनाज़ और मास्टर बद्रुल हसन 'नायाब' मछलीशहरी की शादी तै हुई उसी रात उन्होंने इस कटरे का नाम बदलकर 'कटरा बी आर्ज़ू' रख दिया। यूँ भी वह बहुत दिनों से देखते चले आ रहे थे कि उनके कटरेवालों के पास और तो कुछ नहीं पर आर्ज़ूएँ बहुत हैं।

गली के नुक्कड़ पर जहाँ 'गली द्वारिकाप्रसाद' का बोर्ड लगा हुआ था वहीं, बल्कि उसी बोर्ड पर, कटरेवालों में से किसी ने पहले ही से 'कटरा मीर बुलाक़ी' लिख छोड़ा था। नायाब मछलीशहरी ने उसी के नीचे, जेब में पड़ी हुई चाकू के टुकड़े से, 'कटरा बी आर्ज़ू' लिख दिया।

उधर से हर रोज़ गुज़रनेवाले एक पत्रकार ने यह नया नाम पढ़ा और पसन्द किया। उसने इस नये नाम पर एक लेख लिख डाला जो सम्पादक को पसन्द आया और उसने एक सीरियल लिखने की फ़रमाइश जड़ दी। उस पत्रकार के पास उन दिनों कोई ख़ास काम नहीं था इसलिए वह उस 'सीरियल' में जुट गया।

परन्तु सरकारी तौर पर चूँकि कोई 'कटरा बी आर्ज़ू' था ही नहीं, इसलिए शहर की सरकार को परेशानी हुई कि कहीं यह सरकार का तख़्ता उलटने की किसी साज़िश का 'कोड नाम' न हो। तो, खुफ़िया पुलिस के कार्यालय में एक 'के. बी. ए.' फ़ाइल खुल गई।

उस पत्रकार बिचारे को इस साज़िश की ख़बर नहीं थी। वह तो ग़रीब लोगों के एक महल्ले के बारे में एक सीरियल लिखने के लिए उन लोगों में हमेशा से ज़्यादा उठने-बैठने लगा था। वह दिन-भर और कभी-कभी गई रात तक कटरे के लोगों का पीछा किया करता और अपने हिसाब से उनकी आर्ज़ूएँ जमा करता रहता था। उनकी ज़िन्दगी के एक-एक क्षण को क़लम की नोक पर रखकर अपनी चेतना की तेज़ रोशनी में घुमा-फिराकर हर तरफ़ से देखने की कोशिश किया

करता था।...और उसे इस काम में इतना मज़ा आ रहा था कि इस तरफ़ उसका ध्यान ही नहीं गया कि सी. आई. डी. के लोग उसका पीछा कर रहे हैं...

थोड़े दिनों बाद शहर की सरकार को यक़ीन हो गया कि 'कटरा मीर बुलाक़ी' में यक़ीनन सरकार का तख़्ता उलटने की कोई गहरी साज़िश हो रही है। उसके खयाल में वह पत्रकार उस साज़िश का सरग़ना था। जो ऐसा न होता तो उस पत्रकार का सारा समय उसी कटरे के आसपास और उसी कटरे के लोगों के बीच न गुज़रता।...तो धीरे-धीरे 'के. बी. ए.' फ़ाइल में शाखें फूटने लगीं और चूँकि रिपोर्टों में 'कटरा मीर बुलाक़ी' के लोगों के नाम बार-बार आ रहे थे इसलिए शाखें उन्हीं के नामों की फूटीं।

एक दिन डिस्ट्रिक्ट मैजिस्ट्रेट ने सोचा कि यह बला वह अपने सर पर क्यों मोल ले। तो उसने लखनऊ सरकार को लिख दिया कि उसका ख़याल है कि 'कटरा मीर बुलाक़ी' में सरकार का तख़्ता उलटने की कोई साज़िश हो रही है जिसका कोड नाम 'कटरा बी आर्ज़ू' है। लखनऊ सरकार ने उस रिपोर्ट को ध्यान से पढ़ा और यह फ़ैसला किया कि के. बी. ए. फ़ाइल दिल्ली की तरफ़ बढ़ा देने की फ़ाइल है, चुनाँचे उसने उसे दिल्ली की तरफ़ सरका दिया और नम्बर एक सफ़दरजंग ने वह फ़ाइल खुर्शीद आलम ख़ाँ को दी जो उसी दिन दिल्ली से इलाहाबाद के लिए रवाना हो गए और दिल्ली साँस रोके उनकी रिपोर्ट की राह देखने लगी।

उन दिनों चूँकि यही सरकारी तरीक़ा हो गया था कि यदि किसी के बारे में कुछ पता न चले तो उसे सरकार का दुश्मन मान लिया जाए।...और उस पत्रकार का नाम तो यूँ भी सरकार के दुश्मनों में लिखा हुआ था। इसलिए उसे 'मीसा' में धर दबोचने के लिए पूछताछ शुरू की गई।

उस पत्रकार का नाम आशाराम था।

आशाराम 'कटरा मीर बुलाक़ी' का रहनेवाला नहीं था। लेकिन यह कटरा उसके बचपन से लेकर उसकी जवानी तक, हर रास्ते में आया। इसी रास्ते पर चलकर उसने अपनी पढ़ाई ख़त्म की थी। इसी रास्ते पर चलती हुई राजनीतिक चेतना उसके पास आई थी। इसी रास्ते पर चलकर वह साप्ताहिक 'नेशन' के कार्यालय जाया करता था जिसके सम्पादक उसके दादा श्री बाबूराम 'आज़ाद' के दोस्त थे और इसी दोस्ती के कारण वह 'नेशन' में काम सीखने के लिए लगा दिया गया था।

'कटरा मीर बुलाक़ी' के नुक्कड़ पर दाहिनी तरफ़ पहलवान भोलेनाथ उर्फ़ भोलू पहलवान का जो चायख़ाना था उसमें आशाराम ने ख़रीदकर चाय की पहली

प्याली पी थी। उस चाय का मज़ा वह कभी न भूल सका। चूँकि पहलवान भी बाबूराम के यार थे, इसलिए उन्होंने उसकी प्याली में अपने हाथ से बालायी की एक मोटी तह ऊपर से डाल दी थी जो उसके मुँह में जाकर पिघल गई थी और उसका सारा मुँह एक मीठी नर्मी से लबालब भर गया था। तब वह फ़िफ़्थ क्लास में पढ़ा करता था। पहलवान ने चाय का दाम लेने के बाद उसे लौटा दिया था। और उस दिन के बाद से उसकी दो प्याली चाय बँध-सी गई थी। एक प्याली जाते समय और दूसरी आते समय। और इस चाय में चीनी की तरह घुलकर उसने यह फ़ैसला किया था कि पढ़ने के बाद वह कुश्ती लड़ेगा और चाय की एक दुकान रखेगा और मुफ़्त में बालायीवाली चाय पिया करेगा। परन्तु श्री बाबूराम 'आज़ाद' आज़ादी से पहले के कांग्रेसी थे। अपने इकलौते पोते के बारे में उन्होंने बिल्कुल ही दूसरी तरह के सपने देख रखे थे। वह चाहते थे कि आशाराम साहित्यकार न बन सके तो पत्रकार बने क्योंकि साहित्यकार के बाद पत्रकार ही देश की आत्मा और उसकी सच्चाई का रखवाला होता है।...तो उन्होंने पहलवान को मना कर दिया कि वह आशाराम को चाय न पिलाएँ। उन्होंने आशाराम को भी समझाया कि चाय पीने के लिए ज़िन्दगी पड़ी है। अभी तो उसे साहित्यकार या पत्रकार बनने के लिए अपनी शिक्षा की तरफ़ ध्यान देना चाहिए। उनकी बात सुनकर उसका दिल कुढ़ा तो बहुत, पर वह कर ही क्या सकता था! परन्तु चूँकि वह अपने दादा को अपने से ज़्यादा समझदार मानता चला आ रहा था, इसलिए उसने यह भी मान लिया कि पत्रकारी पहलवानी से ज़्यादा अच्छा काम है।...लेकिन पहलवान की चाय में उसकी दिलचस्पी कम न हुई। कभी कोई यार-दोस्त होता तो उसके 'कहने' से वह चाय पीने के लिए रुक ही जाता। सड़क पर बिछी हुई मोंढ़ियों पर बैठकर लोगों की बातें सुनने में उसे बड़ा मज़ा आता। दुकान में तरह-तरह की बातें हुआ करती थीं। सड़क से बहुरूपी ज़िन्दगी गुज़रती ही रहती थी...और यूँ पहलवान की दुकान पर ज़िन्दगी से उसका परिचय हुआ।

ऐसे ही एक दिन अपने से दो-तीन साल बड़ी बिल्लो और पाँच-सात साल बड़े देश से उसकी पहली मुलाक़ात भी पहलवान के चायखाने ही पर हुई। देश कोई बारह-चौदह बरस का रहा होगा और बिल्लो नौ-दस बरस की। बिल्लो तब भी नाक पर मक्खी नहीं बैठने दिया करती थी। और देश को तब भी बड़े-बड़े सपने देखने का शौक़ था।

देश ने 'नेशनल गैरेज़' में शम्सू मियाँ के नीचे काम सीखना शुरू कर दिया था और बिल्लो भी यह तै कर चुकी थी कि बड़ी होते ही फज्जू धोबी से उसकी लांडरी ख़रीद लेगी। उसे यह काम पसन्द था। फज्जू की लांडरी का नाम 'जनता

लांडरी' नहीं था, 'द मून लाइट लांडरी' था। और हालाँकि 'कटरा मीर बुलाक़ी' में अंग्रेज़ी जाननेवाले मुश्किल से एक ही आध थे, पर फज्जू लांडरी का नाम रोमन अक्षरों में लिखा हुआ था। उस लांडरी के छज्जे-तले इतवारी बाबा रात को अपना बिस्तर डाल के सोया करते थे।

इतवारी बाबा तब इतने बूढ़े नहीं थे। चालीस-पैंतालीस के फेंटे में रहे होंगे। पर वह उन दिनों भी भीख ही माँगा करते थे। हफ़्ते में छः दिन भीख माँगने के बाद सातवें दिन आराम किया करते थे और शायद यही कारण है कि लोग उन्हें इतवारी बाबा कहने लगे।

'कटरा मीर बुलाक़ी' में इतवारी बाबा का असली नाम किसी को याद नहीं था। शायद खुद इतवारी बाबा भी अपना नाम भूल चुके थे। सन सैंतालीस के बाद से वह बाक़ायदा इनकम टैक्स भी भरते थे...

इतवारी बाबा के ठाठ देखकर कई बार आशाराम का दिल जुगजुगाया कि उनका काम भी बुरा नहीं। पर अपने दादा को यह बात बताने की उसकी हिम्मत न हुई और धीरे-धीरे यह ख़याल उसके दिल से निकल गया।

और अपने बारे में यह बात उसे काफ़ी दिनों के बाद मालूम हुई कि वह मार्क्सवादी हो गया है। यह उन दिनों की बात है जब वह एफ. ए. का इम्तिहान देकर अपने मामा के घर गर्मी की छुट्टियाँ मनाने गया हुआ था। वहाँ वह कामरेड माबूद से मिला और उन्होंने उसकी काया ही पलट दी। पर उसने इस परिवर्तन की तरफ़ कोई ध्यान नहीं दिया। मज़े में छुट्टियाँ काटके जब वापस आया तो बाबूरामजी ने यह महसूस किया कि उसकी भाषा बदल गई है। वह बात-बात में चीन और रूस और रूमानिया और फ्रांस की क्रान्ति और अमरीका की सिविल वार का तज़किरा करने लगा है। उसकी बुक शेल्फ़ में 'कम्युनिस्ट मेनिफ़ेस्टो' और गोर्की का उपन्यास 'माँ' आ गया है।...बाबूराम विचारों को या विचारधारा को बुरा नहीं समझते थे, परन्तु मार्क्सवाद तो उनकी पिछली पूरी ज़िन्दगी को अर्थहीन बनानेवाला विचार था। मतलब उन्होंने कुछ किया ही नहीं। उनके सपनों के पाँव के नीचे जैसे कभी कोई ज़मीन ही नहीं रही हो...यहाँ से दादा और पोते के बीच की दूरी बढ़ने लगी।

यह दूरी आशाराम की माँ रामदयी ने महसूस की। पर वह एक नासमझ औरत थी। राजनीति का मतलब केवल यह समझती थी कि उसमें जेल जाना पड़ता है। उसकी समझ में आज़ादी और क्रान्ति जैसे शब्द आते ही नहीं थे। वह क़ीमतों की भाषा समझती थी। अरवी कल इस भाव बिक रही थी, आज इस भाव बिक रही हैं। भिंडी का दाम कल यह था और आज यह हो गया है। गेहूँ कल

रुपये का इतने सेर था और आज इतने सेर है...खादी कल इस हिसाब मिलती थी और आज इस हिसाब से मिल रही है।...और बहुत-सी चीज़ें तो मिल ही नहीं रही हैं।...अमरीका—रूस—चीन—क्यूबा—वाशिंगटन—देहली—रामदयी के लिए यह केवल नाम थे जिनका उसकी ज़िन्दगी से कोई तअल्लुक़ नहीं था। पर जब इन्हीं नामों के लेते हुए उसके ससुर और उसके बेटे की आवाज़ें ऊँची होने लगीं तो उसे सोचना पड़ा कि शायद इन नामों का कोई मतलब है—कुछ नाम जैसे दोस्त हैं। और कुछ नाम जैसे दोस्त नहीं हैं। कुछ नामों को आशाराम प्यार से लेता है और कुछ नामों को बाबूराम। रामदयी बिना कुछ समझे हुए बेटे के साथ हो गई। और बाबूराम चुप हो गए।

आशाराम के घर तरह-तरह के लड़के आने लगे। कोई आसिफ़ अंसारी है। कोई बशीर है। कोई तेग़ इलाहाबादी है—इन लड़कों की आवाज़ों में एक अजीब झल्लाहट और आँखों में एक अजीब चमक थी। रामदयी को आवाज़ों की यह खनक और आँखों की यह चमक अच्छी लगने लगी और यूँ राजनीति के एक दोराहे पर आशाराम अपने दादा बाबूराम से बिछुड़ गया।

आशाराम को कांग्रेस सरकार पर बिल्कुल भरोसा नहीं था। सरकार चाहे नेहरू की हो, चाहे लालबहादुर की, चाहे मिसेज़ गाँधी की—कांग्रेस सरकार पूँजीवाद की दलाल और जनता की दुश्मन है। बजट चाहे मुरारजी बनाएँ चाहे सुब्रामनियम—कांग्रेस सरकार का हर बजट जनता को लूटनेवाला और पूँजी के बड़े घरानों का मददगार है...और फिर एक दिन आशाराम ने अपने कमरे से गाँधीजी की तस्वीर हटा दी। उसकी जगह कास्त्रो की तस्वीर ने ले ली।

दादा और पोते के बीच का तनाव यहाँ तक बढ़ा कि सन बासठवाले चुनाव में जब बाबूराम को कांग्रेस का टिकट मिला तो आशाराम ने उनके ख़िलाफ़ काम किया और उसी साल उसने पहली बार मोटर मिकैनिक्स की यूनियन बनाई और यूँ वह 'नेशनल गैरेज़' के मालिक बाबू गौरीशंकर लाल पांडेय से सीधे टकराव में आ गया।

यह बाबू गौरीशंकर लाल कांग्रेसी एम. पी. थे और बाबू कमलापति त्रिपाठी के ख़ास आदमी थे। मंत्री होते-होते रह गए थे। समाजवाद पर प्रान्तीय कांग्रेस में उनसे अच्छी तक़रीर करनेवाला कोई नहीं था, इसीलिए जहाँ-जहाँ सोशलिस्टों और कम्युनिस्टों का ज़ोर था वहाँ-वहाँ बाबू गौरीशंकर की बड़ी माँग थी। इलाहाबाद से पूरब का सारा उत्तर प्रदेश उनके कांग्रेसी चार्ज में था और कल का लौंडा आशाराम उन्हीं के वर्करों को समाजवाद सिखाने की बेवक़ूफ़ी कर रहा था। उन्होंने बाबूराम से शिकायत भी की, पर बाबूराम ने साफ़ कह दिया कि वह अपने

पोते की विचारधारा के लिए ज़िम्मेदार नहीं हैं।

बाबूराम दिल-ही-दिल में और कांग्रेस के भीतर-भीतर बाबू गौरीशंकर पांडेय और उन-जैसे पेशावर नेताओं के विरोधी थे और इसीलिए वह कांग्रेस में अपना कोई दल न बना सके और किसी दल ने भी उन्हें स्वीकार नहीं किया। आज़ादी के बाद से कांग्रेस में ईमानदार लोगों की खपत यूँ भी कम हो गई थी। बाबू गौरीशंकर-जैसे लोग तो टिकटों की औलादें हैं। जहाँ टिकट बँटता है, वहाँ यह लोग पैदा हो जाते हैं। बाबू गौरीशंकर पहला और दूसरा चुनाव कांग्रेस के टिकट पर जीते। फिर जब चरणसिंह कांग्रेस से अलग हुए तो वह भी अलग हो गए। और जब चरणसिंह की सरकार टूटी तो वह फिर कांग्रेस में लौट आए। बाबूराम यह राजनीतिक कबड्डी नहीं खेल सकते थे। उन्हें यह अच्छा भी नहीं लगता था। कांग्रेस में यह उनकी तीसरी पीढ़ी थी। आशाराम भी कांग्रेसी होता तो चौथी पीढ़ी हो जाती। उनकी वफ़ादारियाँ कांग्रेस से जकड़ी हुई थीं। कांग्रेस से अलग हटकर वह न कुछ सोच सकते थे, न समझ सकते थे। कांग्रेस उनके विचारों और उनकी आत्मा और उनकी ज़िन्दगी का ओढ़ना-बिछौना थी। फिर भी जब बाबू गौरीशंकर लाल पांडेय ने उनसे आशाराम की बात की तो वह डर गए।

बाबूराम ने आशाराम से तो कुछ नहीं कहा, पर अपनी बहू रामदयी को समझाया कि वास्तव में ख़राबी सरकार में नहीं, सरकारी नौकरों में है। यदि आशाराम-जैसे ईमानदार लड़के सरकारी नौकरियों में जाने लगें तो सब ठीक हो जाएगा।

रामदयी ने यह बात आशाराम से कही।

आशाराम ने कहा कि वह किसी जनता-दुश्मन सरकार की मशीन का पुरज़ा नहीं बनना चाहता।

रामदयी ने यह बात बाबूराम को बता दी।

आशाराम अपने रास्ते पर चलता रहा। मोटर मिकेनिक्स यूनियन ने पहली हड़ताल बाबू गौरीशंकर लाल पांडेय एम. पी. के नेशनल गैरेज़ में की। महँगाई भत्ता, मज़दूरियों में बढ़ती और बोनस के सवाल पर यह हड़ताल शुरू हुई।

'नेशनल गैरेज़' की दीवारों पर लाल झंडे लहराने लगे और आशाराम ने गैरेज़ के कम्पाउंड में पहली पब्लिक तक़रीर की। उसके सामने तीस-पैंतीस आदमी थे। शम्सू मियाँ अध्यक्षता के फ़राएज़ अंजाम दे रहे थे और आशाराम को मालूम था कि शम्सू मियाँ अन्दर से कितने सहमे हुए हैं। उसके सामने भी जो लोग थे उनमें कई आँखों में डर था। कई निडर भी थीं। निडर आँखों में एक जोड़ी देशराज की आँखों की भी थी।

आशाराम जानता था कि सामने बैठे हुए लोग यह सोच रहे हैं कि वह उनके दुखों, उनकी भूख, उनकी ज़रूरतों को खत्म करने का कोई टोटका बताएगा और आँख झपकते दुनिया बदल जाएगी और बाबू साहब मुस्कुराते हुए आएँगे और मज़दूरियाँ बढ़ जाएँगी, महँगाई भत्ता बढ़ जाएगा और बोनस मिल जाएगा।

शम्सू मियाँ तो अपने डर के बावजूद बोनस का बजट भी बना चुके थे। उनके चश्मे का नम्बर बदल गया है। वह सोच रहे थे कि अभी बोनस मिल जाए तो घर जाते-जाते किसी चश्मेवाले की दुकान पर पल-भर रुककर वह एक नया चश्मा ख़रीद लेंगे। देशराज सोच रहा था कि हाउस-फंड में चार सौ अस्सी की कमी रह गई है। तड़ से ज़मीन लेकर घर का काम शुरू कर दूँगा। और फिर तो बिल्लो से शादी करने के लिए तैयार होना ही पड़ेगा...मुरली अपने लिए ट्रांज़िस्टर ख़रीदने का प्रोग्राम बना रहा था...ग़रज़ कि जितने आदमी थे उतनी आर्ज़ूएँ थीं और आशाराम अकेला था। यह उसकी पहली राजनीतिक तक़रीर थी और जो लोग हड़ताल करनेवाले थे उनकी पहली राजनीतिक लड़ाई थी। किसी को ठीक से इस लड़ाई के क़ायदे-क़ानून मालूम नहीं थे।...

आशाराम घबरा गया। घबराया तो उसकी तक़रीर सरल से मुश्किल हो गई। फिर इतनी मुश्किल हो गई कि खुद उसके लिए अपनी तक़रीर समझना दुश्वार हो गया। और तब देशराज उठा और उसने कहा :

"भाइयो और बहनो—हत् तेरे की। बहनो हैं कहाँ..." लोग हँस दिए और उस हँसी के साथ ही जैसे वह अनजाना डर भी ख़त्म हो गया। 'कामरेड की बात कामरेडे की समझ में ना आ रही तो हम लोग का समझेंगे? भाइयो, बात ई है कि कामरेड तो कभी फाका किहिन ना हैं। तो ऊ समझेयें कैयसे कि फाका होता का है! और हम लोग को फाका समझाए की ज़रूरत का है? हम लोग को तो बाप-दादा के जमाने से परट्टिस है फाका करे की। बाकी हम लोग आज ई ते कर रहे हैं कि आज से फाका नहीं करेंगे। फाका करने में कोई मज़ा नहीं है। पेट भरकर खाना खाना फाका करे से कहीं जियादा मजेदार काम है। और जो फाका करना ही है तो बाबू गौरीशंकर लाल पांडेय भी करेंगे। ई तो कोई बात ना भई साब, कि हम तो भुक्खे मरें और बाबू साहब हमरे पसीने मों बोर-बोरके पूरी खाएँ।..."

यह भाषा सबकी समझ में आई। आशाराम ने भी समझी और उस दिन उसे यह मालूम हुआ कि फाक़े की एक अपनी भाषा होती है जो पेट-भरों के लिए ज़रा मुश्किल पड़ती है। और उसी दिन वह देशराज से छोटा हो गया।

हड़ताल तो टूट गई। यूनियन भी टूट गई। आशाराम जेल भी हो आया और

वहीं जेल में देशराज से उसकी गहरी दोस्ती हो गई और वह यह समझ पाया कि मध्य वर्ग के नेतृत्व में आई हुई क्रान्ति अपना रास्ता बार-बार भूलती हुई-सी क्यों लगती है। बात यह है कि तमाम बातें किताबों में लिखी हुई नहीं होतीं। असली बातें तो देशराजों और शम्सू मियाँओं और मुरलियों को मालूम होती हैं।

जेल से वह तप के निकला।

"आ गए?" बाबूराम ने पूछा।

"जी हाँ।" उसने कहा, "जो आपके गाँधीजी आज ज़िंदा रहे होते तो हो सकता है कि जेल में मेरा-उनका साथ भी हो गया होता।"

ज़ाहिर है कि यह सुनकर बाबूराम चुप हो गए। इधर कुछ दिनों से यूँ भी उन्हें अपने-आप पर थोड़ा-थोड़ा शक हो चला था कि जैसे वह जो कुछ सोच रहे हैं उसमें कहीं-न-कहीं कुछ गड़बड़ी है। कहीं-न-कहीं कोई ग़लती हो रही है। कहीं-न-कहीं से सपने टूट रहे हैं। आदर्श चिटक रहा है। विचार से रुके हुए बन्द पानी की तरह विसाँध आने लगी है...वह यह सोचते तो काँप जाते और दीवार पर टँगी हुई गाँधीजी की तस्वीर की तरफ़ देखते जिसमें उन्होंने बाबूराम के गले में बाँहें डाल रखी थीं और मुस्कुरा रहे थे। वही मशहूर पोपली मुस्कुराहट। गाँधीजी की बग़ल में जवाहरलाल नेहरू थे, मौलाना आज़ाद थे, रफ़ी अहमद क़िदवई थे, सरदार पटेल थे, राजगोपालाचार्य थे, नरेन्द्र देव थे--यह तमाम तस्वीरें आटोग्राफ़ की हुई थीं। बाबूराम इन तस्वीरों की तरफ़ देखते तो उन्हें लगता जैसे यह तमाम लोग साथ हैं और वह अकेले नहीं हैं।

उनके कमरे में बस एक तस्वीर आटोग्राफ़ की हुई नहीं थी। और वह तस्वीर थी श्रीमती गाँधी की। नेहरू की बेटी से उन्हें बड़ा प्यार था। उन्हें लगता जैसे वह उनकी अपनी बेटी हो। और जब मिसेज़ गाँधी ने मुरारजी-ऐंड-कम्पनी को धता बता दिया तो बाबूराम बहुत खुश हुए कि अब बेरोकटोक गाँधीजी और नेहरू के सपनों के फलने-फूलने का युग आरम्भ होता है...

यही वे दिन हैं जब आशाराम ने 'नेशन' में काम शुरू किया।

आशाराम को अपने बाप के सपनों से कोई मतलब नहीं था, क्योंकि उसकी निगाह में मुरारजी और श्रीमती गाँधी में कोई ख़ास फ़र्क़ नहीं था। चोरों में लड़ाई होने का मतलब यह है कि पहले एक चोरी हुआ करती थी अब दो चोरियाँ होंगी। और इस बात पर तो उसे पक्का यक़ीन था कि मुरारजी भाई और उस थैली के तमाम चट्टे-बट्टे जनसंघ से गठजोड़ करके प्रगतिशील ताक़तों के ख़िलाफ़ मोर्चा बनाएँगे। और एक मंज़िल पर जमाअते इस्लामी और इस तरह की दूसरी तमाम मुस्लिम साम्प्रदायिक पार्टियाँ भी उसी बड़े गठजोड़ का हिस्सा बन जाएँगी...अपनी

ये परेशानियाँ वह किससे कहता क्योंकि ख़ुद उसकी पार्टी दो हिस्सों में बँट चुकी थी। एक तो मिसेज़ गाँधी का दुमछल्ला बन गई थी और दूसरी मार्क्सवाद लेने के लिए जनसंघ और बी-के-डी और अकाली और जमाअत जैसी जन-दुश्मन पार्टियों से गठजोड़ करने पर तैयार थी। आसिफ़ अंरारी वकालत में लग गए थे। गर्ग दिल्ली चले गए थे और सुप्रीम कोर्ट में प्रैक्टिस करने लगे थे। बशीर पार्टी से निकाल दिए गए थे। प्रकाशचन्द्र गुप्त मर चुके थे।

आशाराम था।...अकेला रह गया था।

मोटर मिकेनिक्स यूनियन टूट चुकी थी। और आशाराम सवालिया निशानों के एक घने जंगल में अपनी परछाइयों के साथ अकेला था।...अकेला रह गया था। और इस अकेलेपन ने उसकी आँखों की चमक और बढ़ा दी थी और उसकी आवाज़ की कड़वाहट तेज़ कर दी थी...।

वह आते-जाते अब भी गुरू भोलू पहलवान के चायख़ाने पर रुकता। चाय पीता। वहाँ की बातें सुनता और देखता कि बैंकों के नेशनलाइज़ होने से कटरा मीर बुलाक़ी के लोगों की ज़िन्दगी में तो कोई ख़ास परिवर्तन नहीं हुआ।...पर अपनी यह मालूमात वह अपने ही पास रखता। क्योंकि बात करने के लिए कोई था ही नहीं।

अपनी इन उलझनों में वह यह भी भूल गया कि देशराज और बिल्लो की शादी एक घर की वजह से रुकी हुई है, कि दोनों अपनी सारी बचत पोस्ट-ऑफ़िस में जमा कर रहे हैं, कि छोटी-सी वह ज़मीन ख़रीदी जा सके जिस पर बिल्लो अपना घर बनाना चाहती है। बिल्लो और देशराज दोनों ही बे-पढ़े-लिखे थे। इसलिए हाउस-फंड का सारा हिसाब-किताब आशाराम किया करता था। शाम को वह बिल्लो की जनता लांडरी में जाता और बिल्लो अपनी पासबुक यूँ उठाती जैसे वह पासबुक न हो, गीता हो, जिसमें ख़ास उसके लिए कृष्ण ने अपना पयाम लिख भेजा हो। देश भी आ जाता और घंटे-दो घंटे उस घर के सपनों में बीत जाते। देश एक लम्बे-चौड़े घर के सपने देखा करता था। संगे-मरमर के खम्बों और मेहराबोंवाले घर के सपने। घर, जिसके सामने का बाग़ ख़ुसरूबाग़ से बड़ा होगा।...पर बिल्लो हमेशा एक छोटे-से घर का सपना देखा करती थी। छोटा-सा आँगन जिसमें तीन-चार पलंग आ जाएँ। दो कमरे। एक दालान...दोनों में सपनों के इसी टकराव में झगड़ा हो जाता और आशाराम को बीच-बचाव करवाना पड़ता। और बीच में इतवारी बाबा आ जाते और वह सिरे से घर के सपने ही का विरोध करते, कहते : "अरे घर का चक्कर छोड़ो तूँ लोग। जब साहजहाँ ताजमहल बनवाइन रहा तब ससती का जमाना रहा। अब तो क्रिया-कर्म में पहले

के सादी-बिआह से दूना-तिनगुना खरच हो जाता है। चले हैं घर बनाए।''...इतवारी बाबा की बात सुनकर मोर्चा बदल जाता। बिल्लो और देश दोनों इतवारी बाबा से भिड़ जाते कि घर तो वह ज़रूर बनवाएँगे...।

देशराज और बिल्लो दोनों ही आशाराम से बड़े थे, पर इन दोनों से उसकी दाँत काटी दोस्ती हो गई थी। और यह दोस्ती इतनी आगे बढ़ गई थी कि बाबू गौरीशंकर लाल पांडेय ने चुपके-चुपके यह तक उड़वाना शुरू कर दिया कि बिल्लो आशाराम से फँस गई है।

पर 'कटरा मीर बुलाक़ी' में यह बात किसी ने न मानी क्योंकि यहाँ के लोग बिल्लो और देश के प्रेम को जैसे हमेशा-हमेशा से जानते चले आ रहे थे। और जो ऐसा होता तो आशाराम की बतीसी गुरु ने बुढ़ौती में भी उसके पेट में उतार दी होती। पहलवान के डर से तो आसपास के नौजवान बिल्लो से कोई ऐसा-वैसा मज़ाक करते भी डरते थे कि कहीं पहलवान कोई उल्टा-सीधा मतलब न निकाल लें। जगदम्बाप्रसाद हेडकान्सटेबिल तक को एक दिन उन्होंने जान से मारते-मारते छोड़ा। उसका कुसूर सिर्फ़ इतना था कि तमाम पुलिसवालों की तरह उसे भी यह नहीं मालूम था कि बेजान चीज़ों के माँ-बाप नहीं हुआ करते। एक दिन अपनी वर्दी की शर्ट पर इस्त्री देखकर वह बिल्लो से पूछ बैठा, ''यह बहनचोद क़मीज़ इस्त्री की हुई है?''

यह बात भोलेनाथ पहलवान ने सुन ली। वह जनता लांडरी में घुस आए और जगदम्बाप्रसाद से बोले : ''बहनचोद क़मीज़ नहीं, तुम हो! बिल्लो, मतलब लड़की जात, के सामने गाली बकते सरम नहीं आती? हेडकानिसटिबली गाँड़ में घुसेड़ देंगे...!''

वह तो ख़ैरियत यह हुई कि ठीक उसी समय शम्सू मियाँ आ गए और वह गुरु भोलेनाथ के गुरु उस्ताद करीमुद्दीन खाँ के बेटे और ख़ुद गुरु भोलेनाथ पहलवान के दोस्त थे। शम्सू मियाँ ने गुरु को डाँट पिलाई कि जगदम्बाप्रसाद को गाली बकने पर डाँटने में ख़ुद गुरु बड़े फ़र्राटे से गालियाँ बक रहे हैं। और यहाँ गुरु भी क़ायल हो गए और बात ख़त्म हो गई। वह दिन इमरजेंसी के भी नहीं थे कि जगदम्बाप्रसाद गुरु को मीसा में अन्दर करवा देते, इसलिए वह भी इस बात को पी गए और 'कटरा मीर बुलाक़ी' में सबने एकमत होकर यह बात मानी कि जो ठीक वक़्त पर शम्सू मियाँ न आ गए होते तो बात बहुत बढ़ गई होती क्योंकि जगदम्बाप्रसाद उस्ताद करीमुद्दीन के मुख़ालिफ़ अखाड़े के थे।

शम्सू मियाँ की बात कटरा मीर बुलाक़ी में यूँ भी कोई नहीं टालता था, क्योंकि उनकी गिनती कटरे के बड़े-बूढ़ों में होती थी। वह यूँ भी बड़े नेक आदमी

थे और कुरआन में अल्लाह तआला फ़रमाता है कि वह अपने नेक बन्दों का इम्तिहान लेता है और उसके इम्तिहान में न घूस खिलाकर पर्चा आउट होता है और न घूस खिलाकर पासिंग मार्क्स लिए जाते हैं। पर्चा तो उसने ख़ुद ही आउट कर दिया है। फ़रमाता है कि हम तुम्हारा इम्तिहान लेंगे जान, माल, बाग़-बग़ीचे और आल-औलाद से। शम्सू मियाँ के पास न जान थी न माल था। मतलब यह कि जो जान थी उसकी गिनती जब वह खुद ही जान में नहीं किया करते थे तो अल्लाह मियाँ उसे जान में क्यों गिनते! रहा माल, तो वह उनके बाप-दादा तक ने नहीं देखा था। बाग-बग़ीचा था नहीं। तो अब बची औलाद। एक बेटा था। अब्दुल हक़। वह अपनी बीवी के बहकावे में आकर पाकिस्तान चला गया था। शम्सू मियाँ ने अब्दुल और देश दोनों को साथ-साथ मोटर मिकेनिकी का काम सिखाना शुरू किया था। जो आज वह हिन्दुस्तान में होता तो देश और अब्दुल दोनों की ही मिकेनिकी को कोई हाथ नहीं लगा सकता था। पर उसकी जवानी पाकिस्तान चली गई और शम्सू मियाँ की बुढ़ौती ने वहाँ जाने से इनकार कर दिया और अब्दुल के हिस्से का जो प्यार बचा था वह भी देश ही को देकर छुट्टी की। अब बचीं महनाज़ और शहनाज़। महनाज़ की शादी ए. जी. आफ़िस के एक क्लर्क से हो गई। तनख्वाह तो ज़्यादा नहीं थी, पर अल्ला के फ़ज़्ल से ऊपर की आमदनी अच्छी थी। बड़े-बड़े ठेकेदार क़िस्म के लोग उसके घर ईद और दीवाली पर फल-फलहरी लाया करते थे। महनाज़ बहुत खुश थी। फिर एक दिन, कि अल्लाह मियाँ ने वह दिन शम्सू मियाँ के इम्तिहान के लिए तै कर रखा था, महनाज़ बेवा हो गई। यमराज कालरे के रूप में आए और उसके मियाँ को ले गए। उसका बेवा हो जाना ख़ुद अपनी जगह शम्सू मियाँ के लिए अफ़सोस की बात थी, पर सेर पर सवा सेर यह हो गया कि महनाज़ अपनी दो बच्चियों के साथ मायके आ गई क्योंकि उसकी ससुरालवालों ने उसे रखने से इनकार कर दिया था। आमदनी वही। महँगाई बढ़ी हुई और ऊपर से तीन पेट और बढ़ गए।

अल्लाह मियाँ यहाँ तक इम्तिहान लेकर बस करते तब भी ग़नीमत होता। पर वह कहाँ रुकनेवाले हैं पूरा इम्तिहान लिए बिना! उन्होंने शहनाज़ को कालरे या टायफ़ॉएड या टी. बी. या कैन्सर में मार डालने की जगह उसे जवान कर दिया।

जवान होना या जवान न होना शहनाज़ के बस में तो था नहीं। अगर कोई जत का लड़का नहीं मिल रहा है तो इसमें भी उसका कोई क़ुसूर नहीं था। फिर भी सकीना बी उर्फ़ सुक्कन उठते-बैठते अल्लाह मियाँ को अपनी तरफ़ से समझाती रहती थीं कि शहनाज़ मर गई होती तो अच्छा होता। अब भी मर जाए

तो बुरा नहीं। पर अल्लाह मियाँ ने तो जैसे अपने कान में तेल डाल रखा था। सुक्कन का यही ख़याल था और इसीलिए न सिर्फ़ यह कि शहनाज़ मरी नहीं बल्कि बीमार पड़-पड़के इलाज में पैसे ऊपर से ख़र्च करवाने लगी।

शहनाज़ में जो डबल ख़राबी थी वह यह थी कि उसे पढ़ने का शौक़ था। और कुछ न मिलता तो जोखन के यहाँ से आनेवाली पुड़ियों के काग़ज़ सँभालती फिरती जो आम तौर से पुराने अख़बार के टुकड़े होते। कभी-कभार स्कूल की कापियों का काग़ज़ निकलता। रूलदार काग़ज़ पर लिखे हुए ख़त भी निकल आते कभी-कभार...वह उन्हीं को पढ़ती रहती और सुक्कन के कोसनों की तरफ़ से उन क्षणों में उसके कान बन्द हो जाते।

एक दिन वह इसी तरह का कोई ख़त पढ़ रही थी। किसी लड़के ने मीनाकुमारी को लिखा था कि वह उस पर एक जान छोड़ हज़ार जान से आशिक है। सातवें दर्जे में पढ़ता है और बम्बई आना चाहता है कि अपने मन-मन्दिर की देवी मीनाकुमारी के दर्शन कर सके...सुक्कन ने वह ख़त छीन लिया और माँ-बेटी में पहली लड़ाई हुई। शहनाज़ ने पहली बार माँ को तुर्की-ब-तुर्की जवाब दिया और उस दिन कटरा मीर बुलाक़ी में यह बात तै हो गई कि शहनाज़ जवान हो गई है।

उसी समय देश आ गया। सकीना बी से बोला, "यह आप अम्माँ को डाँट क्यों रही हैं चाची?"

शहनाज़ तो उसे घूरकर रह गई पर सुक्कन चमक के बोली : "खुद पूछ ल्यो ई हेड मास्टर होयेवाली हैं।" फिर वह शहनाज़ की तरफ मुड़ी और बोली, "ए धिया, उतना गुमान करो जो सपड़ जाए। दू वख़्त की रोटी तो जुड़ती नहीं। सिलाई-कढ़ाई का शौक़ न भया कि घर में दू पैसा आए। रोग लगाइन हैं पढ़े का..."

सुक्कन बेतकान बोलती चली गई और उसकी आवाज़ की आग में शहनाज़ मोम की गुड़िया की तरह पिघल गई। वह रोने लगी। देश शहनाज़ को रोता नहीं देख सकता था। बोला, "देखिए चाची! अम्माँ को आप रुला नहीं सकती हैं ए तरह। साफ़ बात है। हम मास्टर बदर का ट्यूशन लगवाए देते हैं। रोज़ आके पढ़ा जाया करिहें। मुदा बिल्लो को पता न चले।" फिर वह शहनाज़ के पास गया, "ए अम्माँ, चलो, अब हँस दो..."

शहनाज़ वाक़ई हँस दी और खुशी में यह भी भूल गई कि 'अम्माँ' पुकारने पर वह देश को बचपन से कोसती चली आ रही है। वह हुआ यूँ था कि देश एक दिन चिलचिलाती दोपहर में आया। तब देश भी इतना बड़ा नहीं था। और शहनाज़ तो बहुत ही छोटी थी। शम्सू मियाँ इतने बूढ़े नहीं थे। वह एक खूर्रे पलंग

पर लेटे ख़र्राटे ले रहे थे और शहनाज़ अकेली बैठी अपनी गुड़िया से खेल रही थी। दिल-ही-दिल में वह गुड़िया की माँ बनी हुई थी और आज ही उसने एक अहीरिन को देखा था कि वह अपने बच्चे को दूध पिला रही थी। इसलिए वह भी अपनी गुड़िया को दूध पिलाना चाहती थी। शम्सू मियाँ की तरफ़ पीठ करके उसने अपना कुरता उठाया और गुड़िया का मुँह अपने सीने से लगा दिया। और ठीक उसी वक़्त आवाज़ आई, ''अम्माँ'' और उसने जो पलटके देखा तो यह देखा कि आँगन में देश खड़ा है। वह देश से झेंप गई और झेंप मिटाने के लिए लगी उसे कोसने। शम्सू मियाँ की आँख खुल गई। उन्होंने बीच-बचाव करवाना चाहा, पर वह इस डर से नहीं रुकी कि कहीं देश अब्बा को यह बता न दे कि वह कर क्या रही थी...

उसी दिन से देश उसे अम्माँ पुकारने लगा और उसकी देखादेखी अब्दुल हक़ भी उसे अम्माँ पुकारने लगा। फिर वह सारे मुहल्ले में अम्माँ कही जाने लगी और उसका लगभग सारा समय लोगों को कोसने में गुज़रने लगा...

वह साल में बस एक दिन, और वह भी एक पल के लिए, बहन बनती। राखी के दिन राखी बाँधते समय। पर उस दिन भी देश आता तो अम्माँ ही कहकर उसे आवाज़ देता। परन्तु उस दिन वह कोसने सुनाती नहीं आती। वह कलाई बढ़ाता। वह राखी बाँध देती। फिर उसके मुँह में मिठाई का एक टुकड़ा रखती और दिल-ही-दिल में अल्लाह मियाँ से कहती, 'अल्ला मियाँ! चाहे अम्माँ पुकारे चाहे कुछ, पर मेरे भैया को सलामत रखना।'

और सच्ची बात यह है कि खुद देश को पूरा-पूरा पता नहीं था कि उसकी ज़िन्दगी में इस बीमार-बीमार-सी शहनाज़ की असली जगह क्या है? वह कितना प्यार करता है? उसके बिना ज़िन्दगी कुछ कम-कम-सी लगती। जैसे कुछ छिपाके बैठ गई हो। ऐसा लगते ही वह सीधा शम्सू मियाँ के घर जाता और हाँक लगाता, ''अम्माँ।'' और घर के किसी-न-किसी कोने से शहनाज़ के कोसनों की आवाज़ आने लगती और देश को इत्मीनान हो जाता कि ज़िन्दगी में कोई गड़बड़ नहीं है। सब ठीकठाक है।

देश को यह भी नहीं मालूम था कि शहनाज़ रोती हुई कैसी लगती है। उसने उसे रोते हुए देखा ही नहीं था। उसने तो उसे जब देखा कोसते हुए देखा, इसीलिए जब पढ़ाई की बात पर उस दिन सुक्कन की डाँट पर शहनाज़ रोई तो देश घबरा गया और उसे पता चला कि वह सबकुछ देख सकता है पर शहनाज़ को रोता हुआ नहीं देख सकता, और इसीलिए, उसने तै किया कि शहनाज़ पढ़ना चाहती है तो वह उठाएगा उसकी पढ़ाई का ख़र्च। पर बिल्लो से डरता भी था। मास्टर

बदर की तनख्वाह ज़ाहिर है कि हाउस-फ़ंड ही से निकलेगी और उसे हज़ार झूठ बोलने पड़ेंगे...

और यूँ देश की वजह से मास्टर बदर और शहनाज़ की पहली मुलाक़ात हुई। मास्टर बदर पर्दे के बाहर। शहनाज़ पर्दे के अन्दर।...इश्क़ तो लोहे की दीवार न माने, टाट के एक पर्दे में क्या रखा है! शहनाज़ ने पुड़ियों को पढ़ना छोड़ दिया। 'माटसाब' उसे लिखने का काम बहुत देने लगे। वह दिनभर 'माटसाब' के लिए लिखने का काम करती रहती। और चूँकि सुक्कन और महनाज़ दोनों ही लिखना-पढ़ना नहीं जानती थीं, इसलिए ख़तों के ज़रिए इश्क़ चलता रहा, यहाँ तक कि एक दिन बद्रुलहसन यानी 'माटसाब' ने पिक्चर देखने का प्रोग्राम बना डाला। मैटनी शो ही देखा जा सकता था। दोनों अलग-अलग निकले। अलग-अलग रिक्शे पर बैठे। अलग-अलग रवाना हुए और सिनेमा हाउस में मिल गए। पहुँचने में ज़रा देर हो गई। फ़िल्म शुरू हो चुकी थी। पर फ़िल्म देखना किसे था! वह दोनों तो साथ रहने के लिए आए थे।...यह बात उन्हें इंटरवल में मालूम हुई कि उनके पासवाली कुर्सियों पर बिल्लो और देश हैं।

देश या बिल्लो ने कुछ नहीं कहा। बिल्लो ने उन दोनों को आइसक्रीम खिलाई। देश मज़े में खूब भुनी हुई मूँगफलियाँ खाता रहा और पुड़िये में मिला हुआ नमक चाटता रहा...फ़िल्म के बाद शहनाज़ को बिल्लो ने अपने रिक्शे पर बिठा लिया। मास्टर बदर को देश ने अपने रिक्शे पर लिया।

"देखो भैया माटसाब, सौ की सीधी एक। शहनाज़ हमरे दोस्त की बहिन और हमरे उस्ताद की बेटी है। बिआह हो सकता है। चक्कर नहीं चल सकता। का इरादा है...?"

तीसरे दिन शहनाज़ और मास्टर बद्रुलहसन की शादी तै हो गई। यही वह मास्टर बद्रुलहसन हैं जिन्होंने एक रात 'कटरा मीर बुलाक़ी' के नीचे चाक से 'कटरा बी आर्ज़ू' लिख दिया और यह सारा चक्कर चल पड़ा।

सबसे पहले यह बात हेडकान्सटेबिल जगदम्बाप्रसाद ने थाना कोतवाली के इनचार्ज अश्फ़ाकुल्लाह ख़ाँ एस. आई. को बताई कि आशाराम आजकल कटरा मीर बुलाक़ी के चक्कर बहुत लगा रहा है। ख़ाँ साहब ने यह बात डी.एस.पी. सूरजनाथ सिंह को बताई। सूरजनाथ सिंह ने डिस्ट्रिक्ट मैजिस्ट्रेट से कहा। डिस्ट्रिक्ट मैजिस्ट्रेट ने डी.आई.एस. को चौकन्ना कर दिया और सरकारी पहिया चल पड़ा और 'के.बी.ए.' फाइल खुल गया।...

आशाराम अपना सीरियल न लिख सका।

वह काम मैं कर देना चाहता हूँ ताकि सनद रहे और वक़्त पर काम आए।

कटरा मीर बुलाक़ी

कारपोरेशन के काग़ज़ों में यह बात ज़रूर लिखी होगी कि यह कटरा मीर बुलाक़ी किसने बनवाया था। पर कारपोरेशन कौन जाए और सच पूछिए तो बनवानेवाले से हमें लेना-देना क्या! किसी-न-किसी ने बनवाया ही होगा।

कारपोरेशन में इसका नक़्शा भी होगा। मैंने उसे देखने का चक्कर भी नहीं चलाया, क्योंकि उस नक़्शे से भी हमें क्या लेना-देना! लेकिन एक बात बिल्कुल साफ़ है कि अपने असली नक़्शे से अब कटरा मीर बुलाक़ी का कोई ख़ास तअल्लुक़ नहीं रह गया है, क्योंकि लगता है कि असली कटरे के चारों तरफ़ यह कटरा उगता चला गया। लेकिन यह फैली हुई चीज़ भी कटरा मीर बुलाक़ी ही कही जाती रही। असली कटरे की चौहद्दी की दीवारों को ग़ायब हुए भी एक ज़माना हो गया। और अब तो यह तै करना भी सम्भव नहीं कि असली कटरा कहाँ ख़त्म होता है और 'डालडा' कटरा कहाँ से शुरू होता है। समय इन चौहद्दियों को नहीं मानता। कारपोरेशन मानती हो तो माना करे। सरकारी तौर पर इसीलिए गली के साथ सड़क तक आ जानेवाला कटरा 'गली द्वारिकाप्रसाद' के नाम से जाना जाता था, पर आम लोग उसे कटरा मीर बुलाक़ी ही कहा करते थे और डाकखानेवालों को भी यही नाम याद था; चुनाँचे कोई ट्रेनी पोस्टमैन होता तो गुरु उसे पते की यह बात बताना न भूलता कि वह 'गली द्वारिकाप्रसाद' के चक्कर में न पड़े क्योंकि कोई ख़त लिखनेवाला पते में 'गली द्वारिकाप्रसाद' नहीं लिखता।

यह बात अपनी जगह दुरुस्त है कि स्वर्गीय द्वारिकाप्रसाद सन् '42 के एक शहीद थे और मीर बुलाक़ी, कहते हैं कि, ताऊन में मरे थे इसलिए कटरेवालों को द्वारिकाप्रसादजी ही का साथ देना चाहिए था। कुछ जनसंघियों ने यह चक्कर भी चलाया कि यह मीर बुलाक़ी क्यों चिपके रहते हैं हर खत और हर सरकारी काग़ज़ पर और ख़ास तौर से जब मीर बुलाक़ी के घरवाले पाकिस्तान भी जा चुके हैं! पर कटरेवालों ने कहा कि वह राजनीति के चक्कर में नहीं पड़ते। किसी के

पाकिस्तान चले जाने से कहीं का नाम क्यों बदल दिया जाए! नाम ही बदलना है तो गुरु भोलेनाथ पहलवान, शम्सू मियाँ, मोली ख़ैराती, जगदम्बाप्रसाद, चिरौंजीलाल, घसीटे हलवाई, पन्नालाल मिस्त्री,...सभी का नाम बदला जाए। जनसंघियों के पास इसका जवाब नहीं था। पर अब पार्टी की इज़्ज़त फँस गई थी तो तै हुआ कि उस सड़क का नाम द्वारिकाप्रसाद मार्ग रख दिया जाए जो कटरेवाली गली को छूती हुई आगे चली जाती है और जिस पर आगे चलकर बाबू गौरीशंकरलाल पांडेय की कोठी थी।

बाबूजी को जब यह पता चला कि जनसंघी यह चक्कर चला रहे हैं तो उनकी कांग्रेसी रग फड़की और उन्होंने एक प्रेस कान्फ़रेंस बुलाकर बयान दिया कि सन बयालीस के शहीदों से जनसंघ को क्या मतलब,...उनकी वारिस कांग्रेस और केवल कांग्रेस है। और यदि सड़क का नाम बदलना ही है तो महात्मा गाँधी मार्ग, या नेहरू रोड क्यों न रखा जाए...वैसे उनके दिल की बात यह है कि वह अपने स्वर्गीय पिता के नाम पर इस सड़क का नाम पंडित शिवशंकर पांडेय मार्ग रखवाना चाहते थे। यह बात दूसरे कांग्रेसियों ने उठाई और ज़िला कमेटी ने प्रस्ताव पास कर दिया कि इस सड़क का नाम 'पंडित शिवशंकर पांडेय मार्ग' रखा जाना चाहिए। यह पंडित शिवशंकर पांडेय नायब तहसीलदार थे और सन बयालीस के आंदोलन से उनका कोई तअल्लुक़ नहीं था, सिवा इसके कि मौक़ा ग़नीमत जानकर उन्होंने अपने आदमियों से सरकारी ख़ज़ाना लुटवा लिया और बाद में उन्हीं पैसों से उन्होंने दूसरा कारोबार शुरू किया जिसमें भगवान की दया से दिन दूनी रात चौगुनी तरक्की हुई और जहाँ कच्चा घर था वहाँ तीन माले की पक्की कोठी खड़ी हो गई। यह बात कोई छिपी-ढँकी नहीं थी इसीलिए मुहल्ला कांग्रेस कमेटी से लेकर अखिल भारतीय कांग्रेस कमेटी तक, किसी कमेटी ने उन्हें कोई सम्मान देने की कोई बात नहीं चलाई। पर अब सन बयालीस की बात पुरानी हो चुकी है, इसलिए बाबू गौरीशंकरलाल पांडेय अपने पिता को देशभक्त साबित करने पर तुले हुए थे क्योंकि यही एक बात उन्हें विज़ारत की कुर्सी से दूर किए हुए थी।

तो, पहले एक मोल्वी शमीमुल हसन अहरारी को शीशे में उतारा गया। यह मोल्वी शमीमुल हसन अहरारी स्वर्गीय पंडितजी (पंडित नेहरू नहीं, पंडित शिवशंकर पांडेय) के दोस्त थे और आज सरकार से जेल-यात्रा की पेंशन पा रहे थे। शमीम साहब ने 'सन बयालीस—एक आपबीती' लिखी। इस आपबीती में उन्होंने यूँ ही एक जगह पंडित शिवशंकर पांडेय का ज़िक्र निकाल दिया और लिखा : यह बात वह अपने ज़ाती तजरुबे की बुनियाद पर कह सकते हैं कि उनके

बारे में यह बात बिल्कुल ग़लत उड़ाई गई है कि सरकारी खज़ाने का पैसा उन्होंने ख़ुर्द-बुर्द किया। वह दो लाख अस्सी हज़ार रुपये उन्होंने ख़ुद मोल्वी साहब के सामने मरहूम डाक्टर लोहिया और आचार्य नरेन्द्रदेव को दिए थे...

यह किताब छपी तो हंगामा खड़ा हो गया। सोशलिस्टों ने आसमान सर पर उठा लिया। पर मौलाना अपनी बात पर डटे रहे और उन्हें झुठलाने के लिए न लोहियाजी को बुलाया जा सकता था न आचार्यजी को।

इस बहस में बाबू गौरीशंकरलाल पांडेय नहीं पड़े। किताब लिखवाने और छपवाने में कुल दस हज़ार ख़र्च हुए थे। दस हज़ार उनके लिए कोई चीज़ नहीं। पर वह बैठ नहीं गए। उन्होंने दिल्ली के एक पंजाबी पत्रकार को अपने पिता की जीवनी लिखने का काम सुपुर्द कर दिया। उसने दस हज़ार लिए। हफ़्ते-भर में किताब लिख दी। उस जीवनी ने साबित कर दिया कि स्वर्गीय पंडितजी कैसे ज़बरदस्त देशभक्त थे!

इन दोनों किताबों से लैस होकर ज़िला कांग्रेस कमेटी ने प्रस्ताव पास किया कि स्वर्गीय पंडितजी की गिनती देशभक्तों में होनी चाहिए और उनके नाम का डाकटिकट निकलना चाहिए। टिकट निकल गया। और जब नाम का टिकट निकल गया तो एक सुसरी सड़क की क्या हैसियत! सड़क का नाम 'पंडित शिवशंकर पांडेय मार्ग' रख दिया गया और जनसंघी कुछ न कर सके। यूँ भारतीय सेकुलरइज़्म ने भारतीय साम्प्रदायिकता को सरे-मैदान हरा दिया। (एक चुनाव की तक़रीर में बाबूजी ने यही कहा था।)

पर बिचारे सन बयालीस के असली शहीद द्वारिकाप्रसाद जहाँ-के-तहाँ रह गए और इसलिए कारपोरेशन ने फ़ैसला किया कि कटरा मीर बुलाक़ी से जो गली शिवशंकर पांडेय मार्ग तक जाती है उसका नाम तो गली 'द्वारिकाप्रसाद' रख ही दिया जाए, चाहे लोग यह नाम याद करें या न करें।

गली के नुक्कड़ पर टीन का बोर्ड लग गया जिस पर देवनागरी में लिखा हुआ था : गली द्वारिकाप्रसाद। उसी के नीचे कटरेवालों ने फ़ारसी और देवनागरी में लाल रंग से 'कटरा मीर बुलाक़ी' भी लिख दिया ताकि कुछ अर्से के बाद आनेवाला यह नया नाम देखकर चकरा न जाए।

इस गली के नुक्कड़ पर अगर कटरे की तरफ़ मुँह करके खड़ा हुआ जाए तो दाहिनी तरफ़ और जो कटरे की तरफ़ पीठ की जाए तो बाईं तरफ़ भोलू पहलवान का चायख़ाना था।

पहलवान का पूरा नाम भोलेनाथ सिंह था। पर कहे जाते थे भोला या भोलू पहलवान। अपने उस्ताद पहलवान अब्दुल करीम के देहान्त के बाद अखाड़े की

पगड़ी भोलू पहलवान को मिली। नागपंचमी के दिन गुरु को पगड़ी बाँधी जाती। यह पगड़ी उस्ताद अब्दुल करीम खाँ के बेटे शम्सू मियाँ बाँधा करते थे। फिर बड़ी धूमधाम से पहलवान का जुलूस निकलता और उस्ताद बाजे-गाजे के साथ अखाड़े में ले जाए जाते और वहाँ वह हर पट्ठे के बदन पर अखाड़े की मिट्टी लगाते और फिर सारा अखाड़ा 'या अली' के नारों से गूँज जाता।

पहलवान ने शादी नहीं की।

आशाराम ने अपनी डायरी में पहलवान के कँवारे रह जाने के बारे में जो लिखा है, मैं नीचे उसका हिन्दी अनुवाद पेश करता हूँ :

"कटरा मीर बुलाक़ी में कोई खुलके तो यह नहीं कहता, पर कई लोगों ने इशारे-इशारे में यह अवश्य कहा कि पहलवान अपने गुरु उस्ताद अब्दुल करीम ख़ाँ की बेटी इसमत बीबी पर आशिक़ हो गए थे। ज़ाहिर है कि इसमत बीबी से उनकी शादी नहीं हो सकती थी, इसलिए इसमत बीबी तो कुछ खाकर मर गईं और पहलवान ने क़सम खा ली कि वह ज़िन्दगी-भर विवाह ही नहीं करेंगे... ।"

मैं आशाराम की इस राय से सहमत नहीं हूँ और उसका कारण यह है कि भोलू पहलवान-जैसे लोग अगर अपने उस्ताद की बेटी पर आशिक होंगे तो उन्हें ऐसा लगेगा जैसे वह अपनी बहन पर आशिक़ हो गए हैं और नतीजे में कँवारे नहीं रह जाएँगे, आत्महत्या करके मर जाएँगे।

इसलिए मैंने अपनी तरफ़ से छानबीन शुरू की तो पता चला कि देशराज सिंह के पिता भरतकुमार पहलवान के दोस्तों में थे। दाँत-काटी दोस्ती थी। यह खायें तो उनका पेट भर जाता था और वह पियें तो प्यास इनकी बुझती थी। देश की माँ मुनिया पहलवान को राखी भी बाँधती थी। फिर ऐसा हुआ कि एक साल मुहर्रम होली के साथ आ गया। इन दोनों के साथ आने में भरत का कोई क़ुसूर नहीं था। मुनिया ने बूढ़े ताज़िये पर मन्नत मान रखी थी कि जो बेटा होगा तो वह फूल की चादर चढ़ावेगी। तो भरत मुनिया को लेकर चादर चढ़ाने गया। बलवा शुरू हो गया और वह दोनों मियाँ-बीबी मारे गए। जाते समय वह बच्चा पहलवान के हवाले कर गए थे कि घर में कोई था नहीं...तो पहलवान ने उस बच्चे को फिर अपने-आपसे जुदा नहीं किया। उन दिनों एक बड़े अच्छे और खाते-पीते घराने में उनकी शादी की बात भी चल रही थी। पर पहलवान ने सोचा कि जो उन्होंने शादी की तो बच्चा होगा और शायद अपना बच्चा हो जाए तो देश की तरफ़ से उनका ध्यान हट जाए। इसलिए उन्होंने शादी न करने का फ़ैसला कर लिया। फिर थोड़े दिन बाद जब उनकी बहन रुकमनी बेवा होकर घर में आ गई तो शादी का

सवाल बिल्कुल ही ख़त्म हो गया क्योंकि रुकमनी, उसकी बेटी बिल्लो और देश ही को पालना मुश्किल था तो घर में एक पेट और क्यों बढ़ाते! रुकमनी ने बहुत ज़ोर डाला पर वह न माने और थक-हारकर रुकमनी भी चुप हो गई। फिर वह हैज़े में मर गई तो घर में पहलवान की शादी की बात करनेवाला ही कोई न रह गया और पहलवान के दिमाग़ में फिर शादी की बात ही नहीं आई। हाँ, देश और बिल्लो की शादी वह अलबत्ता बड़े धूमधाम से करना चाहते थे और उसी के लिए एक-एक पैसा जोड़ रहे थे।

चाहते तो वह यह भी थे कि उनके बाद अखाड़े की पगड़ी देश के सर बँधे, पर कुश्ती में देश का जी ही नहीं था। उसे तो मोटरें फ़ैसिनेट करती थीं। इसलिए उसे शम्सू मियाँ उड़ा ले गए। शम्सू मियाँ की जगह अगर किसी और ने यह हरकत की होती तो शायद पहलवान बवाल खड़ा कर देते, पर शम्सू मियाँ उनके उस्ताद के बेटे थे। बस, यही सोचकर वह दिल और ज़बान मार गए।

चूँकि बचपन ही से बिल्लो और देश की शादी की बात चल रही थी, इसलिए उन दोनों ने भी इस बात को मान लिया था।

बिल्लो बड़े दिल की लड़की थी पर ज़रा कंजूस थी। एक-एक पैसे को दाँत से पकड़ती थी और हमेशा इसी बात पर देश से उसका झगड़ा होता था कि देश की हथेली में तो जैसे छेद था, पैसा टिकता ही नहीं था।

देश और बिल्लो ने बचपन ही से अपना एक घर बनवाने का फ़ैसला कर रखा था और बचपन ही से डाकख़ाने में हाउस-फंड का सेविंग बैंक अकाउंट खुल गया था। उन्होंने एक ज़मीन भी पसन्द कर रखी थी। यह ज़मीन पहलवान के चायख़ाने के दूसरे हाथ पर न जाने कब से खली पड़ी थी। छोटी-सी ज़मीन थी। बिल्लो के सपने के लिए काफ़ी और देश के सपने के लिए नाकाफ़ी। और चूँकि बिल्लो की ज़बान के आगे कटरा मीर बुलाक़ी में किसी की नहीं चलती थी तो भला देश की क्या चलती! इसलिए वह भी इस बात पर राज़ी हो गया था कि उनका घर उसी ज़मीन पर बनेगा। उनके घर में एक कमरा पहलवान के लिए भी बननेवाला था और तै यह हुआ था कि पुराना घर, जो साढ़े तीन रुपये माहवार किराये पर था, शम्सू मियाँ को दे दिया जाएगा क्योंकि धीरे-धीरे उनका घर न रहने लायक़ होता जा रहा था और उसकी मरम्मत करवाना उनके बस में नहीं था।

फज्जू की बेनाम लांडरी शम्सू मियाँ की बाहरी बैठक में थी जिसका साढ़े सात रुपया किराया आता था। जब से यह लांडरी बिल्लो ने ली थी, किराया दस रुपये कर दिया गया था। बिल्लो ने अपनी लांडरी का नाम 'जनता लांडरी' रखा था।

पहलवान को बिल्लो का गह काम बिल्कुल पसन्द नहीं था, पर दो दिन जो खाना-पानी छोड़ा तो पहलवान झट से समझ गए कि काम में क्या बुराई है।

पर बिल्लो पहलवान या देश के कपड़े भी मुफ़्त नहीं धोती। उनके लिए रेट भी कम नहीं करती थी और उधार काम तो वह करती ही नहीं थी।

इसी जनता लांडरी के छज्जे-तले रात को इतवारी बाबा सो लिया करते थे।

दिसम्बर की एक ठंडी सुबह को सूरज के दाँत बज रहे थे और वह कुहर का कम्बल ओढ़े अपनी यात्रा शुरू करने के बारे में सोच रहा था। कटरा मीर बुलाक़ी में सन्नाटा था। कुहरे के टपकने की आवाज़ के सिवा कोई आवाज़ नहीं थी। पहलवान का चायख़ाना अभी नहीं खुला था। जोखन की दुकान अभी बन्द थी। जगदम्बाप्रसाद ने अभी सुबह की पूजा शुरू नहीं की थी। बस, जनता लांडरी का एक दरवाज़ा ज़रा-सा खुला हुआ था और एक अँगीठी पर अलमूनियम की पुरानी केतली रखी हुई थी और अन्दर बिल्लो ने कपड़ों पर इस्त्री करने का काम शुरू कर दिया था। वह धीरे-धीरे गुनगुना रही थी :

मोको खरच दयि जाना पिया जब जाना बिदेसवा रे
ननद मोरी री बड़ी री लड़ाका
वै को खसम कर जाना पिया जब जाना बिदेसवा रे
मोको खरच दयि जाना पिया...

वह उठी। केतली में पानी खौलने लगा था। उसने कंकर के एक प्याले में केतली से चाय उँडेली और उसे फूँक-फूँककर पीने लगी। अभी उसका प्याला ख़त्म नहीं हुआ था कि इतवारी बाबा आ गए। उनके दाँत बज रहे थे। और अपने-आपको गर्म रखने के लिए वह अपने दोनों हाथों को तेज़ी से मल रहे थे।

बोले, "बाप रे बाप! का सर्दी है आज! कुल्फी जम गई।"

बिल्लो ने कहा, "केतली में चाय है। पी लीजिए एक पियाला।"

यह कहकर बिल्लो ने इस्त्री सँभाल ली और इतवारी बाबा ने अपने लिए चाय उँड़ेलकर चुसकियाँ लेना शुरू किया। जब गर्म-गर्म चाय हलक़ से नीचे उतरी तब वह बोले, 'चाय भी क्या चीज बनाई है भगवान ने!"

बिल्लो बोली, "अरे भगवान का जानें चाय बनाना! हम बनाया है।"

लांडरी में सन्नाटा हो गया। बिल्लो इस्त्री करती रही और इतवारी बाबा चाय की चुसकियाँ लेते रहे। थोड़ी देर के बाद इस्त्री करते-करते बिल्लो ने कहा, "जब हम लोग का घर बन जाएगा तो लांडरी भी वहीं चली जाएगी। चाय पीये के वास्ते आपको चलके आए को पड़ेगा।"

"अई ई घर-वर का चक्कर छोड़ बेटा! उ जमाना ससती का रहा जब

साहजहाँ बादसाह ने आगरे में ताजमहल खड़ा कर दिया रहा। ई जमाना और है। पहले जेतना खरच सादी-बियाह में होता रहा आज ओसे दुना-तिनगुना खरच क्रिया-कर्म में हो जा है।''

''जब बोलोगे जहरे बोलोगे।''

'एमें जहर बोले की तो कोई बात ना है बेटा! जिन्दगी के तजरबे की बात बोल रहें। जमाना कुरंग है।''

बिल्लो जलके कोई सख़्त बात कहने ही वाली थी कि बच्चों के शोर की आवाज़ आने लगी और उसका ध्यान उस शोर की तरफ़ चला गया।

''लाट साहेब निकल आए घर से!'' बिल्लो ने कहा, ''इ लौंडन के पेट में भगवान घड़ी बाँध दिहिन हैं जैयसे। ऊ घर से निकला नहीं कि इन्हें पता चला नहीं। कम-से-कम चार आने रोज का लेमचूस बँटा जाता है। साढ़े सात रुपया महीना बचा लें तो साल-भर में...''

इतवारी बाबा हँस पड़ा।

बिल्लो बिगड़ गई—''एमें हँस्से की का बात है?''

''अरे बेटा, साढ़े सात रुपये की आज हैसियत का! हमरे लड़कपन में पाँच रुपये में चार परानी का पूरा घर चल जाता रहा इज्जत से और मजे में। आज साढ़े सात रुपये में एक दिन ना चल सकता। रुपया तो बस अब नाम का रह गया है। जेब जितनी जियादा होती जा रही, पैयसा कम होता जा रहा। पहिले लोग हमरी तरफ़ आके भीक देते रहे। अब हम्में देखके सड़क की पटरी बदल लेहैं। बहुत-से लोगन से तो भीक माँगना छोड़ दिया है, केह मारे कि हम्में उनके घर का हाल मालूम है...''

बच्चों का शोर पास आता जा रहा था। बिल्लो ने झल्लाके इस्त्री पत्थर पर टिका दी और बाहर की तरफ़ देखने लगी। जोखन की दुकान नज़र आ रही थी। देश के साथ बच्चे जोखन की दुकान तक आ गए थे।

देश ने बच्चों को डाँटा, ''बस, हुल्लड़ बन्द। कुड़ी हो जाव लोग!''

बच्चे लेमनड्राप्स चुभलाते 'कुड़ी' हो गए। और अब उसने जोखन दुकानदार की तरफ़ देखा जो जगदम्बाप्रसाद हेड कान्सटेबिल से कह रहे थे, ''एक दिन तो हम बाबू गौरीशंकरलाल पांडेय से साफ-साफ कह दिया...''

देश ने पूछा, ''का कह दिया जोखन चा?''

''एही,'' जोखन ने कहा, ''कि सोसलइज्म के आए में बहुत देरी हो रही है। बिटिया रानी से बोलिए कि तनी जल्दी करे। देस में नहीं बन सकती तो देसावर से मँगाए। फारेन में आडर दें। तिस पर वह बहुत जोर से हँसे।''

“हम्में एक बंडल लाल मुहम्मद देकर बाकी कहानी सुनाइए।” देश ने कहा।

“अल्ला कसम, हम मजाक ना कर रहें देशराज!” जोखन ने कहा।

“सोसलइज़्म में यही तो डबल खराबी है कि फारेन में नहीं बन सकती। कपड़े की तरह बदन के नाप की काटे को पड़ती है।” देश ने कहा।

“एही तो बाबू साहब भी बोले! फिर कहे लगे, जोखन मियाँ। तुझको तो सेंटर में मिनिस्टर होना चाहिए। यंग टरकलोग सिरीमती गाँधी को बहुत परीशान कर दिए हैं। तिस पर हम कहा, बाबू साहेब। ई ससुर लोग यंग टरक कहाँ से हो गए। एक्को जने पचास से कम ना हैं। और भई, टरक हैं तो टरकी जाएँ।”

शम्सू मियाँ आ गए।

“सलाम उस्ताद।” देश ने कहा।

“जीते रहो बेटा।”

“एतना सवेरे-सवेरे कहाँ चल दिए साहेब?”

“का बताएँ बेटा!” शम्सू मियाँ ने कहा, “कल तोरे चले आए के बाद अशफ़ाकुल्लाह ख़ाँ कोतवाल की फटफटिया आ गई रही सरविस के वास्ते। नौ बजे माँगिन हैं।”

उन्हें आगे बढ़ता देखकर जोखन ने कहा, “बीड़ी ना लीहो का शम्सू भाई?”

“ना। हम दस दिन के वास्ते बीड़ी छोड़ दिया है। खाँसी बहुत आ रही।” शम्सू मियाँ चले गए।

“ए देसराज।” जगदम्बाप्रसाद बोले, “हम सुन रहें कि शम्सू मियाँ महनाज का रिश्ता तोड़े की सोच रहें।”

“सुना तो हम भी है।” देश ने कहा। फिर वह जोखन की तरफ़ मुड़ा। “आपसे तो दूर-पास की रिस्तेदारी है। कहिए ना कि...”

“ना साहेब।” जोखन ने बात काटी, “अव्वलन तो हम कोई के मामले में बोलते ही नहीं। कोई बात पर दिल ढेर कुढ़ता है तो हम खड़े हो जाते हैं निमाज पर। माना कि महनाज बेवा हो गईं। पर उमिर का है बिचारी की! और अल्ला मियाँ रजिस्टर पोस्ट से तो रिस्ता भेजेवाले नहीं हैं। जरा-सी तल-बिचल हो गई तो महल्ले-भर की नाक कट जाएगी।”

“गरीब महल्ले के मुँह पर नाक अच्छी भी ना लगती जोखन चा! हम तो एक दिन आसाराम से साफ-साफ पूछ लिया कि भाई मिनिस्टर लोग तो घूस खाके जी लीहें, पर जनता बेचारी का खाये! ऊ लगे लेकचर झाड़े कि मार्क्सवाद ई और मार्क्सवाद ऊ। तो हम कहा, बस रहे दिजिए। लेकचर से पेट भर सकता तो हम लेकचर देसावर भेजते। लेकचरे की तो पैदावार इफरात है अपने मुलुक में। बीड़ी दिजिए।”

जोखन ने उसे चुपचाप लाल मुहम्मद बीड़ी का एक बंडल दे दिया और वह साइकिल लिए आगे बढ़ गया। तब जगदम्बाप्रसाद ने कहा, "इ दूनो की शादी कब होगी आखिर?"

"मैदाने-हसर में।" जोखन ने कहा, "न घर बनिहे न शादी होइहे। न नौ मन तेल होइहे न राधा नचिहें—ओही किस्सा है।"

क़िस्सा सचमुच यही हो गया होता, पर कहावत बनानेवालों का बिल्लो की ज़िद से परिचय नहीं था। वह इसीलिए बड़े-बड़े सपने देखती नहीं थी कि जिन्हें पूरा करना ही सम्भव न हो। वह अपनी आँख के नाप के सपने देखती थी और इसीलिए अब कोई उससे शादी की बात नहीं करता था। सब जानते थे कि घर बनवाए बिना वह शादी नहीं करेगी। और इस घर के सपने ने उसे ऐसा जकड़ रखा था कि वह किसी और बात के बारे में सोचती भी नहीं थी। और इसीलिए देश का खिलंडपन कभी-कभी उसे खल जाया करता था। वह जानती थी कि साढ़े रात रुपये की रक़म कोई ऐसी रक़म नहीं होती कि उसके लिए ज़मीन-आसमान एक किया जाए। पर जो यह साढ़े सात रुपये महीने-के-महीने पोस्ट आफ़िस में जमा होते रहते तो घर कुछ पास ही आ जाता। पर वह भी जानती थी कि देश फिर देश है। वह बदल नहीं सकता। और उसे यह पता नहीं था कि यदि देश बदल जाए और पैसे को दाँतों से पकड़ने लगे तो उसे अच्छा लगेगा या नहीं। और वह देश के बारे में कोई रिस्क लेना नहीं चाहती थी। इसीलिए दिल-ही-दिल में तो उसने कटरे के बच्चों की मिठाई का बजट पास कर रखा था, पर इस ख़र्चे पर देश को डाँटने से बाज नहीं आया करती थी। वह जानती थी कि अगर डाँट- डपट बन्द हो गई तो देश इसी तरह के और ख़र्चे भी निकाल लेगा।

इसीलिए देश ने जैसे ही दुकान में क़दम रखा, वह साँस लेकर अपनी महाभारत के लिए तैयार हो गई। पर इसके पहिले कि वह बोले, देश इतवारी बाबा से लग गया।

"इ का भाई! इतवारी बाबा आज पीर को कैयसे देखाई दे रहें?"

"हम आज से, का कहते हैं चौदह दिन की ऊ वाली छुट्टी को जो सरकारी लोग ले हैं, ओही छुट्टी पर हैं।" इतवारी बाबा ने कहा।

"कैजुवल लीव।" देश ने कहा।

'हाँ।" बाबा ने कहा, "अपनी जगह को चार रुपये रोज पर उठा दिया है।"

"चार रुपये रोज पर!" बिल्लो ने कहा, "तो ऊ बेचारे को का मिलेगा?"

''इलाहाबाद जैयसे शहर में भी, कोई अच्छा फकीर होय, तो तीस-चालिस रुपया रोज कमा सकता है।''

''तीस-चालिस रुपया रोज कि तीस-चालिस रुपया महीना?'' देश ने पूछा।

''महीना ना, रोज।'' इतवारी बाबा ने कहा, 'परसाल हम खुद आठ हजार पर इनकमटैक्स दिया रहा।''

बिल्लो इस बीच में पोस्ट आफ़िस की पासबुक और रूमाल में लिपटे हुए कुछ रुपये लाई और देश की तरफ़ बढ़ाकर बोली, ''बाबा को इनकमटकस भरे दयो। अरे जो सरकार हमसे रोज एक हजार बेयमानी करती है ओसे हम साल-भर में एक्को बेयमानी ना करें! हम त ना देंगे इनकमटकस। एक सौ बारह रुपया है। जमा कर देना।''

''अच्छा।'' देश ने रूमाल ले लिया।

''अपने हिस्से का निकालो।'' बिल्लो ने हुक्म दिया।

देश सर खुजलाने लगा।

''सिर में जूँयीं पड़ गई हैं का?'' बिल्लो चमकी।

''ऊ बात ना है।''

''फिर का बात है?''

''रात हम ऐसे ही चले गए उस्ताद के घर। मोली खैराती आज जायेवाले हैं उनके घर। उस्ताद को पता नहीं है। पर खैराती मियाँ यह पूछने जा रहें कि यह कैसे उड़ रही है कि महनाज की सादी टूट गई। उस्ताद के घर में एक पैयसा न रहा तो...''

''और तुम तो हो राजा हरिसचन्दर और वाडिया मोवीटोन के सखी हातिम के जुड़वाँ औतार।'' बिल्लो ने बात काटकर कहा।

''दस रुपया पचास पैयसा बचाया है।'' देश ने जल्दी से कहा।

''दस रुपया पचास पैयसा! बाप-रे-बाप! एतने में तो घर के दूनों कमरन की छत पड़ जैयहे।'' फिर बिल्लो ने माथा ठोंक लिया, ''कैयसे पागल आदमी से पाला पड़ा है। मामा ठीके कहते हैं। जाते-जाते मिलते जाना उनसे। कहते रहे कि कोई ज़रूरी काम है।''

देश जनता लांडरी से निकल आया।

बाहर जाड़े की धूप थी। बच्चे खेल रहे थे। देश के अन्दर बिल्लो के प्यार की धूप थी। सपने खेल रहे थे। वह यह सोचकर मुस्कुरा दिया कि लड़-झगड़कर आख़िर बिल्लो ने इतना पैसा जमा ही कर लिया कि घरवाली ज़मीन ख़रीदी जा सके। मामा ने यही बात करने को बुलाया होगा कि ज़मीन ख़रीदने के बाद शादी

हो जानी चाहिए। अरे, देश का बस चलता तो कल की जगह आज शादी कर लेता। पर होगा तो वही ना जो बिल्लो चाहेगी और बिल्लो घर बनाए बिना शादी करना नहीं चाहती!

घर।

यह सपना बिल्लो बचपन से देखती चली आ रही थी। देश को तो ऐसा लगता था कभी-कभी जैसे बिल्लो आँखों में यह सपना लिए हुए पैदा ही हुई थी। शायद उसे वह चार-साढ़े चार साल की बिल्लो अब भी जैसे ज़बानी याद थी जिसे उसकी माँ अपनी बेवगी, टीन के एक ट्रंक, बाँस की ढक्कनदार एक झापी और गठरियों के साथ लेकर भाई के घर आई थी और भाई से लिपटकर रोने लगी थी। पहलवान भी रोने लगे। पहलवान को रोता देखकर वह हँस पड़ा। पर उसने हँसी रोककर बिल्लो से पूछा, "इ लोग रो काहे को रहे हैं?"

बिल्लो ने कहा, "हमरे अब्बा मर गए हैं ना।"

"हमरहू अब्बा मर गए हैं।" देश ने कहा, "हमरी तो अम्माँ भी मर गई है।" उसने बिल्लो पर रोब डाल दिया, "मामा कहते हैं कि इहे हमरे अब्बा भी हैं और हमरी अम्मा भी हैं। अम्माँ तो जनाना होती हैं। जैसे तोरी अम्माँ हैं। तो फिर मामा कैयसे हो सकते हैं हमरी अम्माँ?"

यह सवाल देश को बहुत दिनों से परेशान कर रहा था और बिल्लो को अपने राज़ और अपनी परेशानी में शरीक करने के बाद जैसे उसका जी हल्का हो गया।...और जब तक पहलवान भाई-बहन का रोना-धोना ख़त्म हो, बिल्लो और देश में दोस्ती हो गई। मामा आँसू पोंछकर पलटे तो वह देश को समझा रही थी कि बढ़कर सबसे पहले वह घर बनाएगी, क्योंकि जो उसका अपना घर होता तो उसकी दादी उसे यूँ घर से निकाल तो नहीं सकती थी ना...और यह सुनकर देश कह रहा था कि वह दोनों मिलकर घर बनाएँगे। इस पर बिल्लो ने कहा कि उसके पास दू रुपया पन्दरह पैयसा जमा है घर बनाए के वास्ते, देश ने कितना जमा किया है। देश के पास केवल चालीस पैसे थे। तो बिल्लो ने कहा कि चलो यही सही। और यूँ पहली ही मुलाक़ात में वह बिल्लो के सपने में साझेदार हो गया था और उसी दिन से बिल्लो उससे एक-एक पैसे का हिसाब ले रही थी और वह उसे एक-एक पैसे का हिसाब देकर खुश हो रहा था और उससे दो-चार पैसों की चोरी करने में सफल होने पर भी ख़ुश होता चला आ रहा था। वैसे उसे यह ख़ुशी मुश्किल ही से नसीब होती थी। और जिस दिन मामा ने बिल्लो और देश की शादी का सपना देखा और बिल्लो की माँ उस सपने में शरीक हो गई और बिल्लो को यह पता चल गया तो देश पर उसका हक़ जैसे मुसल्लम हो गया...

दोनों जब अकेले होते तो शादी-शादी खेलते। 'अम्माँ' यानी शहनाज़ 'पंडित' बनती। महनाज़ बराती भी बनती और घराती भी और शादी होती। मिट्टी की मिठाई बाँटी जाती। डालडा के डिब्बे का ढोल बजता—धीरे-धीरे कटरे के तमाम बच्चों को पता चल गया और वह देशरानी कही जाने लगी।

पर बिल्लो में एक बात ज़रूर थी। वह लड़ाका थी। झल्ली थी। पर बड़ी चाहनेवाली भी थी। इसीलिए जब दोनों बड़े हुए तो सारा कटरा उन दोनों पर आशिक़ था और उन दोनों की शादी की राह देख रहा था। पर उनकी शादी के रास्ते में घर का सपना दीवार बन गया था और बिल्लो की इस ज़िद का इलाज तो हकीम लुक़मान के पास भी शायद ही रहा हो।

पहलवान ने भी उसे उसके हाल पर छोड़ दिया था, एक दिन यह कहके कि जब घर का रुपया जमा हो जाए तो तार से ख़बर कर देना...

वह दुकान आते। पहलवानों की तस्वीरों को साफ़ करते, उन्हें अगर की धूनी देते। हनुमानजी की तस्वीर से माथा लगाते और फिर उस लौंडे को माँ-बहन की गाली देना शुरू करते जो अँगीठी जलाने, गाहकों को चाय देने और चाय की प्यालियाँ धोने पर नौकर था। और इतने में कोई गाहक आ जाता और उन्हें छेड़ने को कह देता, "इ सब तो ठीक गुरु, पर आप अपनी दुकान पर इस मियाँ पहलवान की फोटो काहे को लगाए हैं?" पहलवान को मालूम था कि गाहक उन्हें छेड़ रहा है। वह अपने हर गाहक को बचपन से जानते थे। कुछ को अपने बचपन से। कुछ को उनके बचपन से।

उस दिन भी वह अपनी तक़रीर के बीच में थे कि आशाराम आ गए।

"क्या बात है मामा?" आशाराम ने साइकिल से उतरते हुए कहा।

आशाराम ने पूछा, लेकिन उसे पूछते समय भी मालूम था कि बात क्या है। मामा ने जवाब देना शुरू किया, हालाँकि उन्हें पता था कि आशाराम को बात मालूम है। बोले "अरे, बात वही पुरानी है भैया, कि हम्में आधा पंजाब, आधा बंगाल, सिन्ध-बिलोचिस्तान जाए का गम नहीं है। गम इस बात का है कि सिन्ध-बिलोचिस्तान के साथ गामा पहलवान भी चले गए पाकिस्तान में।"

"और सुना है कि बिचारे वहाँ बड़ी तकलीफ़ से मरे।" आशाराम ने कहा।

"आप तो नेता हो भैया," पहलवान ने कहा, "बाकी ई बात हमसे सुन लिजिए कि परदेस में कोई आरामो से मरे तब्बो तकलीफ़े की बात है। हमसे अभई ई कल के लौंडे पूछते रहे कि हम अपनी दुकान में गामा पहलवान की तस्वीर काहे को टाँगे हैं। हम कहा, बेटा! हम साइदन छः नहीं तो सात बरस के रहे होंगे तब जब गामा पहलवान हियाँ एलाहाबाद में दंगल लड़े आए। उस्ताद हम्में ले जाके

उनके पैरन में डाल दिया और कहा, इ बच्चे को दुआ दो पहलवान! गामा अखाड़े की एक मुट्ठी मट्टी लेके हमरे बदन में मल दिहिन और बोले, बेटा, ऐ मट्टी दी लाज रखना। जब ऊ ना कहिन कि हम हिन्दू लौंडे को अखाड़े की मट्टी ना लगाएँगे तो हम कैयसे कहें कि ऊ मुसलमान रहे, एह मारे हम अपनी दुकान में उनकी तस्वीर ना टाँगेंगे? हिन्दू-मुसलमान होना और चीज है। पहलवान होना और चीज है।"

आशाराम हँस पड़ा। बोला, "हिन्दुस्तान में हिन्दू-मुसलमान कम हो जाएँ और पहलवान ज़्यादा हो जाएँ तो कैसा मज़ा आए! आपकी बातों का जवाब नहीं है मामा!"

मामा ने कहा, "अरे, हम का बात करेंगे भैया? बात तो किया करते रहे स्वर्गीय पिताजी। ऊ जो बाबू गौरीशंकरलाल हैं ना, नैसनल गैरजवाले? जहाँ आपका दोस्त देश काम करता है?..."

"क्या हाल है देश का?" आशाराम ने बात बदल दी।

"ओही रफ्तार बेढंगी जो पहिले थी सो अब भी है।" मामा ने कहा, "हम तो ओको कुस्ती सिखाके पछता रहें। अरे हम कहते हैं भैया, मोटर मिकानिक बने में का बड़ाई है। ओही टके के तीन। आज तक कोई मोटर मिकानिक का फोटा छपा है कोई पत्र-पत्रिका में?"

"अरे शादी कर दीजिए, ख़ुद ही ठीक हो जाएगा।"

"भैया की बात। जब तक ताजमहल नहीं बन जाएगा तब तक कटरा मीर बुलाकी की मुम्ताजमहल भला बिआह कैयसे कर सके हैं।"

"अरे कामरेड!" देश की आवाज़ आई। फिर वह भी आ गया, "कब आए?"

"बस, चला ही आ रहा हूँ।"

"ज़ीनत अमान या रेखा से चक्कर चलाया कि नहीं?"

आशाराम हँस दिया।

"का हाल है बम्बई का?"

"बम्बई में हर चीज़ मिलती है, पर मामा की चाय नहीं मिलती। मैं तो हुडुक गया इस चाय के वास्ते।"

मामा ने मूँछों पर ताव दिया।

"तुम्हारे क्या हाल हैं?" आशाराम ने देश से पूछा।

"अरे, हमरा का कर सकती हैं सिरीमती गाँधी! बाकी बद्रुल का हाल पतला है। पिछले महीने तन्ख्वाह नहीं मिली बिचारे को। आपके सिवा कोई और लीडर

से तो हमरी दुआ-सलाम है नहीं। तनी पूछिए न एक दिन बिटियारानी से की इ का आफ़त जोते हुए हैं।''

''ए नरेना, चाय बना आशाराम बाबू के वास्ते। ऊपर से मलाई डाल देबे।'' पहलवान ने हाँक लगाई। फिर वह देश की तरफ़ मुड़े और बोले, ''मास्टर बद्रुल को छोड़ो जरा। हम आशारामजी के सामने कह रहें कि हमरी जिन्दगी का का भरोसा! आज मरे कल दुसरा दिन...''

देश ने बात काटी, ''अरे नहीं मामा। का बात करते हैं आप! बुढ़ौती में भी यमराज से तगड़े पड़िएगा।''

''सुन रहें अपने दोस की बात!'' पहलवान ने आशाराम से कहा, ''अब यह तरीका निकला है गुरु से बात करे का। हम सोचते रहे भैया, कि इ दुकान इनके सपुरुद करके हम जिन्दगी से पिनसिन ले लेंगे। पर शम्सू भाई को का कहें हम, जैयसा तबाह किया है उन्होंने हमरे पट्ठे को!''

आशाराम जवाब देने से बच गया क्योंकि ठीक उसी वक़्त नारायण ने उसके हाथ में गर्म गुलाबी चाय की एक प्याली रख दी, जिसकी खुशबू आशाराम के बदन में समा गई।

''अब तो कहीं बाहर जाए का प्रोगिराम ना है ना?'' देश ने पूछा।

''नहीं भई,'' आशाराम ने कहा, ''हम कहाँ जाएँगे! और राजनराएन के एलेकशन पेटिशन का फ़ैसला सुने बिना तो कहीं जाने का सवाले नहीं है।''

देश ने कहा, ''फ़ैसला हम सुना देते हैं। अरे मुरारजी जैसे तिसमार खाँव को दूध की मक्खी की तरह सरकार से निकालके यूँ फेंक दिया जिस औरत ने, उसके ख़िलाफ़ फ़ैसला देवे की हिम्मत है कोई जज में!

पहलवान ने इस बातचीत में शामिल होने का फ़ैसला किया, क्योंकि राजनीति का उन्हें बड़ा शौक़ था। बोले, ''अरे, जज ससुर का करेंगे हिम्मत! हिम्मत तो किया करते थे स्वर्गीय पिताजी। एक दफे का जिकिर है...''

''हम्में देर हो जाएगी मामा।'' देश ने कहा।

''अभी बैठो। साढ़े आठ ही बजे देर होने लगी?'' आशाराम ने कहा।

''जो बात मामा सुनाएवाले हैं ओमें पक्का तीन घंटा लगता है। हम कै मरतबा सुन चुके हैं।''

मामा ने उसे घूरना शुरू किया।

''दरोगा असफाकुल्ला खाँ की फटफटिया ठीक करे को है। उस्ताद को अब कुछ दिखाई तो देता नहीं। जो कुछ तल-बिचल हो गई तो दरोगाजी उन्हें पकड़के बन्द कर दिहें मीसा में।''

देश साइकिल पर सवार होकर चल पड़ा।

देश इस सड़क को 'पंडित शिवशंकर पांडेय मार्ग' होने के बहुत पहले से जानता था। तब तो इस पर ठीक से रोशनी नहीं होती थी। पर नाम पड़ जाने के बाद से रात को जगर-जगर करने लगी थी। और देश ने सोचा था कि पांडेयजी ने ख़ज़ाना लुटवाके लोहियाजी को पैसा दिया रहा हो या न दिया रहा हो, पर सड़क पर रोशनी तो जमके करवा दी उन्होंने। पर आज उसके पास पांडेयजी के बारे में सोचने का समय नहीं था। वह सोच रहा था कि बिल्लो को चकमा देके उस्ताद के नये चश्मे-भर पैसे का बन्दोबस्त तो करना ही पड़ेगा किसी दिन, नहीं तो बाबू गौरीशंकर को कोई अनाड़ी मिकेनिक समझके उस्ताद किसी दिन माँ-बहन की शुरू हो जाएँगे और उसी दिन छुट्टी हो जाएगी उनकी। पांडेयजी वह हड़ताल भूले थोड़ी होंगे! वह तो जो मामा ने उनके पास जाकर साफ़-साफ़ न कह दिया होता कि शम्सू मियाँ एक आदमी नहीं, एक महल्ला हैं, उन्हें अलग किया तो कटरा मीर बुलाक़ी से एक वोट नहीं मिलेगा, तो शम्सू मियाँ कबके निकाले जा चुके होते।

कटरा मीर बुलाक़ी में दो हज़ार वोटर थे, और बाबूराम आज़ाद के असर में थे, और हर चुनाव में आँखें बन्द करके कांग्रेस को वोट दे आया करते थे। जब गौरीशंकर को टिकट मिला तो बाबूराम खुश नहीं हुए, क्योंकि वह जानते थे कि गौरीशंकर भी अपने बाप ही की तरह बेईमान आदमी हैं। पर पार्टी ने उन्हें टिकट दिया था इसलिए बाबूराम ने उन्हीं का साथ दिया, हालाँकि उनके ख़िलाफ़ सोशलिस्टों ने जो आदमी खड़ा किया था वह बड़ा ईमानदार और जनता की सेवा करनेवाला आदमी था। उसका बाप बाबूरामजी के साथ कई बार जेल में रह चुका था। पर राजनीति दोस्ती और रिश्तेदारी नहीं मानती। जिसकी राजनीति ग़लत हो वह न दोस्त न रिश्तेदार। बाबूराम तो वह कट्टर आदमी थे कि नेशनल गैरेज़ की स्ट्राइकवाले मुक़द्दमे में आशाराम के ख़िलाफ़ गवाही दे आए थे कि उन्होंने ख़ुद अपने कान से सुना था कि आशाराम अपने कुछ साथियों से कह रहा था कि आग लगा देनी चाहिए उस गैरेज़ में और उन्हीं की इस गवाही की बुनियाद पर आशाराम को सज़ा हो गई थी।

मतलब यह कि बाबूरामजी की उस इलाक़े में बड़ी इज़्ज़त थी। लगभग पूजे जाते थे। और शम्सू मियाँ से बचपन की दोस्ती थी। दाँत-काटी दोस्ती। ज़बरदस्त प्यार। पर जब पहलवान ने उनसे कहा कि वह गौरीशंकरलाल से शम्सू मियाँ की सिफ़ारिश कर दें तो उन्होंने साफ़ इनकार कर दिया था कि वह सिफ़ारिश नहीं करेंगे। और तब पहलवान ने कहा था कि वह अपनी सिफ़ारिश तह करके कांग्रेस की गाँड़ में रख दें। वह ख़ुद जा सकते हैं बाबू गौरीशंकर के पास...

उस दबाव में आकर शम्सू मियाँ की नौकरी बची थी। और यह अशफ़ा-क़ुल्लाह ख़ाँ तो 'लम्बर एक का हरामी' है। हो सकता है कि गौरीशंकर के इशारे पर उसने अपनी फटफटिया भेजी हो और इस बहाने से उस्ताद को निकालना चाहता हो...

यह ख़याल आते ही वह जल्दी-जल्दी पैडिल मारने लगा।

नेशनल गैरेज़ नख़्ख़ासकुहना में था। और पुराने शहर में इतना बड़ा कोई दूसरा गैरेज़ नहीं था। और चूँकि इस गैरेज़ के मालिक एक कांग्रेसी एम. पी. थे, इसलिए दूर-दूर की कारें मरम्मत के लिए यहाँ आती थीं। बाबू साहब ने धीरे-धीरे यू.पी. के लगभग हर शहर में गैरेज़ की एक शाख़ खोल दी थी। हर शाख़ में पेटरोल पम्प भी था। इन गैरेज़ों में पुरानी कारों को ख़रीदने और बेचने का काम भी होता था। पाँच बरस तक बाबू साहब पुरानी कारें ख़रीदते रहते थे औने-पौने। चुनाव के दिनों में वही गाड़ियाँ ठीक-ठाक करके कांग्रेसी कैंडिडेटों और कभी-कभार अपोज़ीशनवालों के हाथ भी बेच दी जाया करती थीं।...और इसीलिए बाबू साहब आनेवाले चुनाव का बड़ी बेचैनी से इन्तज़ार कर रहे थे। उनके पास लगभग सौ पुरानी कारें जमा हो गई थीं जिनमें उनका लगभग सवा लाख रुपया फँसा हुआ था। तो एक फ़िक्र उन्हें आनेवाले चुनाव की थी और दूसरी फ़िक्र उन्हें इसकी थी कि 'पंडित शिवशंकर पांडेय मार्ग' बहुत पतला है और उसके दोनों तरफ़ बहुत फटीचर लोग रहते हैं और उनकी वजह से उन्हें बड़े आदमियों को अपने घर बुलाते शर्म आती है। वह यह चाहते थे कि सड़क के दोनों तरफ़ की बस्ती पचास-पचास फ़ीट पीछे सरका दी जाए और सड़क पर दोनों तरफ़ अच्छा-सा बाज़ार बन जाए या छोटे-छोटे बँगले बन जाएँ जिनके सामने छोटे-छोटे बाग़ीचे हों कि कोई वी. आई. पी. गुज़रे तो ख़ुशबू से उसका दिमाग़ बस जाए। कारपोरेशन के चीफ़ ऐडमिनिस्ट्रेटर को एक रात खाने पर बुलाकर वह अपना प्लान समझा भी चुक थे और उसने कहा था कि यह करने की हिम्मत उसमें नहीं है, ऊपर से आर्डर मँगवा दीजिए तो बुलडोज़र चलवा दूँगा। पर वह यह बात अपने मुँह से निकालना नहीं चाहते थे क्योंकि उन्हें उसी क्षेत्र से चुनाव लड़ना था। चुनाव ही के डर से तो उन्होंने शम्सू मियाँ को भी अलग नहीं किया था, हालाँकि उन्होंने शम्सू मियाँ को यह नहीं बताया था। उनसे तो उन्होंने यह कहा था कि अगर वह उनके पिता पंडित शिवशंकर के जमाने के आदमी न होते तो आशाराम के चक्कर में पड़कर अपनी नौकरी से कबका हाथ धो चुके होते। शम्सू मियाँ ख़ुद भी यह बात जानते थे और इसीलिए वह बाबू साहब के एहसानमन्द थे कि यह उनकी मेहरबानी थी कि

शम्सू मियाँ आधा पेट खा रहे थे और जी रहे थे। आशाराम ने तो कोई कसर छोड़ी नहीं थी।

"अरे बेटा, सियासत पेट-भरों का काम है।" शम्सू मियाँ ने अशफ़ाक़ुल्लाह ख़ाँ दरोग़ा कोतवाली की फटफटिया को स्टार्ट करते हुए कहा।

"दिल दुखाए की बात मत किया किजिए उस्ताद।" देश ने ग्रीस-भरे सूत के लच्छे से हाथ साफ़ करते हुए कहा, "राजनीति पेट-भरों का काम जरूर होंगी मुदा भुख्खड़ों की तो जिन्दगी है। अरे लड़ेंगे नहीं तो आधा पेट खाना भी नहीं मिलेगा।"

शम्सू मियाँ उदास हो गए। नौजवानों में यही तो ख़राबी है कि बात समझने की कोशिश नहीं करते। उन्होंने देश की तरफ़ देखा--पौने पाँच हाथ से कम तो लम्बा नहीं होगा। हाथ-पाँव भी ओही हिसाब से हैं। इहाँ से निकाल भी दिया गया तो मेहनत-मजूरी कर लेगा। और कुछ दिन कुछ न भी किया तो क्या होगा। बिल्लो की लांडरी चल रही है। पहलवान की दुकान चल रही है। सिर पर कोई जिम्मेवारी नहीं। और इहाँ महनाज, सहनाज, बीबी, महनाज की दूनो बेटियाँ...और खुद अपनी बुढ़ौती। का करेंगे जो निकाल दिए गए...!

"जेहल बहुत बुरी चीज है बेटा!" शम्सू मियाँ ने कहा।

"का बुरी चीज है?" एक मिकैनिक ने कहा, "इहाँ दिन-भर काम करो और पेट न भरे। उहाँ दिन-भर काम करो तो पेट-भर खाना तो जरूरे मिलता है। हम तो सोच रहें कि कउनो तरकीब करके जेले चले जाएँ।"

उस लड़के का नाम रामअवतार था। बदन रहा होगा चौबीस-पच्चीस का। आत्मा थी सौ-दो सौ बरस की। बूढ़ी। लपूस। न सोचने का हौसला न लड़ने की सकत। न आँखों में कोई सपना। बस, एक मुसतक़िल भूख भभोंड़ती हुई। ज़रूरतें टेंटवे से पकड़े हुए...बाप दमे का मरीज़ और बेकार। माँ की आँखों में ममता की जगह मोतिया। बीवी को बच्चे पैदा करने की लत। बड़ा भाई कलकत्ते से लौटा हुआ। चटकल में कटे हुए हाथ लेकर। बेकार। उसके तीन बच्चे। बदज़बान बीवी।--और एक अकेला रामअवतार कमानेवाला। बोला, "हम तो कल के जाते आज लाल झंडा फहराते जेल चले आएँ उस्ताद! पर फिर घरवालन का का होगा? सिरीमती गाँधी गरीबी हटाव का नारा दिया था। गरीबी तो ना हट रही। गरीब हटे जा रहें। थोड़े दिन में गरीब लोग मरबिला जैयहें तो गरीबी खुद-ब-खुद खतम हो जैयहे।"

वहाँ सन्नाटा हो गया। उसकी बात का किसी के पास जवाब नहीं था।

"असफ़ाक़ुल्ला खाँ की गाड़ी में का निकला उस्ताद?" देश ने बात बदलने को कहा।

"ठेंगा निकला।" शम्सू मियाँ ने कहा, "अरे बेटा, बाप का गैरिज़ है। भेज दिया सफ़ाई के वास्ते। अब लोग शान के मारे मोटर रखते हैं। सौक ना है कोई को। पहिले के लोग औलाद की तरह रखते रहे गाड़ी। ऊ जो जीरो रोड वाले बेनी बाबू बारिस्टर हैं, का मजाल कि आज भी उनकी गाड़ी को हमरे सेवाय कोई और हाथ लगा दे! उनका बेटा खासुलखास फ़ोर्ड कम्पनी से मोटर मिकानिकी की डिग्री लेके आया। पर बाबू साहेब साफ बोल दिए कि बेटा, मेरी गाड़ी को तो शम्सूये मियाँ हाथ लगाएँगे।"

वातावरण का तनाव ख़त्म हो गया।

मनोहर, एक और जूनियर मिकैनिक बोला, "और वो जो चीफ जस्टिस गिरेस साब की बेटी आसिक हो गई रही आप पर?"

शम्सू मियाँ झेंपकर हँस दिए। बोले, "अरे ना बेटा। पैदाइसी हँसमुख रही। बस, लोग बात का बतंगड़ बना दिया। तोरी चच्ची आज तक ताना दे हैं।"

"कोई-न-कोई बात तो ज़रूर रही होगी केह मारे कि लोग राई का परबत बनाए हैं। राई न हो तो परबत कैयसा?" देश ने कहा।

"अच्छा ढेर बत्तमीजी जिन करो देश, नहीं तो देंगे तोउन लप्पड़ कि मुँह फिर जैयहे।" शम्सू मियाँ ने कहा।

सारे मिकैनिक, जो उनकी औलाद की तरह थे, ज़ोर-ज़ोर से हँसने लगे और लंच की घंटी बज गई और कारों, ट्रकों और बसों के नीचे से मिकैनिक निकलने लगे जैसे पहिले पानी के बाद ज़मीन से कीड़े-मकोड़े निकलने लगते हैं। ग्रीस-भरे सूत के लच्छों से हाथ-मुँह पोंछते सब अपने-अपने डिब्बों की तरफ़ गए। हर डिब्बे में उस परिवार की भूख आई थी। देश ने अपना डिब्बा निकाला।

"आपका खाना कहाँ है?" देश ने पूछा।

"हमरा रोजा है।" शम्सू मियाँ ने कहा।

"रोजा?"

"अब हम हर महीने की पच्चीस से तीस तक रोजा रक्खे लगे हैं।"

"यह लीजिए।" देश ने कहा, "आजे रोजा रखना था। हम तो आपके वास्ते आलू का भरता, बेसन की रोटी और मिरचे का अचार..."

शम्सू मियाँ के मुँह में पानी आ गया। बोले, "अरे तो कोई वाजिब रोजा थोड़े है!"

दोनों ने खाना शुरू कर दिया।

देश को इन रोज़ों का हाल मालूम था, इसलिए वह दो आदमियों का खाना लाया था। पर वह अपने उस्ताद से यह कह तो सकता नहीं था कि उसे मालूम

था कि आज उनके घर फ़ाक़ा है, इसलिए वह अपने साथ उनके लिए भी खाना लाया है।

"तुमसे का पर्दा बेटा!" खाते-खाते शम्सू मियाँ ने कहा, "आम्दनी ओही दू सौ अट्ठाइस और बजार का हाल ई कि हरा धनिया जाफरान के भाव। पहिले के जमाने में महीने की तीस और पहली में फ़रक़ होता रहा। अब जैयसी तीस, वैसिये पहली। कलंडर तो खाली दीवार सजाए के काम आता है।"

देश ने कुछ नहीं कहा। वह कहता भी क्या। बस, चुपचाप खाता रहा। शम्सू मियाँ ही फिर बोले, "पहले आदमी पेट-भर खाये और इज्जत से जीये के वास्ते मेहनत-मजूरी करता रहा। अब काहे को करता है! पेट भरता ना और भुक्खे पेट इज्जतो कड़ुई लगती है।"

"महनाज के रिश्ते का का भया?" देश ने बात बदलने की कोशिश की।

"वही जो हमेशा होता है।" शम्सू मियाँ ने कहा, "लड़की पसन्द आई। लड़की का बाप पसन्द ना आया। उन सभन का कहना भी ठीक है। कुँआरी लड़कियाँ रद्दी के भाव मिल रहीं तो बेवा लड़की और ऊ भी दू बच्चे की माँ से कोई काहे को मुफ़ुत में बिआह करे? और भैया, हम हाथघड़ी-रेडियो कहाँ से दें दहेज में?"

फिर सन्नाटा हो गया।

"लड़का करता क्या है?" देश ने पूछा।

"नौकरी खोजे का काम कर रहा है आजकल। हेड कानिसटिबली से रिटायर भया है दू बरस पहले।"

"आप तो सम्धी की बात करे लगे। हम लड़के को पूछते रहें।"

"हम लड़कवे की बात कर रहें बेटा।"

सन्नाटा हो गया। देश किसी और तरफ़ देखने लगा कि वह अपने उस्ताद को शर्मिन्दा नहीं देखना चाहता था।

"पर वह जो एक ऊ साहब से बात चलती रही जो दुआह तो ज़रूर हैं पर उमिर का एतना फ़रक़ नहीं है?"

"ऊ हाथघड़ी और रेडियो के साथ एक ठो साइकिलो माँगते हैं।"

"ऐयसा करते हैं।" देश ने कहा, "घड़ी हम दे देंगे अपनी बहिन को। साइकिल और रेडियो का बन्दोबस्त ज़रूर करना पड़ेगा।"

उस्ताद शम्सू रो पड़े। बोले, "एक तो ऐनक का नम्बर गलत। फिर आँख में आँसू होयँ तो कुछ देखाइए ना देता।"

"पर बिल्लो को खबर न हो। एक-एक पैयसे को दाँत से पकड़ती है।"

शम्सू आँसू पोंछकर चश्मा साफ़ करने लगे। और अब्दुल हक़ को याद करने लगे जो पाकिस्तान में ऐश कर रहा है।

पाकिस्तान में यही तो एक ख़ास बात है। जिसकी ख़बर आती है, यही आती है कि वह वहाँ ऐश कर रहा है, कि दो हज़ार से कम किसी की तनख़्वाह नहीं, कि वहाँ की नदियों में पानी की जगह पैसा बहता है—अब्दुल हक़ के बारे में भी उन्होंने यही सुना था। जबकि हक़ीकत यह थी कि अब्दुल उस ममलिकते इसलामिया यानि पाकिस्तान में उसी तरह भूखा था जिस तरह शम्सू मियाँ भूखे थे। पाकिस्तान अब भी उसका वतन नहीं हुआ था। वह आज भी वहाँ शरणार्थी था। लालूखेत की एक झुग्गी में रह रहा था और उर्दू बोल रहा था और आम की फ़स्ल में आम के लिए तरस रहा था। और साबन की झड़ी के लिए उसकी आत्मा प्यासी थी। और वह संगम पर डुबकी लगाने के लिए हुड़क रहा था। और अपनी रामलीला और हिन्दू-मुस्लिम दंगों को याद करके रो रहा था और उसके बच्चे उसका दर्द नहीं समझ पा रहे थे, क्योंकि वह पाकिस्तान में पैदा हुए थे और वहीं पले-बढ़े थे। उन्हें पता ही नहीं था कि सावन के बादल कैसे होते हैं, और कोयल कैसे बोलती है, और आमों पर किस रंग का मौर आता है, और रामलीला क्या होती है, और हिन्दू-मुसलमान दंगे कैसे होते हैं...क्योंकि पाकिस्तान में तो केवल शीया-सुन्नी दंगे होते हैं।—यह एक तरह से अच्छा ही था कि शम्सू मियाँ को यह बात नहीं मालूम थी और वह यह सोच-सोचकर ख़ुश थे कि अब्दुल हक़ वहाँ खुश है।—पर जो वह आज यहाँ होता तो क्या वह महनाज़ के दहेज की घड़ी देश से ख़रीदवाते?—इस सवाल पर वह रुक गए। उन्होंने देश की तरफ़ देखा जो चुपचाप खाने में लगा हुआ था—शम्सू मियाँ ने अपने-आपसे कहा, 'काहे न खरिदवाते भाई! सागिर्द भी बेटे से कम नहीं होता।'...और यह जवाब देकर उन्हें लगा कि वह बूढ़े तो ज़रूर हो गए हैं पर अकेले नहीं हैं।

उस दिन वह घर पहुँचे तो उसी नशे में थे।

"का बात है मामूँ?" बिल्लो ने पूछा। वह शम्सू मियाँ को कटरे के रिश्ते से मामू ही कहा करती थी।

"आज हम महनाज की सादी तै कर दिया है। लड़के की उमिर सत्ताइस-अट्ठाइस से जियादा नहीं है। एक स्कूल में पढ़ाता है अल्ला के फजल से।"

सकीना ने चौंककर देखा।

"साइकिल, घड़ी और रेडियो कहाँ से दीहो?" सकीना ने पूछा, "तोर में एही खराबी है। बेला सोचे-समझे जबान दे आए होगे। अब का हम्में बेचके जहेज बनाओगे? केह मारे कि घर में बेचे लाएक कोई और चीज तो देखाई ना दे रही।"

"आप परेसान काहे को होती हैं ममानी? भगवान साइकिल और घड़ी सबका बन्दोबस्त कर देंगे, कहीं-न-कहीं से।" बिल्लो ने कहा।

महनाज़ रोने लगी। पर किसी ने उसकी तरफ़ न देखा। सकीना बोली, "भगवान की साइकिल की फकटरी होती तब थोड़े परेसानी होती धीया! पर भगवान बिचारू का करें? अब बचे अल्ला मियाँ। ऊ न घड़ी बाँधें, न रेडियो सुनें, न साइकिल पर चढ़ें। त उन्हें भला काहे की याद आए कि महनाज माटीमिली का बिआह एही तीन चीजन के मारे टलता जा रहा।"

बिल्लो ने कहा, "आप तो बेला वजहे कोसे लगती हैं। अैयसा करते हैं, पर मिकैनिक साहब को पता न चले, नहीं तो चिल-पों मचाये लगेंगे कि हाउसफंड में काहे को हाथ डाला। साइकिल का बन्दोबस्त हम कर देंगे जोड़-बटोर के।" यह कहते-कहते वह खड़ी हो गई, "अच्छा, हम चल रहें। मास्टर बद्रुल आते होंगे लांडरी का हिसाब लिक्खे।"

बद्रुलहसन का नाम सुनकर बावरचीख़ाने में चुपचाप बैठी हुई शहनाज़ मुस्कुरा दी। और बिल्लो चल पड़ी।

लांडरी में आते ही उसने देखा कि जगदम्बाप्रसाद एक दीवार की तरफ़ मुँह किए बैठे पेशाब कर रहे हैं।

"हम देख रहें कि आप इ महल्ले की दु-चार दिवार गिराए बिना ना मानिएगा।" बिल्लो ने कहा।

जगदम्बाप्रसाद घबराकर खड़े हो गए। झेंपी हुई हँसी के राथ बोले, "का बताएँ बिल्लो। इधिर कुछ जियास्ती हो गई है पिसाब में। डाक्टर साहेब बोले हैं कि नमक और चीनी कम कर दो।"

"चीनी-नमक जरूर कम करिए पर घूस खाना एकदम्मे छोड़ दिजिए। ठीक हो जाइएगा।" बिल्लो ने कहा।

"हम्में घूस खाये का सौक ना है। पर करें का! साढ़े सत्तानबे रुपये तनख्वाह में का खायें, का पीयें, का ले परदेस जाएँ। हमारी तनख्वाह ले लिया कर पहली की पहली और चला दिया कर हमरा घर। भगवान का पाकेट एडीसन मत बन। समझी! बरदी पर इसतिरी किया कि नहीं?"

"कर दिया।" बिल्लो ने कहा।

जगदम्बाप्रसाद भी दुकान में आ गए। बिल्लो ने इस्त्री की हुई वर्दी उनकी तरफ़ बढ़ाते हुए कहा, "एक रुपया।"

"का?" जगदम्बाप्रसाद हैरान रह गए, "अभई पिछले हफ्ते तो आठ आने रेट रहा।"

"और पिछले हफ्ते दाल-चावल का का रेट रहा?" बिल्लो ने पूछा।

"हम तो ना देंगे एक रुपया।"

"आपकी मरजी।"

यह कहकर बिल्लो ने वर्दी को गुजुल-मुजुल दिया।

"अरे-अरे-अरे। इ का कर रही है?"

"अपनी इसतिरी वापिस लिया है।" बिल्लो ने कहा, "कहीं और जाके इसतिरी करवा लिजिए। जनता लांडरी में आज सबेरे से आठ आना फी कपड़ा रेट लग गया है इसतिरी का। बनयाइन का चार आना।"

"तो तुम बताया क्यों नहीं था?"

"हम रेडियो सिलोन ना हैं कि चिल्लाते रहें दिन-भर," बिल्लो चमकी। "हिन्दी-उर्दू में लिखवाके टाँग दिया है रेट।"

"ठीक है देख लेंगे।"

"अरे, जाव-जाव। बहुत देखा है देखेवाले। अँखिया फोड़ ना देंगे देखेवालन की!"

आशाराम आ गया।

"यह क्या भई! हवलदार साहेब को भी डाँट पिला दी।"

"हवलदारी दिखायें जाके अपनी हवलदारिन को। बिल्लो नहीं आनेवाली रोब में। हम का डरते हैं कि फोकट में इसतिरी कर दें!" फिर उसे यकायक पुराना हिसाब याद आ गया और वह लपकी जगदम्बाप्रसाद पर, "निकालिए पाँच रुपया चालिस पैयसा जो बाकी है।"

"देख बिल्लो, यह जबानदराजी बहुत महँगी पड़ेगी।"

"सस्ती कौन चीज़ रह गई है कि जबानदराजी की फिकिर करें! निकालिए पाँच रुपया चालिस पैयसा।"

"आप देख रहें आशा बाबू, एकी जियादती। अरे, हम का घर से रोकड़ा लेके निकले हैं कि निकाल दें!" यह कहते हुए वह दुकान से निकल जाना चाहते थे। पर बिल्लो रास्ता रोककर खड़ी हो गई।

"हम कह रहें, हट जा रस्ते से।"

"हटाके देखो हवलदार साहब!" देश की आवाज़ आई।

जगदम्बाप्रसाद सन्नाटे में आ गए। देश की आँखों में खून उतरा हुआ था। आशाराम बीच में आ गया।

"जाने दो यार।"

"जाने कैयसे दें भाई?"

"हाँ, तो क्या कर लोगे?" जगदम्बाप्रसाद ने कहा।

"का कर लेंगे?" देश बोला, "यह जो तोरी सात हाथ की जबान है न हवलदार, ओही को खींचके, फाँसी लटका देंगे तुमको उसी में।"

वह हवलदार पर लपका। आशाराग ने उसे पकड़ लिया।

"पागल हो गए हो!"

बिल्लो उसी तरह रास्ता रोके खड़ी थी। बोली, "हम जाए न देंगे आज अपना पाँच रुपया चालिस पैयसा लिए बिना।"

दुकान के बाहर भीड़ लग गई।

"अच्छा, आज मेरे कहने से इन्हें एक दिन की मुहलत दे दो बिल्लो!"

बिल्लो ज़मीन पर थूककर दरवाजे से हट गई और जगदम्बाप्रसाद दिल-ही-दिल में बिल्लो और देश की माँ-बहन एक करते हुए चले गए और बिल्लो एकदम से खिलखिलाकर हँस पड़ी। और दुकान के अन्दर का तनाव ख़त्म हो गया और दुकान के बाहर की भीड़ छँट गई।

"यह क्या हरकत थी?" आशाराम ने कहा।

"बात का रही! हमरा पैयसा बाकी हो तो न माँगें?" बिल्लो ने कहा।

"न," इतवारी बाबा आ गया, "उधार पैयसा न माँगो।"

"काहे ना माँगें?" यह सवाल देश ने किया।

"माँगने से फायदा का! भीक माँगे में सबसे बड़ा फायदा एही है कि कोई न दे तो बुरी नहीं लगता। अपना पैयसा माँगे में ई खराबी है कि कोई न दे तो खून खौलने लगता है।"

"यार बाबा," देश झल्ला गया, "तुम अपना फलसफा साला अपने पास रखा करो। जब बोलोगे जहर बोलोगे। अरे मिट्ठा बोले में का पैयसा खरच होता है?"

इतवारी बाबा हँस पड़ा।

"बात ई है आसा बाबू, कि नौजवान लोग गुस्से में रहें तो हम्में अच्छे लगे हैं। हम तो एयसे धन्धे में हैं कि गुस्सा करे नहीं सकते। ई दूनो को परट्टिस कराते रहते हैं।" इतवारी बाबा ने आँखें भरके आशाराम की तरफ़ देखा, "देस तो एतना गरम हो रहें कि केतली धर दो तो चाय का पानी तैयार हो जाए मिलट-भर में..."

अब आशाराम हँस पड़ा और देश को भी अपनी झल्लाहट पर हँसी आ गई।

"मैं इस वक्त यह कहने आया था कि लांड्री वर्कर्ज़ की एक यूनियन बनने जा रही है। सोचता हूँ कि बिल्लो को अध्यक्ष बना दिया जाए।"

"हम बरकर नहीं हैं।" बिल्लो ने कहा, "हम जनता लांडरी की मालिक हैं।"

"फिर भी जो तुम लोगों की यूनियन होती तो हवलदार इस वक़्त इतनी अकड़ नहीं दिखाते।"

"अरे जाए दिजिए।" बिल्लो ने कहा, "आप न पड़ गए, रहे होते बीच में तो हवलदार का सारा कलफ निकाल देते हम।"

"तुम आसा बाबू के साथ यूनियन बनाव अराम से। हम इ कहे आ गए रहे कि दीवार का टिकट ना मिला। और एक ठो गाड़ी भी आ गई है सरबिस के वास्ते। फिर कोई दिन चलेंगे।" देश यह कहता हुआ चला गया। वह इस वक़्त बिल्लो से बहस करना नहीं चाहता था क्योंकि पूरा झूठ अभी तैयार नहीं हुआ था। उससे तो वह एक पक्की रिहरसल करने के बाद ही झूठ बोला करता था क्योंकि वह थी बड़ी काइयाँ। झट से ताड़ लेती थी और इस बार देश अपने झूठ को पकड़वाना नहीं चाहता था। वह महनाज़ के होनेवाले मियाँ के लिए घड़ी देखने जा रहा था ताकि यह अन्दाज़ा लगा सके कि कितना बड़ा और किस तरह का झूठ बोलना पड़ेगा।

वह जैसे ही घड़ियों की दुकान में घुसा, अल्लावाले[1] घड़ीसाज़ ने उसकी तरफ़ मुस्कुराकर देखा।

"फ़रमाइए।" अल्लावाले ने कहा।

"फरमाना का है साहब। जरा एक ठो घड़ी देखाइए।" देश ने कहा।

"ज़रा क्यों साहब! पूरी घड़ी देखिए। सुइटज़रलैंड से कल ही पारसल आया है।" वह मुस्कुराए, "कैसी दिखाऊँ।"

"एक सादी में दूल्हा को देना है।"

अल्लावाले ने अलमारी से घड़ियाँ निकाल-निकालकर उसके सामने सजाना शुरू किया। फिर एक घड़ी देश के सामने नचाकर बोला, "यह देखिए। आटोमेटिक है। दिन-तारीख भी बताती है। ओमेगा कम्पनी की है। बाप ले तो वसीयत करनी पड़े कि उसके मरने के बाद यह घड़ी किस बेटे की औलाद को मिले। दाम भी कुछ ज़्यादा नहीं। पन्दरह सौ चौरानवे रुपये पछत्तर पैसे।"

"बहुत महँगी है।"

"देखने का किराया थोड़ी माँग रहा हूँ जनाब।" अल्लावाले ने कहा, "यह देखिए। यह भी आटोमेटिक है। रोमर कम्पनी की। दाम साढ़े सात सौ।"

"कोई और देखलाइए।"

"यह लीजिए।" अल्लावाले ने तीसरी घड़ी उठाई, "ओटोमेटिक यह भी है।

---

1. उनके घर पर सीमेंट से एक बहुत बड़ा 'अल्लाह' लिखा था इसीलिए वह अल्लावाले कहे जाने लगे थे।

दाम सिर्फ़ साढ़े तीन सौ। सौ-सवा सौ की घड़ियाँ भी हैं...मगर शादी-ब्याह का म्आमला है...''

''नहीं-नहीं।'' देश ने बात काटी, ''चीज अच्छी हो। इ साढ़े तीन सौ वाली का ठीक-ठीक दाम बताइए।''

''दाम तो ठीक ही बताया था।'' अल्लावाले घड़ीसाज़ ने कहा, ''अच्छा चलिए आपको पसन्द है तो दस रुपया कम कर दीजिए। समझूँगा, एक घड़ी बे-मुनाफ़ा बेच दी।...स्टील का पट्टा भी लगा दूँ? चमड़े के पट्टे का तो अब फ़ैशन नहीं रह गया है। सैंतीस रुपये का होगा।''

''कुल कितना हुआ?''

''तीन सौ सतहत्तर। चलिए सात और कम कर दीजिए। तीन सौ सत्तर।'' उन्होंने कैशमिमो अपनी तरफ़ सरकाया, पेंसिल सँभाली, फिर कैशमिमो को दूर सरका दिया, ''नहीं कैशमिमो नहीं बनाता। बिला वजह सेल्स टैक्स लग जाएगा आप पर।''

''परसों ले जाऊँगा।'' देश ने कहा।

'अरे, तो परसों ही देख भी लेता।'' अल्लावाले ने जलकर कहा और उसके जाने का इन्तज़ार किए बिना वह घड़ियों को शो-केस में रखने लगे।

तीन सौ सत्तर रुपये। यह समस्या थी देश की।

दो सौ चालीस रुपये। यह समस्या थी बिल्लो की।

बिल्लो लांड्री में अकेली बैठी यही सोच रही थी कि देश से क्या झूठ बोले कि देश मुँह लटकाए आ गया।

''दुकान बन्द नहीं किया अब तक?'' देश ने पूछा।

''क्यों, बन्द काहे नहीं किया। हम तो घर जाके सो भी गए।'' वह देश को घूरने लगी, ''सुझाई ना दे रहा कि दुकान खुल्ली है?''

''आज हम्में कुछ सुझाई ना दे रहा।'' देश ने कहा, ''जे गाड़ी की सरबिसिंग करते रहे ओका एक ठो पुरजा टुट गया। तीन सौ सत्तर की चोट पड़ी।''

बिल्लो हत्थे से उखड़ गई, ''तीन सौ सत्तर से कम का पुरजा नहीं तोड़ सकते रहे तुम! लाट साहेबी में फरक न आए। पुरजा भी तोड़ोगे तो तीन सौ सत्तर का।''

''हम कोई जानके तोड़ा है।''

''आज का दिने बुरा है।'' बिल्लो ने कहा, ''इसतिरी करे में दू सौ चालिस की साड़ी जल गई। दू सौ चालिस और तीन सौ सत्तर केतना भया?''

''छः सौ दस।'' देश ने कहा, ''घबराती काहे को है। छः सौ दस तो हम कमाके यूँ जमा कर देंगे, यूँ।''

''चल जमिनिया देख आयें।'' बिल्लो ने कहा।

''जमीन कहाँ भागी जा रही है? जमीन वहीं है और खैरियत से है। देखना का है।'' देश ने हँसकर कहा, ''जमीन को का कोई चुरा ले जाएगा?''

''हमरी जरा-सी बात नहीं मान सकता।''

''अच्छा बाबा चल।'' देश मान गया।

बिल्लो जल्दी-जल्दी दुकान बन्द करने लगी और देश ने बीड़ी सुलगा ली।

वह ज़मीन।

वह ज़मीन बहुत छोटी-सी थी। उस पर कोई ताजमहल नहीं बन सकता था। उस पर कोई आग़ा ख़ाँ पेलेस या बिरला-भवन भी नहीं बन सकता था। उस पर कोई सुपर मार्केट या शॉपिंग सेन्टर भी नहीं बन सकता था।...उस पर तो बस एक छोटा-सा घर बन सकता था। दो कोठरियों और एक छोटे-से आँगनवाला घर।...

वह ज़मीन पंडित शिवशंकर पांडेय मार्ग पर थी। उस पर सामने की तरफ़ से सड़क का उजाला था और कटरे की तरफ़ से कटरे का अँधेरा। वहाँ कभी कोई घर ज़रूर रहा होगा, क्योंकि लहोरी ईंटों का एक टूटा हुआ चबूतरा अब भी मौजूद था, जिस पर नागफनी उग आई थी और बरसात में जिस पर कुकरमुत्ते भी उग आया करते थे।...एक कोने में दो क़दमचे भी थे। एक बड़ा और एक बचकाने साइज़ का। इसका मतलब यह हुआ कि कभी जो लोग उस घर में रहा करते थे वह बाल-बच्चेवाले थे। बाक़ी ज़मीन पर मलबा बिखरा हुआ था जिसे न जाने कितनी बरसातों की उगाई हुई घास-पात ने बिल्कुल ढक रखा था। एक कोने में जंगली आम का एक बड़ा पेड़ भी था, जिसकी कैरियाँ कटरेवालों के खाने को मज़ेदार बनाती थीं।

देश ने कहा, ''जैयसा फिलिम में होता है। बीच कमरे से उप्पर लकड़ी की सीढ़ी जाए। वैसिये सीढ़ी लगवाएँगे। हम जब काम पर से लौटें तो देखें कि तूँ सीढ़ी पर खड़ी हमरा इन्तिज़ार कर रही हो।''

''हम्में कोई काम ना है का कि इन्तिजार करेंगे!'' बिल्लो ने कहा।

''तुम तो साला सपना भी नहीं देखने देतीं...''

''अरे तो कोई कायदे का सपना देखो न। ऐयसा सपना देखे से का फायदा कि जो पूरा ही न हो।'' बिल्लो ने कहा।

''ठीक है। तो चल ऐयसा सपना देखें जो हमरे-तोरे बस में है। मुन्नी के बिआह का सपना देखा जाए।''

''हम हजार बेर कह चुके हैं कि मुन्नी-टुन्नी ना होगी। मुन्ना होगा।''

"तो हमसे एक हजार एक मरतबा सुन ल्यो कि मुन्ना-टुन्ना न होगा। मुन्नी होगी।"

"मुन्ना होगा।"

"हमरे बगैर ही हो जाएगा।"

वह शर्मा गई।

"उतनी दूर खड़ी होके सर्माए में का मज़ा! इहाँ हमरे पास बैयठ के सर्माव अराम से।" देश ने हाथ पकड़के उसे अपनी तरफ़ खींचना चहा।

"ई खींचातानी हम्में अच्छी ना लगती। अच्छी-भली इसतिरी की हुई सारी खराब हो गई।"

"फिकर नाट डारलिंग।" देश ने बड़ी शान से कहा, "जनता लांडरी की माल्किन से हमरा अफेयर चल रहा। हाफ रेट पर धुलवा देंगे।"

"का चल रहा तोरा?"

"अफेयर। अंग्रेजी में प्रेम करने को अफेयर कहते हैं।"

"ई माटी मिली अंग्रेजी कहाँ से आ गई हमरे-तोरे बीच में।" उसने घूरके सवाल किया और फिर कहा, "और कान खोलके सुन ल्यो। हम अफेयर-टफेयर ना करेंगे। सीधे-सीधे बिआह करेंगे, बिआह।"

"बस, चालू हो गई।" देश ने बीड़ी निकालते हुए कहा, "कभी-कभी तो हम इ सोच में पड़ जात हैं कि तोरा दिल ढेर बड़ा है कि तोरी जबान। जबान जरा छोटी होती तो सवा लाख रुपये की औरत होती तैं।"

"और अब केतने की हैं?"

"अब?...अब तो तैं सवा दू लाख की है। चलाए जा जबान अपनी। सच पूछ तो अपने लोग की जिन्दगी में तेरी जबान के सिवा चलता क्या है! घड़ी चलती नहीं। खरचा चलता नहीं..."

"एक ठो नई घड़ी काहे ना ले लेते।"

"अरे टाल घड़ी-ओड़ी को।" देश ने कहा, "टाइम देखके जिये में का मज़ा! सवा चार बज गया। मुस्कुराए का टैम है। रात का डेढ़ बज गया। थकथकाके सपना देखे का टैम है। घड़ी बिल्कुल फजूल चीज है।"

"इ तो तुम उल्लूपने की बात कर रहे हो। घड़ी रहे से आदमी सब काम बखत पर कर लेता है।"

"सूरज के हाथ में कौन ओमेगा आटोमेटिक बँधी है। दाम, पन्दरह सौ चौरानवे रुपया पचहत्तर पैयसा। या चाँद के हाथ में कौन रोमर कम्पनी की आटोमेटिक घड़ी बँधी है। दाम साढ़े सात सौ।..."

''तुहें भाँत-भाँत की घड़ी का नाम और दाम कैयसे मालुम हो गया?''

''अरे भाई, घड़ी न बाँधें तो क्या रुआब डाले के वास्ते दाम भी न जानें! नाम और दाम हर चीज का मालुम रहे को चहिए। का पता कहाँ कौन चीज की बात निकल आय।''

''घड़ी पर याद आया। महनाज का बिआह घड़ी, रेडियो और साइकिल पर रुक गया है।'' बिल्लो ने कहा।

''कुछ फरज तो हम लोग का भी है। घड़ी और रेडियो हम लोग दे दें।''

''घड़ी में बहुत पैयसा लगेगा।'' देश ने कहा, ''रेडियो और साइकिल दे दें।''

''न। घड़ी और रेडियो।'' बिल्लो ठन गई।

''रेडियो और साइकिल।'' देश ने कहा।

''घड़ी और रेडियो।''

''अच्छा ऐयसा किया जाय। न तोरी। न हमरी। तैं घड़ी और रेडियो कह रही। हम रेडियो और साइकिल कह रहें। रेडियो देवे की राय हम दूनो की है। बाकी चीजों का इन्तजाम कर लें उस्ताद खुद कहीं से।''

''कमाल करते हो।'' बिल्लो बोली, ''बिचारे गरीब आदमी हैं। घड़ी और साइकिल दू चीज कहाँ से खरीदेंगे? रेडियो और घड़ी हम लोग दे दें।''

''फिर वही मुर्गी की एक टाँग। घड़ी देवे की कोई जरूरत नहीं। साइकिल काम की चीज है।''

''देखो, बात मत बढ़ाव। हम कह दिया कि साइकिल नहीं देंगे तो नहीं देंगे।''

''अच्छा बमक मत। उस्ताद से पूछ लेते हैं। जो घड़ी का बन्दोबस्त ना भया होगा तो घड़ी ले देंगे। हो गया होगा तो रेडियो और साइकिल ले देंगे। पर रेडियो तो खरीद लिया जाए। ऐयसा कर। कल चार बजे गैरिज आ जा। वहीं से रेडियो खरीदते हुए लौट आएँगे।''

दूसरा दिन मंगल का था। लांड्री बन्द रहती थी।

इतवारी बाबा एक सेठ का पीछा कर रहे थे। इन्हें ज़िद कि उससे कुछ लेके रहेंगे और शायद उसने क़सम खा ली थी कि नहीं देगा।...कि यकायक इतवारी बाबा की आँखें भटक गईं। सामने साइकिल की दुकान में उन्हें बिल्लो-जैसी एक लड़की दिखाई दी। बिल्लो और साइकिल की दुकान? वह चकरा गए और वह सेठ ग़ायब हो गया।

बिल्लो उनसे बेख़बर रुपये गिन रही थी कि बाबा की आवाज़ आई, ''अरे तुम का कर रही हो साइकिल की दुकान पर।''

बिल्लो रुपये छिपाती हुई पलटी।

"ना बाबा। कै दिन से सोचते रहे कि एक ठो छोकरा और साइकिल रख लें। फिर सनीमा में सलाइड चलवा दें कि जनता लांडरी, कटरा मीर बुलाक़ी, एलाहाबाद नम्बर-5, घर से मैले कपड़े ले आती है और घर पर साफ कपड़े पहुँचा देती है। बिजनिस में बहुत फरक पड़ जाएगा इससे।"

"नहीं, यह बात तो तुमने ठीक सोची।" बाबा ने कहा, "हम भी देखते हैं। कोई अच्छा इमन्दार छोकड़ा मिल जाता है तो पकड़ लिआते हैं। तुहें अभी देर लगिहे?"

"थोड़ी देर तो जरूर लगिहे।"

"तो हम चल रहें।"

इतवारी बाबा चले गए। दुकानदार मुस्कुराया और बिल्लो की तरफ़ ज़रा-सा झुका और बोला, "आपकी अपनी लांड्री है?"

बिल्लो सर हिलाकर फिर रुपये गिनने लगी।

"तो एक दिन हमें भी धो दो।" दुकानदार ने कहा।

बिल्लो ने उसकी तरफ़ देखा। पी गई। रुपये बढ़ाकर बोली, "यह लो अपना दो सौ चालिस।"

रुपये लेने में दुकानदार ने उसका हाथ ज़रा-सा दबा दिया और बिल्लो ने लप्पड़ जड़ दिया।

"हरामी! माँ का दल्ला—साला। तैं हम्में समझा का रहा..." वह उसे मारने लगी।

"बहनजी..."

"अरे तेरी बहनजी गईं तेल बेचे।..."

कुछ लोग आ गए दुकान में।

"क्या हुआ बहनजी?" एक ने पूछा।

"एही से पूछिए। हाथ पकड़ता है। कहता रहा कि हम्में भी धो दो। तो धुलाई करते रहे इसकी।"

लोगों ने दुकानदार को देखा। दुकानदार घिघिया गया।

"क्यों बे..." एक आदमी उसकी तरफ़ बढ़ा।

"अब हम साइकिल का दू सौ दस से बेसी एक पैयसा ना देंगे।"

"ठीक है बहनजी।" दुकानदार ने कहा। तब बिल्लो लोगों की तरफ़ मुड़ी।

"जाय दिजिए। एक बेरी हाथ पकड़े के बदले में, भगवान झूठ न बुलावे, चार-पाँच लप्पड़ तो हमीं मार चुके हैं।" फिर वह दुकानदार की तरफ़ मुड़ी, "साइकिल पहुँच जाए ठीक पते पर नहीं तो..." अपनी बात ख़त्म किए बिना,

दो सौ चालीस से दस-दस के तीन नोट निकालने के बाद बाक़ी पैसे दुकानदार के मुँह पर फेंककर वह दुकान से चली गई।

बाहर पूरा शहर था। सजी हुई दुकानों और ख़ाली जेबोंवाला शहर। साइकिल रिक्शे थे। उनकी घंटियाँ थीं। उन पर बैठी हुई हल्की-भारी सवारियाँ थीं। बिल्लो पैदल ही चल पड़ी। दुकानें देखती हुई। अपने घर के लिए छोटी-मोटी चीज़ें पसन्द करती हुई। मोल-तोल करती हुई। देश के बारे में सोचती हुई। दिल-ही-दिल में हिसाब लगाती हुई कि अब शायद इतना रुपया जमा हो गया है कि ज़मीन ख़रीदकर एक कमरा और दालान बन जाए। दूसरा कमरा बाद में बनता रहेगा।... अब देश के साथ रहने के बाद भी उससे अलग रहना बिल्लो को बहुत खल रहा था...

वह गरेज़ पहुँची तो देश इन्तिज़ार करता मिला। दोनों चल ही रहे थे कि बाबू साहब की कार आ गई।

"अरे भई जरा देखना। साइलेंसर में क्या हो गया है।" बाबू साहब ने कहा जो ख़ुद ही कार ड्राइव कर रहे थे। फिर उनकी नज़र बिल्लो पर पड़ गई। पूछने लगे, "यह कौन है?"

"यह हमारी होनेवाली बाइफ है बाबू साहेब।" देश ने कहा।

"अच्छा, अच्छा।" बाबू साहेब मुस्कुराए, "भई देश, मैं तुमसे कुछ बातें भी करना चाहता था।"

"जरूर साहब। कहिए।" देश ने कहा।

"इत्मीनान से करने की बातें हैं। मैंने शम्सू मियाँ से भी कह दिया है। भई, भारत एक प्रजातंत्र है। मैं ख़ुद जनता का आदमी हूँ। राजनीतिक मतभेद तो होता ही रहता है। इसका मतलब यह थोड़ी हो गया कि हम-तुम दो हो गए। वह जो मसल है—लाठी मारे से कहीं पानी अलग होता है!"

"बरोबर होता है साहेब। पाकिस्तान बन गया कि नहीं?" यह बिल्लो बोली।

देश ने उसे कुहनी मारी।

बाबू गौरीशंकर पांडेय ज़ोर से हँस पड़े।

"कुहनिया काहे को रहे हो बिचारी को?" बाबू साहेब ने कहा, "बिटिया ने तो बहुत समझदारी की बात कही। ख़ैर। कहने का मतलब यह था कि तुम यह न सोचना कि आशाराम के चक्कर में जो आ गए थे तुम लोग, तो हम ख़फ़ा हो गए होंगे तुम लोग से। अरे भई, यूनियन बनाना तो मज़दूरों का हक है। जब मैं मौजूद हूँ तो आशाराम क्यों बनाए यूनियन? और जो यूनियन उसने बनाई थी उसका नतीज़ा भी देख लिया। इसी ख़याल से मैंने आज शम्सू को भी बुलाया है। तुम भी आ जाव। खाना भी वहीं खाना।"

खाना।

देश चकरा गया।

उसने बिल्लो की तरफ़ देखा। बिल्लो ने आँखों से 'हाँ' कह दिया। बाबू साहब यह सब तमाशा देख रहे थे, पर अनजान बने खड़े रहे।

''जी, आ जाऊँगा।'' देश ने कहा, ''साइलेंसर देख लूँ।''

''घर तक तो चली ही जाएगी।'' बाबू साहब ने कहा, ''तुम दोनों की शाम क्यों ख़राब करूँ?''

बाबू साहब चले गए।

''साइलेंसर की आवाज तो बिल्कुल ठीक लगती रही।'' देश ने सर खुजाते हुए कहा, ''इ चक्कर का है आख़िर?''

''अरा जो भी हो चक्कर।'' बिल्लो ने कहा, ''तूहें का लेना-देना।''

''इ भी ठीक है। चल।''

दोनों गैरेज़ से बाहर आ गए।

एक ख़ाली रिक्शा जा रहा था। देश ने हाथ दिया। रिक्शा रुक गया।

''जीरो रोड का क्या लोगे?'' बिल्लो ने कहा।

''अरे मोल-तोल का कर रही है।'' देश बैठने लगा।

''तै करे दूयो।'' बिल्लो ने उसे रोक लिया।

''आठ आना।'' रिक्शेवाले ने कहा।

''देहली का किराया ना पूछ रहें।'' बिल्लो ने कहा, ''चार आना देंगे।''

देश ने रिक्शेवाले को आँख मार दी। वह राज़ी हो गया। दोनों बैठ गए।

''चार आना बचाया ना।'' बिल्लो ने कहा।

''अरे तेरा तो जवाब नहीं है बिल्लो।'' देश ने कहा।

रिक्शेवाला नौजवान था। रिक्शा हवा से बातें करने लगा। बिल्लो बच्चों की तरह ख़ुश हो गई।

''जरा रोकना।'' बिल्लो ने हाँक लगाई।

रिक्शेवाले ने ब्रेक लगाए। रिक्शा तेज़ी से रुका। बिल्लो रिक्शेवाले पर जा पड़ी और खिलखिलाकर हँस पड़ी।

''एको एहीं छोड़ देते हैं। एक ठो फोटो खिंचवाते चलते हैं।'' वह उतर आई।

सामने फोटोग्राफ़र था। फुटपाथ पर। स्ट्रीट का पर्दा लगाए हुए। बिल्लो की आँख बचाकर देश ने रिक्शेवाले को एक चवन्नी और थमा दी। रिक्शेवाला मुस्कुराकर आगे चला गया।

''एक फोटो में हम दूनों का हो जाएगा ना।'' बिल्लो ने फोटोग्राफ़र से पूछा।

''होगा कैसे नहीं।'' वह बोला, ''कार में बैठिएगा कि हवाई जहाज़ पर?''

''ऐं?'' बिल्लो चकरा गई।

''हवाई जहाज़ कहाँ से आएगा?''

''वह मैं लाऊँगा।''

बिल्लो ने देश की तरफ़ देखा। इतना बड़ा फ़ैसला वह अपनी ज़िम्मेदारी पर नहीं करना चाहती थी।

''मोटर ठीक रहेगी। मोटर मिकानिक की बाइफ मोटरे पर अच्छी लगेगी।'' देश ने कहा।

फ़ोटोग्राफ़र ने कार का कट-आउट लगा दिया। देश बिल्लो को लेकर कटआउट के पार लगे हुए स्टूलों पर बैठ गया। देश ने स्टयरिंग व्हील पर शान से हाथ रख लिया। गुज़रनेवाले कुछ लोग यह तमाशा देखने को रुक गए।

''मुस्कुराइए।'' फोटोग्राफ़र ने कहा।

''ए खाक पड़े तेरे मुँह में!'' बिल्लो ने कहा, ''हम काहे को मुस्कुराएँ तोरे कहे से?''

''मुस्कुराए बिना तस्वीर अच्छी ना आती।'' देश ने कहा, ''और तैं मुस्कुराती बहुत अच्छी भी लगती है।''

''हट, बदमास कहीं का।'' बिल्लो ने शर्माकर कहा। पर वह मुस्कुरा भी दी।

''आधे घंटे में ले लीजिएगा तस्वीर।''

''लौटते बखत ले लेंगे।'' देश बोला।

दोनों ख़ुश-ख़ुश आगे बढ़ गए।

ख़ुश हो जाना कितना आसान लगता है।

सामने ही 'गजानन्द रेडियो हाउस' था। दोनों उसमें चले गए।

गजानन्द दुकानदार ने जो यह सुना कि वह रेडियो ख़रीदेंगे तो उसने बड़ी आवभगत की। आजकल तो लोग ट्रांज़िस्टर ख़रीदने आते हैं दो बैंडवाला। वह ख़ुश-ख़ुश उन्हें रेडियो दिखलाने लगा कि एक लौंडा गजानन्द के लिए एक मैले गिलास में चाय लेकर आ गया। अब ज़ाहिर है कि वह गाहक के होते ख़ुद तो चाय पी नहीं सकता था तो उसने ज़िद करके चाय का गिलास बिल्लो को दे दिया और लौंडे से बोला कि दो चाय और लाए।

बिल्लो ने तीन सौ अट्ठारह रुपये का एक रेडियो पसन्द कर लिया। चार सौ वह घर से लेकर चली थी। कपड़े के बटवे से उसने नोटों की गड्डी निकाली और नये नोट बचा-बचाकर गिनने लगी।

"यह ल्यो भैया। ठीक से गिन लो।" उसने तीन सौ अट्ठारह दुकानदार की तरफ़ बढ़ाए।

"रक्शे पर रखवा दें?"

"नाही जी। हम ख़ुद उठा लेंगे।"

देश ने रेडियो उठा लिया। चलते-चलते बिल्लो को याद आया कि गिलास की चाय ख़त्म नहीं हुई है; तो मुड़कर उसने गिलास उठाया और गटागट पी गई।

"इ का हरकत है! क्या समझता होगा वह! सोचेगा कैयसे दलिद्दर लोग हैं। कभी चाय नहीं पी है साएद।"

"उ कुछ सोचे। कोई मुफुत में ना पिलाइस है। रेडियो के दाम में चाय का पैयसा भी सामिल कर लिया होगा।"

"जरा धीरे बोल।"

"काहे को बोलें धीरे! बड़ा आया है दिल में सोचेवाला। अरे ई माटी मिले के दिल से हम्में का लेना-देना?"

देश लगभग उसे घसीटता हुआ दुकान से निकल गया।

"आफ़त की पुड़िया है ई लड़की।" दुकानदार ने चायवाले लौंडे से कहा जो दो गिलास चाय लेकर आ गया था, "एक गिलास तैं पी ले। जाड़ा बहुत है। पीछेवाली कोठरिया में चलबे?"

लौंडा मुस्कुरा दिया। बोला, "तोहें हर बखत एही सूझता है। दीवार दिखलाव तो चलें।"

"हाँ-हाँ, दिखला देंगे बे।" गजानन्द ने जल्दी से कहा और लौंडे को घसीटते हुए पीछेवाली कोठरी में ले गए।

दुकान अकेली रह गई।

भागी-भागी बिल्लो आ गई। उसने दुकान को खाली देखकर हैरानी से इधर-उधर देखा।

"अरे।" फिर वह ज़ोर से बोली, "कहाँ गए भाई!"

बाबू गजानन्द दिल ही दिल में उसे हज़ारों गालियाँ देते पिछली कोठरी से बाहर आए और उसे देखते ही जल्दी से मुस्कुराने लगे।

"दफती का डिब्बा ना दिया।" बिल्लो ने कहा।

लौंडा पिछली कोठरी से निकला और बाबू गजानन्द की तरफ़ देखकर शरारत से मुस्कुराता हुआ बाहर चला गया। वह अपनी चवन्नी एडवांस करवा चुका था। गजानन्द दिल मसोसकर रह गए। यह चवन्नी वसूल थोड़ी होगी!

बिल्लो कार्डबोर्ड का डिब्बा लेकर बाहर आई। देश फ़ोटोग्राफ़र की दुकान पर

अपनी और बिल्लो की तस्वीर देख रहा था। बिल्लो तो उस तस्वीर को देखकर निहालो-निहाल हो गई। लगता था जैसे वह असली मोटर पर देश के साथ बैठी हुई है।

"बिल्कुल अस्ली मोटर लगती है।" बिल्लो ने कहा।

"जब इसे अपने घर में टाँगोगी तो अस्ली ना लगेगी। पर फिकर क्यों करती हो डारलिंग? हम तुम्हारे वास्ते अस्ली मोटर खड़ी कर देंगे एक दिन।..."

बिल्लो ने जो देखा कि देश सपनों के पंख लगाकर उड़ रहा है तो उसने फ़ौरन रिक्शे की तरफ़ इशारा किया जिस पर रेडियो रखा हुआ था और रिक्शेवाला आराम से बैठा बीड़ी पी रहा था।

"किराया चढ़ रहा।" बिल्लो ने कहा।

देश बेबसी से उसकी तरफ़ देखके मुस्कुरा दिया।

"सपना देखे में का नुक्सान है?" देश ने कहा।

"जागे के बाद बहुत तकलीफ हो है।" बिल्लो यह कहती हुई रिक्शे पर जा बैठी और मजबूरन देश को भी आना पड़ा। बिल्लो ने अपनी गोद में कार्डबोर्ड का डिब्बा खोला और देश ने रेडियो उसमें उतार दिया और रिक्शा चल पड़ा और बाज़ार में किसी ने न जाना कि वह एक सपना फ़ुटपाथ पर फेंककर कटरा मीर बुलाक़ी जा रहे हैं।

रिक्शा जब 'गली द्वारिकाप्रसाद' में मुड़ा तो पहलवान ने हाँक लगाई।

"इ का खरीद लिआये तुम लोग?"

"उस्ताद, महनाज के जहेज के वास्ते रेडियो खरीदिन हैं।" बिल्लो ने कहा। रिक्शा नहीं रुका।

"क्या खरीद लिआये भाई?" जोखन ने आवाज़ लगाई।

"रेडियो है।" देश ने कहा, "उस्ताद मँगवाइन हैं महनाज के जहेज के वास्ते।"

रिक्शा नहीं रुका।

"डिब्बे में का है बिल्लो?" इतवारी बाबा ने पूछा।

"महनाज बाजी के जहेज का रेडियो है। मामूँ मँगवाइन है। तीन सौ अट्ठारह रुपये का। सेलटक्स उप्पर से।"

रिक्शा नहीं रुका।

रिक्शा शम्सू मियाँ के घर के सामने रुका। बिल्लो की गोद से रेडियो लेकर देश खड़ा हो गया। बिल्लो ने रिक्शेवाले को पैसे दिए। फिर दोनों घर में चले गए।

छोटा-सा घर था। बिल्लो के सपनेवाले घर के बराबर। कभी उस घर में भी सपनों की रेल-पेल रही होगी, पर अब सन्नाटा था। लगता था जैसे इस घर की कभी आँख ही न लगी हो और उसकी दीवारों और आँगन और दिनों और रातों ने कभी कोई सपना ही न देखा हो।

शम्सू मियाँ एक खुर बँसखट पर लेटे बीड़ी पी रहे थे और महनाज़ की बेटी फ़त्तो उनके पाँव पर मुक्कियाँ मार रही थी और वह धीरे-धीरे कराह रहे थे कि आगे-आगे देश रेडियो उठाए हुए और पीछे-पीछे बिल्लो साड़ी के खूँट में रिक्शेवाले से बची हुई रेज़गारी बाँधती हुई। शम्सू मियाँ उठ बैठे। फ़त्तो लपककर देश के पास आ गई।

"ए में का हा मामूँ?"

"तोरी अम्माँ का रेडियो है।" देश ने रेडियो को लकड़ी की बेपीठवाली कुरसी पर रखते हुए कहा और शम्सू मियाँ के पास जा बैठा और उनके बंडल से एक बीड़ी निकालने लगा। शम्सू मियाँ ने कुछ नहीं कहा। देश ने उल्टी बीड़ी मुँह में रखकर फूँक मारी, फिर सीधी बीड़ी मुँह में रखी और उसे जलाने के बाद दियासलाई के शोले पर उसे सेंकने लगा। शम्सू मियाँ ने फिर भी कुछ नहीं कहा। अस्ल में उनके गले में आँसुओं ने गिरह डाल दी थी और उन्हें अब्दुल हक़ याद आ रहा था।

"इ बजता कैयसे है?" फ़त्तो की आवाज़ आई।

"हाथ मत लगा माटी मिली।" महनाज़ की आवाज़ आई, "बापे के साथ तैं सब भी मर बिला गए होते तो तनी चैन मिलता हम्में। ख़ुद तो चले गए और हमरी छाती पर कोदों दले के वास्ते तैं सभन को छोड़ गए।"

"अरे-अरे-अरे!" बिल्लो ने कहा, "पागल हो गई हो का बाजी? बच्चन को कोस्ते सरम ना आती!"

"ई बच्ची है।...हट माटी मिली।" महनाज़ ने फिर फ़त्तो को एक हाथ जड़ दिया।

"अल्ला मियाँ का गुस्सा फ़त्तो पर काहे उतार रही हो बेटा!" शम्सू मियाँ ने कहा।

नाना की हमदर्दी पाकर फ़त्तो ने रोना शुरू किया और उसी वक़्त उम्मन आ गई एक लॉली पॉप चूसती हुई।

"जोखन नाना दिहिन हैं।" उम्मन ने एलान किया।

"ए भाई इ जोखन चा ऐयसे सखी हातिम कबसे हो गए!" महनाज़ ने कहा, "हम छोटे रहे तो ऊ हम्में तो कभी ना चुसाइन चुसनी।"

"आप कल कहते रहे कि साइकिल का बन्दोबस्त हो गया है। मतलब ई कि ख़ाली घड़ी ऱची।" बिल्लो ने कहा।

"बन्दोबस्त तो घड़ियो का हो गया रहा। पर आजे बूबू का ख़त आया है कि एख्लाक़ मियाँ मीसा में बन्द हो गए..."

घर में सन्नाटा हो गया।

कटरा था ही कितना बड़ा! सबको पता चल गया कि मास्टर एख्लाक़ जो शम्सू मियाँ की ख़ालाज़ाद बहन के बेटे थे और जिनसे महनाज़ की शादी तै थी, मीसा में बन्द हो गए। जोखन फ़ौरन हमदर्दी करने आ गया। जोखन, जो शम्सू मियाँ से उम्र में कुछ ही छोटा रहा होगा और जिसे महनाज़ जोखन चा कहती थी और महनाज़ के बच्चे जोखन नाना।

थोड़ी देर हमदर्दी करने के बाद जोखन ने कहा, "अरे शम्सू भाई। बेऔरत का भी कोई घर हो है। कब से सोच रहें कि कोई सरीफ़ बेवा लड़की मिले तो निकाह कर लें। दू-एक बच्चे भी हों उसके तो भी चलेगा..."

शम्सू मियाँ पी गए। उन्होंने जोखन की तरफ़ देखा। काला रंग। चुरुक्का खिचड़ी दाढ़ी, कि देख के मतली आने लगे...पुरानी दाद के कारण जाँघों को लगातार खुजलाते हुए और खुजलाने की लज़्ज़त से तरह-तरह की आवाज़ निकालते हुए।

यह बात भी कटरा मीर बुलाक़ी में सबको मालूम हो गई। फ़त्तो ने बच्चों को बताया कि जोखन नाना से उसकी माँ का ब्याह होनेवाला हैं। वह बहुत ख़ुश थी, क्योंकि उसके लिए शादी का मतलब था हंगामा। बाजा-गाजा। गाना-बजाना, पुलाव-क़ोर्मा...

और इस ख़बर ने लोगों को इतना उलझाया कि लोग यह तक भूल गए कि शम्सू मियाँ और देश को बाबू गौरीशंकरलाल पांडेय, एम.पी. ने रात को खाने पर बुलाया है।

बाबू साहब की अपनी समस्याएँ थीं। 'ऊपर' से हुक्म आया था कि किसी-न-किसी तरह मज़दूर-आन्दोलन को कम्युनिस्टों के हाथ से निकाल लेना चाहिए। सी.पी.आई. तो फिर भी चल जाएगी पर सी.पी.एम. को हर मोर्चे पर राजनीतिक हार का सामना करना ही चाहिए...और यह बाबू साहब की बदनसीबी थी कि प्रदेश कांग्रेस ने यह ज़िम्मेदारी उन्हें सौंप दी। और यदि उन्हें केन्द्र में मंत्री होना था तो यह पापड़ बेलना लगभग ज़रूरी हो गया। तो उन्होंने अपने घर में पहले चिराग-बत्ती करने का फ़ैसला किया और यूँ देश और शम्सू मियाँ उनके घर रात के खाने पर बुलाए गए।

"भैया, हम मालिक-वालिक नहीं हैं। जनता और मज़दूर भाइयों के सेवक हैं..." बाबूजी ने आलू के कबाबों की प्लेट शम्सू मियाँ की तरफ़ सरकाते हुए कहा।

"अरे साहब, हम लोग आपके हुक़ुम से बाहर थोड़े हैं!" शम्सू मियाँ ने कहा, "एक बेरी हम्में आसाराम चूतिया बना दिहिन तो..." वह रुक गए। उन्हें पता नहीं था कि बाबू साहब जैसे लोगों के सामने 'चूतिया' जैसे शब्दों का प्रयोग करना चाहिए या नहीं। वैसे वह अपने घर और महल्ले में धड़ल्ले से यही भाषा बोलते और सुनते थे। पर बाबूजी का घर न उनका घर था और न ही उनके महल्ले में था। बाबूजी ताड़ गए। जोर से हँसे और बोले, "अरे शम्सू मियाँ, इसमें चूतिया बनने की क्या बात है!"

शम्सू मियाँ की जान में जान आ गई।

"हम तो चाहते हैं कि यूनियन बने," बाबू साहब ने बात आगे बढ़ाई, "पर भाई आशाराम से क्या मतलब? हम कौन, कि हम ख्वाहमख्वाह! भइ आपसे क्या मतलब? न आप मोटर न आप मोटर मिकैनिक। इस वास्ते ख़ुद श्रीमती गाँधी ने आदेश भेजा है कि यूनियन बनाई जाए, परन्तु उसमें वर्कर लोग काम करें। राजनीति न घुसने पाए। तो हमने यह फ़ैसला किया कि पहले ही की तरह शम्सू मियाँ तो प्रेसिडेंट हो जाएँ और देसराज सेकरेट्री। बल्कि हम तो यहाँ तक सोच रहे हैं कि गैरेज़ की तरफ़ से आफ़िस ब्यरर लोग को कुछ जेबख़र्च भी मिलना चाहिए। इससे वर्कज़ और मालिक के बीच एक नये रिश्ते की बुनियाद पड़ेगी..."

शम्सू मियाँ तो जेबख़र्च की बात सुनकर ढेर हो गए। वह यह भी भूल गए कि महनाज़ की शादी होते-होते रह गई है, कि शहनाज़ अब माशाअल्लाह से 28 साल की हो चुकी है और कुँवारी है, कि उनके चश्मे का नम्बर बदल गया है और वह दूसरा चश्मा नहीं ख़रीद पा रहे हैं, कि उन्हें हर महीने की बाइस-चौबीस से 'सुन्नती' रोज़े रखने पड़ते हैं...

जेबख़र्च की बात पहली घटा की तरह झूमके उठी और उनके सपनों और ज़रूरतों की ज़मीन पर टूटकर बरसी और वह शराबोर हो गए और उनके नथने पेट-भर खाने की खुशबू से बस गए...

फिर भी उन्होंने 'हाँ' कहने से पहले चोरी-चोरी देश की तरफ़ देखना मुनासिब जाना, क्योंकि उनके ख़्याल में देश ज़रा ज़्यादा समझदार था इन मामलों में।

देश बाबू साहब की तरफ़ देख रहा था। बाबू साहब सर झुकाए खा रहे थे। उनके चेहरे पर उसे कुछ दिखाई नहीं दिया तो अपनी प्लेट में निकली हुई खड़ी मसूर की दाल में न जाने क्या तलाश करने लगा...

"नाही बाबू साहब।" आख़िर देश ने कहा, "मजूर यूनियन में आपका पैयसा नहीं चलेगा।"

शम्सू मियाँ मायूस हो गए। उन्होंने गला साफ़ किया कि देश उनकी तरफ़ देखे तो वह इशारा करें। पर देश ने उनकी तरफ़ देखा ही नहीं। आख़िर उन्हें बोलना पड़ा क्योंकि बाबू साहब उनकी तरफ़ देख रहे थे। तो उन्होंने कहा, "ई का बात भई! अरे भाई, मालिक नहीं होएगा तो मजूर कहाँ से आएँगे? हमको तो बाबू साहब की तजवीज, सच पूछो तो, बहुत पसन्द आई।"

बाबू साहब मुस्कुरा दिए क्योंकि उन्होंने बाज़ी जीत ली थी।

"देखिए उस्ताद," देश ने कहा, "हम लोग बाबू साहब के गैरेज़ में काम करते हैं और मजूरी लेते हैं। कहिए ठीक।"

"ठीक।" शम्सू मियाँ ने कहा।

"मतलब यह कि हम लोग बाबू साहब का नमक नहीं अपना पसीना खा रहें। कहिए ठीक।"

"फरज करो कह दिया।" शम्सू मियाँ कन्नी कटा गए। वह बाबू साहब के सामने इस बात पर ठीक कैसे कह देते।

"पर जेबखरच लेके हम लोग बाबू साहब के आदमी हो जाएँगे।" देश ने कहा, "कौन मुँह लेके अपने अधिकार की लड़ाई लड़ेंगे?"

"लड़े की जरूरते का है?" शम्सू मियाँ ने कहा, "बाबू साहब मालिक हैं, ख़ुद ख़याल रखते हैं। नहीं तो हड़ताल टूटे के बाद हम्में-तूहें कान पकड़के निकाल बाहर कर देते तो हम कै बाल टेढ़ा कर लेते इनका?"

...नतीजा यह निकला कि शम्सू मियाँ बाबू साहब की बात मान गए और देश ने बाबू साहब की बात नहीं मानी और बाबू साहब का प्रोग्राम ज़रा-सा गड़बड़ हो गया। वह दरअस्ल चुपके से ट्रेड यूनियन आन्दोलन में घुसना चाहते थे, क्योंकि उत्तर प्रदेश में कोई बड़ा कांग्रेसी ट्रेड यूनियन लीडर नहीं था और उनका ख़याल था कि यदि वह ट्रेड यूनियन लीडर हो जाएँ तो उन्हें केन्द्रीय सरकार में घुसना आसान पड़ेगा। वह एक 'नहरू मज़दूर सभा' की स्थापना करना चाहते थे और यह काम वह अपने 'नेशनल गैरेज़' से शुरू करना चाहते थे।...

डिनर फ़ेल हो गया। पर जिस बात पर उस वक़्त किसी ने ध्यान नहीं दिया, वह यह थी कि उस रात बाबू साहब के कमरे में शम्सू मियाँ का रास्ता देश के रास्ते से अलग हो गया जो उनकी अपनी साधारण और छोटी और मलगुजी ज़िन्दगी के लिए बहुत बड़ा हादसा था।

बाबू साहेब की कोठी से दोनों साथ उठे। कटरा मीर बुलाक़ी वहाँ से बहुत

दूर नहीं था। फिर भी देश शम्सू मियाँ को अपनी साइकिल के कैरियर पर बिठलाके लाया था। वापसी भी उसी तरह हुई, पर रास्ते में कोई ख़ास बातचीत नहीं हुई...दिसम्बर की तेज़ ठिठुरानेवाली हवा हड्डियों में घुसी जा रही थी और शम्सू मियाँ उस पुराने आर्मीवाले ओवर कोट में सिमटे जा रहे थे जो उन्होंने कोई आठ बरस पहले पुराने कपड़ों की एक दुकान से ख़रीदा था।

रात चुप थी। रास्ता चुप था। और शम्सू मियाँ चुप थे। वह देश से अपने दिल की बात इसलिए नहीं कह रहे थे कि देश से उनके घर की हालत छिपी हुई नहीं थी और देश इसलिए चुप था कि वह उस्ताद के घर की हालत जानता था और यह भी जानता था कि 'जेबख़र्च' से शम्सू मियाँ अपने सुन्नती रोज़ों से बच जाते शायद, पर उसे इन शर्तों पर पेट-भर खाना मंजूर नहीं था।

ऐसा नहीं कि देश में बड़ी राजनीतिक और सामाजिक चेतना थी। आशाराम के साथ दिन बिताने और उसकी तक़रीरें सुनने के बाद भी उसकी समझ पर कोई सियासी धार नहीं आई थी। पर इज़्ज़त और बेइज़्ज़ती की बात वह समझता था और इसलिए उस ठिठुरा देनेवाली रात में उसे शम्सू मियाँ इतने भारी लग रहे थे कि उसके लिए साइकिल चलाना दूभर हो गया था। फिर भी वह साइकिल चलाता रहा, क्योंकि वह उस्ताद को बीच रास्ते में अकेला नहीं छोड़ सकता था।

उनके घर के सामने उसने साइकिल रोकी। शम्सू मियाँ उतर गए।

"अच्छा, हम जा रहें..." शम्सू मियाँ यह कहते हुए अन्दर चले गए, क्योंकि दरवाज़ा उनके इन्तज़ार में खुला हुआ था और देश अपने साथ अकेला रह गया। उसने जनता लांड्री के बोर्ड की तरफ़ देखा। वह भी रात में अकेला था, पर उसे देश की तरह जाड़ा नहीं लग रहा था।

ज़मीन पर पाँव टिकाए-टिकाए देश ने बीड़ी सुलगाई...

देश के चारों तरफ़ कटरा मीर बुलाक़ी सो रहा था। और रात जाग रही थी और आसमान बादलों से ढँका हुआ था। मास्टर बद्रुलहसन 'नायाब' मछलीशहरी की बाहरी बैठक के सिवा कहीं रोशनी नहीं थी। बीड़ी का एक लम्बा कश लेने के बाद उसने साइकिल मास्टर की बैठक की तरफ़ मोड़ दी। बात यह है कि वह अपने साथ अकेला होना नहीं चाहता था...

मास्टर बदर लिहाफ़ में दुबके 'शमा' का मुअम्मा भर रहे थे।

यह 'शमा' मुअम्मे किसी फेरीवाले की तरह ख्वाँचा सर पर धरे घर-घर सपने बेचते फिरते थे। बारह आने में हज़ार सपने। सपने एक अच्छे-से घर के, सपने उस लड़की के जिससे आप शादी करना चाहते हैं, सपने उस लड़के मोटर और एक फ्रिज के, सपने क़र्ज़ से निजात के...और हर माल मिलेगा बारह आने।

मास्टर बदर बरसों से यह मुअम्मे हल कर रहा था। एक मरतबा तीन ग़लतियों पर दो रुपये चालीस पैसों का इनाम मिल भी चुका था। इसलिए हर बार अपने 'हल' भेजते वक़्त उसे पक्का यक़ीन होता कि इस बार तो एक लाख का बम्पर इनाम या पचास हज़ार का अव्वल इनाम कहीं गया ही नहीं है। महीने-भर वह इसी नशे में रहता। फिर पता चलता कि उसके 'हल' में चार ग़लतियाँ निकलीं और दो दिन वह अपने-आपको गालियाँ देने में गुज़ारता कि 'मुहब्बत' लिखते-लिखते वह 'मुरव्वत' क्यों लिख गया।...और फिर तीसरे दिन से वह नया मुअम्मा सँभाल लेता।...

हर चीज़ के साथ मुअम्मों का भाव भी बढ़ा। पहले दो कूपन बारह आने में मिल जाते थे। फिर एक रुपये में मिलने लगे। फिर सपनों का दाम डेढ़ रुपये हो गया। पर भला कोई सपनों का दाम देखता है!

...इशारा था। बेमौक़ा...का इज़हार भी कभी-कभी बना-बनाया काम बिगाड़ देता है।

मास्टर बदर कुकरमुत्तों की तरह 'शमा' के चारों तरफ़ उग आनेवाली पत्रिकाओं में निकले हुए 'सही जवाब' देख रहा था'।[1] तीन की राय में 'मुहब्बत' उचित था। दो की राय में 'मुरव्वत' पर बैंक करना चाहिए। एक ने 'अदावत' को भी चान्स दिया था। मास्टर बद्रुलहसन नायाब मछलीशहरी को यह तीनों ही शब्द उचित दिखाई दे रहे थे और वह उसी उधेड़बुन में थे कि क्या भरें क्योंकि कल पहली डाक से उन्हें अपना 'हल' भेजना था। उन्हें इस बार पहले या कम-से-कम दूसरे इनाम की सख़्त ज़रूरत थी क्योंकि शादी चाहे शहनाज़ ही से क्यों न हो, मुफ़्त में थोड़ी हो जाती है। वह मोल्वी ख़ैराती का इकलौता बेटा है। दोनों बाप-बेटे बरसों से दूसरों के घर वलीमे[2] खाते चले आ रहे हैं तो अब वह उसकी शादी का वलीमा गोल तो नहीं कर सकते थे। दो सौ आदमियों ने भी खाना खाया तो लगभग दो-ढाई हज़ार की चोट होगी। और वह जब भी मेहमानों की फ़ेहरिस्त बनाने बैठता, वह तीन-साढ़े तीन सौ से नीचे न रुकती। और जब वह झल्लाकर यह बात मोल्वी ख़ैराती को बताता और उनसे कहता कि वह उसे कम करने की कोशिश करें और मोल्वी साहब बीड़ी सुलगाकर सुनने बैठ जाते, तो हमेशा उसे

---

1. दिल्ली से निकलनेवाली मासिक पत्रिका 'शमा' हर महीने एक मुअम्मा निकालती है। और लगभग तीस-चालीस पत्रिकाएँ ऐसी निकलने लगी हैं जो उन मुअम्मों पर अपनी राय छापती हैं और मुअम्मा भरनेवालों को मुअम्मा भरने में मदद देती हैं कि किस जगह पर कौन-सा शब्द भरना उचित होगा।
2. दुल्हन के पहली बार ससुराल आने पर जो दावत दी जाती है। इस्लाम इस दावत को ज़रूरी मानता है।

यह पता चलता कि वह लगभग तीस-चालीस ज़रूरी लोगों को भूल गया है। वह उस फ़ेहरिस्त को फाड़ डालता और आस्तीनें चढ़ाकर फिर लग जाता। अपने दिल में उसने तै कर रखा था कि फ़ेहरिस्त को दो सौ से आगे नहीं निकलने देगा। मगर फ़ेहरिस्त उसके क़ाबू में नहीं आ रही थी। तो उसने एक और तरकीब सोची। वह बाबू नानबायी की दुकान पर जाकर बैठ गया कि मीनू ही को कुछ घटा-बढ़ाके बजट ठीक कर लिया जाए।

बकरे का क़ोर्मा

बकरे का क़लिया (आलू या अरवीवाला)

शीरमाल

आबी रोटी

पुलाव

शाही टुकड़े

मुज़ाफ़र

बाबू नानबायी ने पूछा, "खाएंगे कितने लोग?" बद्रुल ने कहा, यही कोई साढ़े तीन-चार सौ लोग। बाबू अपनी दाद को खुजलाने में लग गया। बद्रुल इन्तज़ार करते रहे। खुजली ख़त्म होते-होते बाबू ने दिल-ही-दिल में हिसाब लगा लिया था।

बोला, "साढ़े तीन सौ जने खाएँगे तो समझ लीजिए कि सवा पाँच हजार और चार सौ जने खायेवाले हैं तो छः-सवा छः हजार।"

दूसरा मीनू बनने लगा।

बड़े[1] का क़ोर्मा

बड़े का क़लिया

आवी रोटी

शीरमाल

पुलाव

मुज़ाफ़र

बजट : साढ़े तीन सौ आदमी : चार हज़ार दो सौ।

चार सौ आदमी : चार हज़ार आठ सौ।

तीसरा मीनू।

बड़े का क़लिया

आवी रोटी

---

1. गाय, बैल, भैंस के गोश्त को 'बड़ा गोश्त' बोलते हैं।

पुलाव
फ़ीरिनी
बजट : साढ़े तीन सौ के लिए : दो हज़ार आठ सौ।
चार सौ के लिए : तीन हज़ार दो सौ।

मोल्वी ख़ैराती को बताए बिना उसने यह तीसरा मीनू पसन्द कर लिया था। और उसने यह भी तै कर लिया था कि अब्बा चाहे बुरा मानें चाहे भला, मेहमानों की फ़ेहरिस्त को खैंच-तानकर वह तीन सौ तक तो ले ही आएगा।

और सच्ची बात यह है कि उसकी शादी उसकी तरफ़ से वलीमे के कारण रुकी हुई थी और शम्सू मियाँ की तरफ़ से दहेज के कारण। माना कि मास्टर के अब्बा सिर्फ़ लड़की माँग रहे हैं पर फिर भी शम्सू मियाँ का भी तो कुछ फ़र्ज़ था। दहेज तो आँ-हज़रत[1] ने अपनी बेटी को भी दिया था। कौन कहे कि मौला अली ने कह दिया था कि दहेज नहीं मिलेगा तो बरात लौटा ले जाएँगे...

और इस वलीमे और दहेज के चक्कर में मारी जा रही थी मास्टर बद्रुलहसन नायाब मछलीशहरी और शहनाज़ की मुहब्बत।

तो उधर शहनाज़ मुअम्मे हल कर रही थी और इधर मास्टर बद्रुल। इनाम किसी को नहीं मिल रहा था।

एक बार शहनाज़ ने सही मुअम्मा भर भी दिया तो उस बार दो हज़ार सही हल आ गए और शहनाज़ को साढ़े चौबीस रुपये का मनीआर्डर मिल गया और वह भी मनीआर्डर की फ़ी काटने के बाद। यह साढ़े चौबीस रुपये दहेज और वलीमे के लिए काफ़ी नहीं थे...

तो शहनाज़ ने देहाती और शहरी ज़िन्दगी के मुक़ाबले पर एक मज़मून लिखा। मज़मून यूँ था :

"मुझे तो लगता है कि हमारी शादी शायद ही हो सके। दहेज और वलीमा हमारी दुनिया में हमारी मुहब्बत से बड़ा है। तुमने 'मुग़ले आज़म' का वह गाना तो सुना होगा : जब प्यार किया तो डरना क्या। मुझे निकाल क्यों नहीं ले याद थे। यह मज़मून 'ठीक' होने के लिए मास्टर को ख़ुद शम्सू मियाँ ने दिया। मास्टर सन्नाटे में आ गया। उसने उस मज़मून को ठीक करने में कई दिन लगाए। आख़िर सतरों के बीच में उसने अपना जवाब लिखकर कापी फ़त्तो के हाथ भिजवा दी। उसने लिखा : "फ़िल्म और ज़िन्दगी में बड़ा फ़र्क़ होता है। फ़िल्म हीरो-हीरोइन की शादी पर ख़त्म हो जाती है। शादी के बाद दोनों पर क्या गुज़रती है यह कोई नहीं जानता। मैं तुम्हें

1. मुसलमान अपने पैग़म्बर को आँ-हज़रत कहते हैं।

निकाल ला सकता हूँ। फिर कटरा मीर बुलाक़ी छोड़ना पड़ेगा। नौकरी से निकाल दिया जाऊँगा—नौकरी है तब तो ख़र्च चलता नहीं। नौकरी भी न होगी तो क्या करेंगे—मैंने नमाज़ पढ़नी शुरू कर दी है। तुम भी नमाज़ पढ़ा करो और दुआ माँगो कि एक बार 'शमा' का पहला इनाम मिल जाए।...''

और वह दोनों फिर मुअम्मे भरने में लग गए...

बे-मौक़ा...का इज़हार भी कभी-कभी बना-बनाया काम बिगाड़ देता है।

मुहब्बत।

मुरव्वत।

अदावत।

तीनों ही शब्द ठीक बैठते हैं। अब शमा का मुअम्मा बनानेवाला बिचारा क्या जाने कि उसके शब्दों की मायानगरी में वलीमे और दहेज की ज़ंजीरों में जकड़ा मास्टर बद्रुल और शहनाज़ का प्यार पड़ा है और इस मायानगरी की कुंजी इन शब्दों में से किसी एक शब्द के पास है :

''का हो रहा है मास्टर?'' देश ने बाहर ही से हाँक लगाई।

मास्टर हड़बड़ाके उठ बैठा। उसकी बनियाइन फटी हुई थी और मैली थी। देश अन्दर आ गया।

''लगे हौ मुअम्मे में?''

''नींद नहीं आ रही थी तो सोचा कि मुअम्मा ही भर डालूँ, का पता, लड़ी जाए टिप्पस।'' मास्टर ने कहा, ''दहने से बाएँ किलू ई है कि बेमौका डैश डैश का इज़हार भी कभी-कभार बना-बनाया काम बिगाड़ देता है। मुहब्बत, कि अदावत कि मुरव्वत?''

''देखो भैया मास्टर बदर। मुहब्बत का तो बेमौका इजहार होय नहीं सकता। हर बखत ओके इजहार का बखत है। अब बची मुरव्वत। तो ऊ इजहार की चीजें नहीं होतीं। अदावत जरूर मौका-बेमौका देखके करना चाहिए। हम अभईं इहे चूतियापन्ती करके चले आ रहें बाबूजी किहाँ से। उस्तादो हमरी बात पर तनी-सा टिनिख़ गए हैं।''

बद्रुल ने कोई जवाब नहीं दिया। वह जवाब दे भी क्या सकता था! वह तो ख़ुद ही अपने सवालों की फाँसी गले में डाले झूल रहा था। देश बैठ गया। मास्टर के बंडल से बीड़ी निकालकर सुलगाते हुए उसने एकदम से कहा, ''हम्में लग रहा कि तूँ लोग का बिआह साइदे हो सके। न तुमको इनाम मिलिहे न तोरी बरात जैयहे। भगा लिआव अम्माँ को एक दिन जी कड़ा करके। फिर जो होइहे, देख लिया जैयहे।''

"कमाल करते हैं आप।" बद्रुल ने कहा, "यह कोई शिराफ़त हुई?"

"हाँ तो बैयठ के मुहब्बत, मुरव्वत और अदावत की चटनी चाटो। चले हैं पियार करे।"

"मेरा प्यार तो अभी मुश्किल से दो-ढाई बरस का है। आप क्यों नहीं करते शादी?"

देश ने सुलगती हुई बीड़ी कमरे के कच्चे फ़र्श पर फेंक दी और बद्रुल डर गया। क्योंकि देश की आँखों में गुस्से की लपक आ गई थी। पर वह गुस्सा पी गया और बोला, "हमरा बिआह दहेज और वलीमे की खूँटी पर लटका धूप ना खा रहा। हम खुद ना कर रहें बिआह। दस-पाँच दिन में जमीन की रजिस्टरी हो जाए दो फिर सुन लेना सहनाई।..." मास्टर के बंडल से दूसरी बीड़ी सुलगाने के बाद वह खड़ा हो गया, "तुम मुहब्बत अदावत का चक्कर चलाव। हम चले।"

"बैठिए ना थोड़ी देर।"

"ना भाई। नींद आ रही। हम तो रोसनी देखके आ गए रहे मिनट-भर के वास्ते।"

वह फिर कटरा मीर बुलाक़ी के अँधेरे में उतर गया।

बद्रुल से उसने यह तो झूठ कहा था कि उसे नींद आ रही है, क्योंकि नींद तो उसे बिल्कुल नहीं आ रही थी। उसे फ़िक्र लगी हुई थी कि जेबख़र्चवाली बात पर बिल्लो क्या कहेगी। उसे लगभग यक़ीन था कि बिल्लो भी वही कहेगी जो उस्ताद ने नहीं कहा।...जो उस्ताद की ख़ामोशी ने कह दिया।...तो इस वक़्त वह चोरों की तरह घर में जाकर पड़ रहना चाहता था कि बिल्लो को उसके आने का पता ही न चले। सवेरे की भीड़भाड़ में शायद वह बात भूल जाए।

पर उसकी बैठक में पहलवान और इतवारी बाबा शतरंज खेल रहे थे। वह बैठक में घुसा तो इतवारी बाबा कह रहे थे, "लग रहा कि भगवान उप्पर बरफ की फक्टरी डाल लिहिन हैं। हमरे होस में तो ऐयसा पाला कभी पड़ा ना रहा। सह बचो पहलवान।"

पहलवान शह बच गए। बोले, "हमरा तो खून खौल रहा सरे साम से।"

"केह बात पर?" देश ने पूछा।

"जोखन को सर्मो ना आई महनाज के वास्ते अपना पयाम देते।"

"ए में खून खौलाये की का बात है?" इतवारी ने कहा।

"है कैयसे नहीं।" पहलवान टिक गए, "जो सुनेगा थू-थू करेगा कि कटरा मीर बुलाकी में कैयसे लोग रहते हैं।"

"कोई ऊ-थू थू-थू ना करेगा।" इतवारी ने कहा, "आजकल हर महल्ले में

एक-आध ठो जोखन और महनाज हैं। जिन्दगिए मैयली हो गई है पहलवान!'' बिल्लो चाय की दो प्यालियाँ लेकर आ गई। इतवारी ने गर्म चाय की पहली चुसकी लेकर कहा, ''जो कपड़े की तरह उतरे लायक रहती तो बिल्लो से हम जरूरन कहते कि जिन्दगी को जनता लांडरी में धोके ठीक से इसतिरी कर दे।''

किसी ने कोई जवाब नहीं दिया। पहलवान ने प्याली की आधी चाय तश्तरी में उँड़ेलकर प्याली देश की तरफ़ बढ़ा दी। देश वहीं बैठ गया और चाय की चुसकियाँ लेने लगा। बिल्लो की बनाई चाय का मज़ा ही कुछ और होता था। पर वह बिल्लो की तरफ़ देख नहीं रहा था कि कहीं वह पूछ न बैठे कि बाबू साहब के यहाँ कैसी गुज़री।...

बिल्लो बोली, ''कान खोलके सुन लें लोग...''

सबने घबराकर उसकी तरफ़ देखा। देश ने फिर भी न देखा।

''शम्सू मामू इन्कार ना किहिन हैं। महनाज बाजी उनकी बेटी हैं। कोई जने को बीच में बोले की जरूरत ना है। ऊ चाहें तो महनाज को अन्धे कुएँ में फेंक दें।''

''का बात करती हो तुम,'' देश से चुप नहीं रहा गया, ''हमरे उस्ताद की बेटी हमरी बहन बराबर है। ओको उस्ताद उस झडूस से बिआहेंगे तो हम जरूर बोलेंगे। थू है हमरी जिन्दगी पर!''

''ए बेटा...,'' इससे पहले कि बिल्लो कुछ बोले, इतवारी बाबा बोल पड़े, ''अब थूके लाएक एतना काम होये लगा है ई मुलुक में कि थूक कम पड़ेवाला है। कोई सेठ-साहूकार को दूर की सुझिए। ऊ लैसेंस लेके अमरीका से थूक थोक में खरीद लीहे और इहाँ बेचना सुर कर दिहे...''

''ते पर सरकार खफा होके थूम पर कन्ट्रोल कर दीहे। और थूक मिले लगेगा रासन कारड पर।''

सब हँस पड़े। तनाव कम हो गया। पहलवान ने चाय का शड़ाका मारा और देश गनगना गया और उसने शिकायत-भरी निगाहों से पहलवान की तरफ़ देखा। पर पहलवान को पता ही न चला। बिल्लो अन्दर चली गई।

''ए महीने हम्में कुल मिलाके अेक सौ बाइस रुपये की खराब रेजकारी मिली है भीक में। जे खराब अठन्नी-चवन्नी को कोई दुकन्दार हाथ न लगाय, थमा दूयो फकीर को और मुफुत में ले ल्यो असिरबाद। हम तो उर्दू-हिन्दी में अेक ठो तख्ती लिखवाके टाँगेवाले हैं अपने गले में कि कृप्या खराब अठन्नी-चवन्नी मत दिजिए...''

देश ने कहा, ''आपको सूझती है दूर की।''

बाबा बोला, ''हम तो सोच रहे हैं कि एक ठो आल इंडिया भिकमंगा फडरेसन

बना डालें। आखिर भिकमंगे लोग भी ओटर हैं। और भगवान झूठ न बुलवाय, मुलुक में दू-अढ़ाई करोड़ से कम ना होंगे हम लोग। तो हम लोग काहे को ओट दें सरकार चाहे अपोजीसन को? हम लोगन की उन्नति के वास्ते कोई का किहिस है आज तक? और भैया कोई ई बात भी नहीं कि हमरा ओट टाटा-बिरला और लाल महम्मद बीड़ीवाले से कुछ कम है वजन में।''

''चुनाव लड़े का सौक चर्रा रहा का?'' पहलवान ने पूछा।

''क्यों न चर्राये सौक?'' बाबा ने पूछा, ''हम तो रायबरेली से चुनाव लड़ेंगे बिटिया रानी के खिलाफत में। कि हम उनन्हें इ बता सकें कि ए बिटिया तूहें को, हटाए वास्ते, गरीबी ना दिखाई दे रही तो ल्यो हम महजूद हैं तुम्हारे सामने। हटा द्यो हम्में।''

''हम तो कभयीं ना देंगे तुमको ओट इन्द्राजी के खिलाफ।'' बिल्लो पहलवान के लिए पान का बीड़ा लेकर आ गई।

''तूँ रायबरेली में ओटरे ना हो।'' देश ने कहा।

''होते तब्बो ना देते।'' बिल्लो ने कहा।

''ए ही तो साला मिशटेक है जिन्दगी में बिल्लो।'' देश ने कहा, ''जनता साली मछली माफिक है। नेता लोग सपनों का चारा लगाके जिन्दगी के तलाब में काँटा फेंकते हैं और हम लोग गपागप चारे के साथ काँटा निगल जाते हैं। और फिर पाँच बरिस के बाद जिन्दा करके तलाब में फेंक दिए जाते हैं...''

इतवारी बाबा और पहलवान भिड़ गए बहस में। बात इन्द्रा गाँधी की निकल आई। इतवारी बाबा की लॉजिक सीधी-सादी थी कि इन्द्रा गाँधी गरीबी देखिने ना हैं तो हटाए के वास्ते बिचारू गरीबी को पहचनिहें कैयसे। बिल्लो इन्द्रा गाँधी के साथ थी। और पहलवान बिल्लो के साथ थे। देश ने सोचा कि जान बचाने का इससे अच्छा मौक़ा शायद ही मिले, तो वह चुपचाप सरक गया।

बिस्तर इतना ठंडा था जैसे बर्फ़ की सिल। उसके दाँत बजने लगे। उसने गड़ाप से लिहाफ़ खींचा और सर ढक लिया और धीरे-धीरे उसकी अपनी साँस की गर्मी से बिस्तर गर्म होने लगा और रगों में रेंगती हुई सर्दी पलंग से नीचे उतर गई। तब उसने बीड़ी सुलगाई। पासवाली बैठक से पहलवान और इतवारी बाबा के लड़ने की आवाज़ अब भी आ रही थी। दीवार पर सामने शर्मीला टैगोर का एक फ़ोटो टँगा हुआ था जो देश ने किसी फ़िल्मी पत्रिका से काटकर दीवार पर चिपका दिया था। बिल्लो के बाद यदि कोई लड़की उसे पसन्द थी तो वह शर्मीला टैगोर थी। उसके गालों के गड्ढे उसे बहुत अच्छे लगते थे। वैसे उसकी कोठरी की दीवार पर ज़ीनत अमान और रेखा की तस्वीरें भी थीं। तस्वीर तो ख़ैर

हेमामालिनी की भी थी। पर हेमामालिनी उसे पसन्द नहीं थी इसलिए उसने उसके चेहरे पर मूँछें बना दी थीं और वह भी पहलवान छाप। हेमा की तस्वीर की तरफ़ देखकर वह मुस्कुरा दिया...

''कैयसी गुजरी बाबू साहब किहाँ?'' बिल्लो की आवाज़ आई।

''क्या गजब करती हो तुम,'' देश ने कहा। ''मामा ओमा जाग रहें। तूहें इहाँ देखके का सोचेंगे।''

''मतलब यह कि बाबू साहब किहाँ कुछ गड़बड़ हो गई है।'' बिल्लो ने उसकी बात का नोटिस लिए बिना कहा।

''अरे नहीं भई।'' देश ने जैसे मक्खी हँका दी। ''गड़बड़ का हो सकती है। खाया-पीया, चले आए।''

''ऊ खाने पर बुलाइन काहे को रहा?'' बिल्लो ने पूछा। ''इ तो हम मान ना सकते कि उनन्हें एकदम से तोरी और मामूँ का बड़ा पियार आ गया।''

''यूनियन बनाए को बोले।''

''और तुम मान गए होगे।''

''हम्में बिलकुले चूतिया समझती है का।'' देश ने कहा। ''हम भला फँसेवाले हैं उनके कम्पे में। साफ मना कर दिया। तब तो ऊ सटपटा गए। बोले हम तुम दूनों की तनख्वाह कुछ बढ़ा देंगे। हम तेपर भी ना फँसे।''

''केतना बढ़ाए को बोले?''

''ई तो हम नहीं पूछा।''

''और का। ई पूछे की भला तुमको का ज़रूरत रही। केह मारे कि घर में तो भगवान की दया से सबेरे के बखत दस के नोट की और शाम के बखत पाँच के नोट की बारिस होती है रोजाना।''

''बस शुरू हो जा।'' देश ने कहा। ''अरे बिल्लो! बाबू साहब सखी हातिम की पिलौंठी की औलाद तो हैं ना कि उनन्हें गैरेज़ के दू आदमियन पर रहम आ गया। गरीब तो हम सब हैं। फिर दू आदमी की तनख्वाह क्यों बढ़े। आसाराम ने जिन्दगी में एक ही बात तो पते की कही कि पूँजीपति जहर दे तो समझो कि परेसानी की कोई बात नहीं, मुदा ऊ मालपुवा खिलाए लगे तो समझ लो कि कोई खतरे की बात जरूर है।''

''आसाराम की बात तो तुम मोसे करो मत।'' बिल्लो ने कहा। ''उनका बस चले तो गेराज़ बन्द करा दें अपने इन्किलाब जिन्दाबाद के चक्कर में। मामा कहते रहे कि ओकील साहब जमीन का कागज तैयार कर दिहिन हैं। कल छुट्टी है। परसों रजिस्टरी करवा लिया जाए। चल तनी जमिनिया देख आएँ।''

"इ कड़कड़ाते जाड़े में?" देश ने कहा। बिल्लो ने उसे घूरना शुरू किया। "अच्छा भाई आँख मत निकाल। चल। मुदा जमीन कहीं भागी ना जा रही है। कल भी ओहीं रहेगी और परसों भी।"

देश गर्म-गर्म लिहाफ़ से निकला तो उसे झुरझुरी आ गई। पासवाले कमरे से पहलवान और इतवारी बाबा की बहस की आवाज़ अब भी आ रही थी। इतवारी बाबा अब भी इन्द्रा गाँधी के विरोधी थे और पहलवान अब भी इन्द्रा गाँधी की तारीफ़ों के पुल बाँधने में लगे हुए थे–

"अरे भाई कोई जबरदस्ती है," पहलवान की आवाज़ आ रही थी। "क्यों मिलें परधान मनतरी कोई से। और मिलना ही होगा तो बरजनेफ से मिलेंगी। ए भाई, का नाम है, माउजेतुंग से मिलेंगी। निकसन से मिलेंगी–मिले के वास्ते एकठो जयपरकासे बाबू रह गए हैं का?"

उन दोनों ने इतवारी बाबा का जवाब नहीं सुना, क्योंकि वह पिछले दरवाज़े से निकल गए।

बाहर रात घर के अन्दर से ज़्यादा ठंडी थी। सर्दी की वजह से देश ने बिल्लो से लिपट जाना चाहा पर बिल्लो ने उसे डाँट पिला दी। "हम्में ई सब ना अच्छा लगता"–रात यह सुनकर मुस्कुरा दी। पास बैठा हुआ एक कुत्ता गुर्राया पर बिल्लो को पहचानकर चुप हो गया।

दोनों चुपचाप चल पड़े। रात के दाँत बजने लगे। कुहरा घना हो चुका था। साँस के ज़रिए बदन में उतरा जा रहा था।

"हम भी सोच रहें कि जमीन लेते ही घर का काम शुरू करवा दिया जाए।" बिल्लो ने जाड़े की तरफ़ से ध्यान हटाने के लिए बात शुरू की, "एक ठो कमरा और दल्लान बन जाए तो हम अपने घर में उठ जाएँ। बाकी घर अपना अराम से बनता रहिए।"

"तुम तो ई बताव कि बिआह कब होगा क्योंकि हम्में जाड़ा बहुत लग रहा।" देश ने कहा।

"ढेर बौराव मत।" बिल्लो बोली। "बिआह बिना कौन काम रुका है तोरा। खाना बखत पर मिली जा है। कपड़ा धुला जा है–अरे हाँ, कपड़े पर याद आया। छब्बिस रुपया पचास पैयसा तोरे पर धुलाई बाकी है।"

"तुम अब बहुत बैयमानी करने लगी हो।" देश ने कहा। "छब्बिस रुपया पचास पैयसा कानी कहाँ से बाकी निकल आया। ठीक है। हम एक लांडरीवाली से बिआह करे वाले हैं। तुम्हारी दुकान पर कपड़ा धुलवाना ही बन्द कर देंगे।"

"ढेर इतराव मत।" बिल्लो ने कहा। "बिआह के बाद हम तोरा कपड़ा मुफुत

में ना धोये वाले हैं।" शायद वह कुछ और कहती पर सामने घर की ज़मीन पड़ी थी। उसे देखकर वह चुप हो गई जैसे वह ज़मीन न हो, उसका भविष्य हो। उसके सपनों की कोंपल हो।—"कैयसी अच्छी लग रही जमिनिया।"

देश खिलखिलाके हँस पड़ा। पर बिल्लो ने उसे डाँटा नहीं। उसने उसे घूरके भी नहीं देखा। वह शर्मा गई क्योंकि उसके हृदय में शहनायी बजने लगी थी और जैसे महल्ले की तमाम औरतें ढोल पर गा रही थीं—

चेहरा न करियो उदास, मैया मैं तो पास रहूँगी
अपने ससुर को मैं बाबा कहूँगी
तो बाबा न आएँगे याद,
मैया मैं तो पास रहूँगी—

"कुछ बोले का एरादा ना है का?" देश ने पूछा।

"का बोलें?" बिल्लो ने पूछा।

"हम्में पता होता तो पूछते ही काहे को?" देश बोला। "फिलिम का हिरो हीरोइन होये में एही फायदा है कि कोई बात समझ में न आवे तो दन देना गाना। शुरू कर देते हैं सब।"

"गाना दन देना याद कैयसे आ जाता है सभन को?"

"एही तो हम भी सोचते रहते हैं।"

"ना भैया।" बिल्लो बोली। "हम्में फिलिमवाली जिन्दगी ना चहिए। रात-दिन गाना गाएँगे तो काम कब करेंगे। और काम ना करेंगे तो खाएँगे का।"

हर सपने के गले में यही फन्दा है कि खाएँगे क्या। यह फन्दा अंग्रेजों के जमाने में था। नहरू के ज़माने में भी रहा। शास्त्री के ज़माने में भी रहा। इन्द्रा गाँधी के ज़माने में भी है। लगता है आज़ादी में कहीं खोट है। कोई मिलावट है। इमिटेशन है। चावल पाँच रुपये किलो। शकर साढ़े सात रुपये किलो। अरहर की दाल साढ़े चार रुपये किलो। मिट्टी का तेल कभी है, कभी नहीं है। प्याज दो रुपये किलो। सपना, सपना तो खुले बाज़ार में मिलता ही नहीं। चोर बाज़ार में जाव और सपना ख़रीदो। और वहाँ भी ठिकाने से सपने मुशकिल ही से मिलते हैं। किसी का कोना झड़ा हुआ है। किसी की कगर झड़ी हुई है। कोई बीचोंबीच से चिटका हुआ है—महनाज़ जोखन से ब्याह दी जाती है जो उसके बाप शम्सू मियाँ से उम्र में कुछ ही छोटा होगा। शहनाज़ और मास्टर बद्रुलहसन नायाब मछलीशहरी की शादी टलती ही जा रही है क्योंकि न शम्सू मियाँ दहेज का बजट बना पाते हैं, न बद्रुलहसन वलीमे का।

बहुत दिनों के बाद कटरा मीर बुलाक़ी में एक अच्छी बात हुई। देश और

बिल्लो की शादी हो ही गई।

आशाराम ने क़लम रोक लिया। वह उस अच्छी बात का पूरा मज़ा लेना चाहता था।

देश और बिल्लो की शादी में सारा कटरा मीर बुलाक़ी उमड़ आया था। बस महनाज़ नहीं आई क्योंकि जोखन मियाँ महल्ला यूथ कांग्रेस के अध्यक्ष हो गए थे और देश की शादी में शरीक होना राजनीतिक दृष्टिकोण से ठीक नहीं था क्योंकि देश आशाराम का दोस्त था और आशाराम सरकार के दुश्मनों में गिना जाने लगा था। जोखन ने तो शम्सू मियाँ को भी यही मशविरा दिया कि वह भी इस शादी में शरीक न हों क्योंकि वह मोटर मिकेनिक्स यूनियन के अध्यक्ष हैं और देश उस यूनियन का विरोधी है। पर शम्सू मियाँ ने यह बात न मानी। देश से उनके तअल्लुक़ात वैसे तो बाबू साहब के यहाँ खाना खानेवाली रात ही गड़बड़ हो गए थे। वैसे दोनों मिलते उसी तरह पर अब शम्सू मियाँ देश के खाने में पहले की तरह शामिल न होते।—तो धीरे-धीरे देश भी खिंच गया। सलाम-दुआ हो जाती पर दिलों के दरवाज़े जैसे बन्द हो गए थे। पर शहनाज़ को इन बातों से क्या मतलब था। वह माँझा लाई। उसने ढोल पीटे। अपनी आवाज़ फँसाई। नेग पर खूब-खूब लड़ी और जब बिल्लो विदा होकर जाने लगी तो बाबुल गाते-गाते महनाज़ रो पड़ी।—बाक़ी औरतें गाती रहीं—

दमड़ी का सेंनुर महंग भइल बाबा,
चुनरी भइल अनमोल।
एही रे सेंनुरवा के कारन रे बाबा,
छुड़ल्यों मैं देस तुहार।
डोलिया का बाँस पकड़े रोयें बीरन भैया
बहिना मोरी दूर देसी भई, परदेसी भई।
कौन लगैयहे बजरिया में आखिर बीरन के अँसुअन का मोल रे बाबुल,
चुनरी भइल अनमोल—

जब यह गाना बना होगा तो 'अनमोल' का मतलब कुछ और रहा होगा। पर अब 'अनमोल' का मतलब सूखा, फीका और बेदर्द 'अनमोल' ही है—चुनरी वाक़ई बहुत महँगी हो गई है—तमाम औरतें रो रही थीं और गा रही थीं और देश दूल्हा बना हुआ था और बिल्लो दुल्हन और वह बिल्लो को अपने घर ले जा रहा था—अपने नये घर। वह अपनी नई ज़िन्दगी अपने नये घर से शुरू करना चाहते थे।

वही लोग बराती थे। वही लोग घराती। पहलवान ने बेटी विदा की और नये

घर में बहू उतारी।

घर में पहला क़दम रखते ही बिल्लो ने चुपके से घूँघट के अन्दर आँख खोल दी। वह देखना चाहती थी कि उसका घर कैसा लग रहा है। पतंग के काग़ज़ की झंडियाँ लहरा रही थीं। आँगन में लगी हुई चमेली हवा से हाथापाई कर रही थी। या शायद सर उठा-उठाकर आनेवाली नई ज़िन्दगी को देखने की कोशिश कर रही थी।

शहनाज़ बिल्लो को घर के अकेले कमरे में पहुँचा गई। कटरा मीर बुलाक़ी की तमाम जवान ब्याहता औरतें बिल्लो को तरह-तरह के मशविरे दे रही थीं—फिर किसी बड़ी-बूढ़ी, शायद सकीना बी ने उन्हें डाँट पिलाई और तमाम औरतें बिल्लो को अकेला छोड़कर चली गईं और उस तक उसके दिल की धड़कनों की आवाज बिल्कुल साफ़ आने लगी जैसे वह कहीं बिल्कुल पास ही धड़क रहा हो।

''डर लगे तो हम्में बुला लिहो।'' बाहर से किसी की आवाज़ आई और फिर एक क़हक़हा गूँजा जैसे कोई नाशपाल छूट गया हो और हर तरफ़ उस क़हक़हे के फूल बिखर गए और कभी न शर्मानेवाली बिल्लो शर्मा गई।

''अच्छा चलत जा लोग।'' किसी और की आवाज़ आई, ''ढेर खी-खी करे की जरूरत ना है।''

क़हक़हा फिर पड़ा। फिर हँसने की आवाज़ें दूर होती गईं और फिर सन्नाटा हो गया और दरवाज़ा खुलने की आवाज़ आई। यह आवाज़ भी इतने पास से उभरी जैसे दरवाज़ा आँगन के पास नहीं, ठीक उसके दिल के पास खुला हो।—फिर क़दमों की आवाज़ आई। इस आहट को वह खूब पहचानती थी। यह देश की चाप थी। उसने कनखियों से दरवाज़े की तरफ़ देखा। देश चौखट पर रुका हुआ उसे देख रहा था। उसने जल्दी से आँखें बन्द कर लीं।

सामने दीवार पर वह तस्वीर फ्रेम की हुई टँगी थी जो कई साल पहले फुटपाथ पर खिंचवाई गई थी और जिसमें देश एक बड़ी-सी कार ड्राइव कर रहा था और बिल्लो अकड़ी हुई उसके पास बैठी थी। उसने साँस इस डर से रोक रक्खा था कि कहीं तस्वीर बिगड़ न जाए।

देश अन्दर आ गया। घबराया हुआ वह भी था। उसने कमरे का दरवाज़ा धीरे से बन्द करना चाहा पर सफल न हुआ। दरवाज़ा धड़ से बन्द हुआ और उसने घबराकर बिल्लो को देखा। उसे यक़ीन था कि बिल्लो ज़रूर चिल्लाएगी कि नया दरवाज़ा तोड़ना है का—पर बिल्लो ने तो कुछ भी नहीं कहा तो उसने अपना गला साफ़ किया कि बिल्लो शायद अब मुड़े। पर बिल्लो का सर तो कुछ और झुक गया। तो उसे हँसी आ गई, उसे अपनी इस हँसी की आवाज़ बड़ी अजीब लगी। आज तक वह इस तरह नहीं हँसा था।—वह ख़ुद अपनी हँसी की आवाज़ से झेंप गया। उसने फिर

बिल्लो की तरफ़ देखा। वह उसी तरह आँखें बन्द किए और सर नेहुड़ाये बैठी हुई थी। वह तो चकरा गया कि बिल्लो का हो क्या गया है। आख़िर वह पलंग के पास पहुँच गया और एक बार फिर गला साफ़ करने के बाद बोला। "मतलब ई कि तुम आज से हमरी पत्नी और हम तुम्हारे पति।—" बिल्लो का सर और झुक गया। उसने झुककर बिल्लो का मुँह देखा और बोला : "तूँ तो आज कल से भी जियादा खूबसूरत लग रही हौ।" बिल्लो फिर भी कुछ नहीं बोली तो उसने हिम्मत करके उसकी ठोड़ी उठाई। बिल्लो की आँखें और सख्ती से बन्द हो गईं और उसका साँस तेज़ चलने लगा। वह बोला, "पहिले तो हमरी हिम्मते ना होती रही भीतर आए की। बाहर एतनी भीड़ रही क़ि हम का बताएँ। सबके सामने कैयसे आ जाते।—मतलब ई कि लोग का सोचते—सब जने को पता है कि आज हमरा तोरा बिआह हो गया है। सबको ईहो मालुम कि तुम इस कोठरी में मौजूद हो। एक-एक पाँव मन-मन भर का हो गया। पसीना छुट गया। ते पर लगे सब लोग हँस्से। तो हम घबराके अन्दर चले आए।—ऐ भाई दुलहा बने से हम बदल गए हैं का। तुम हमको पहचाने ना रही हौ। अरे तो साफ सुन ल्यो कि ना पहचानोगी तो जो छः रुपया अस्सी पैयसा धुलाई का बाकी है, हम मार बैयठेंगे।"

बिल्लो ने एकदम से आँखें खोल दीं और उसकी तरफ़ देखते हुए बोली :

"छः रुपया अस्सी पैयसा कैयसे? नौ रुपया पैंतिस पैयसा बाकी है। परसों दू ठो बुसर्ट और पतलूम ना धुलवाए रहयो अरजंट?"

"लूट पड़ गई है का। दू बुशर्ट, दू पेंट की धुलाई दू रुपया पैंतिस पैयसा? हम आज से ना धुलवाएँगे अपना कपड़ा जनता लांडरी में।"

"तो और कहाँ धुलवाएँगे?"

"नई दुलहिन होके पटर-पटर बोलते सरम नहीं आती। ढेर टें-टें करेगी तो अभई ले लेंगे एक ठो चुम्मा।"

बिल्लो का चेहरा शर्म से लाल हो गया और उसकी बड़ी-बड़ी भूरी आँखें झुक गईं। देश ने उसके गले में बाँहें डाल दीं और बोला, "कितने दिन इन्तिज़ार करना पड़ा है इस दिन का। छुए तक ना देती रहीं तुम। जुदाई की तड़पन सूद समेत वसूल करे का जमाना आ गया।—चच, अरे आँख खोलके देख तो ले कि दुलहा बने हुए हम कैयसे लग रहें। खोल न। ई डबल सीसे में आज हम रात-भर अपना मुँह देखे वाले हैं।"

बिल्लो ने आँखें खोल दीं और देश उस डबल शीशे में अपनी और अपने प्यार की और अपने भविष्य की सूरत देखने में लग गया।

कटरा बी आर्ज़ू

होली का दिन था।

कटरा मीर बुलाक़ी भी सात रंगों से शराबोर इन्द्रधनुष की तरह फैला हुआ था। बिल्लो नाच रही थी। देश गालियाँ बक रहा था कि होली के दिन गाली बकने का कोई बुरा नहीं मानता।–

वह जुमे का दिन भी था।

मोलवी ख़ैराती और शम्सू मियाँ इधर-उधर देखकर अपने घरों से निकले। सन्नाटा था।

"पिछवाड़ेवाली गली से निकल लिया जाए।" शम्सू मियाँ ने कहा।

दोनों दबे पाँव चोरों की तरह पिछवाड़ेवाली गली की तरफ़ बढ़े। देश वगैरा तो इस ताक ही में थे। सब निकल आए। कुछ कटरा मीर बुलाक़ी के लोग थे और कुछ कटरा मीर बुलाक़ी के लोग नहीं थे। मोलवी ख़ैराती और शम्सू मियाँ ने घिघियाकर पहलवान की तरफ़ देखा।

"बहुत चंट बनते रहे।"

"जुम्मे के मारे लुका गए रहे।" शम्सू मियाँ ने कहा, "नहीं तो का कभईं ऐयसा भया है कि हम होली न खेलें। अभईं रंग खेलेंगे तो फिर नहाए को पड़ेगा। जुम्मे का बखत निकल जाएगा।"

"अरे मियाँ लोग को तो कोई बहाना चहिए होली न खेले का।" किसी बाहरवाले ने कहा।

पहलवान ने उसे वह लप्पड़ दिया कि वह लुढ़कनियाँ खाकर दूर जा गिरा।

"ई कटरा मीर बुलाकी है।" पहलवान ने कहा, "खबरदार जो इहाँ हिन्दू मुसलमान का चक्कर चलाया। ई सब करना है तो अतरसुइया जाव या अटाले का चक्कर लगाव।"

वह बाहरवाला हाथ-पाँव का अच्छा था। उठा।

"तोरी तो हम माँ–" देश ने उसे इससे ज़्यादा न कहने दिया। वह उसे मारने

लगा। शम्सू मियाँ ने देश का हाथ पकड़ लिया, "अरे पागल! पागल हो गया है। सरम न आती आज तेहवार के दिन दंगा करते।"

देश रुक गया।

"अरे बेटा देश," मोलवी साहब ने कहा जिन्होंने बे दाग़ सफ़ेद ख़ादी का कुरता-पाजामा पहन रक्खा था, "रंग से होली खेलो बेटा। खून से होली खेलने में क्या मज़ा है। चलो हम जुमे की नमाज़ कज़ा कर लेंगे।"

"कजा कैयसे कर लोगे जुम्मे की निमाज। कोई मजाक है।" पहलवान ने कहा, "और ई साला होता कौन है हमरे महल्ले की निमाज कजा करवाए बाला? निकल हमरे महल्ले से।"

"काहे को निकलें।" बाहरवाले ने कहा, "महल्ला कोई के बाप का ना है। मियाँ लोग का जुम्मा तो 15 अगस्त सन् 47 को चला गया पाकिस्तान। होली से परहेज है तो इहाँ रहे की जरूरत का है।"

"ऐ भरभितने।" पहलवान ने कहा, "शम्सू मियाँ इ महल्ले में चव्वन बरस से रह रहें। ऐतनी तो अभी तोरे बाप राधेश्याम की उमिर ना होगी।"

"देखो पहलवान बाप का नाम मत लो।" उसने कहा।

"काहे न लेंवे?" पहलवान ने पूछा, "तोरा नाम अवतार। तोरे बाप का नाम राधेश्याम। कह त दादा का नाम भी बता दें लगे हाथ।" पहलवान ने पच से ज़मीन पर थूक दिया। फिर वह देश की तरफ़ मुड़े, "देखो जी। ऊनियन पूनियन तो हम जाने ना। शम्सू मियाँ और मोली साहब को जुम्मा महजिद तक पहुँचा आव।"

देश सर खुजलाने लगा। उदास भी हो गया। क्योंकि आज उसे पहली बार पता चला कि उस्ताद और उसके बीच कितनी दूरी आ गई है। बाबू साहब की दावतवाली रात और होली के उस दिन में कोई दूरी नहीं थी—मुश्किल से ढाई तीन महीन थे उस रात और इस दिन के बीच में। पर इन ढाई तीन महीनों ने जाने क्या कर दिया था। जैसे दोनों बदलकर कोई और हो गए थे। जैसे वह दोनों एक दूसरे को जानते, पहचानते ही नहीं थे।

शम्सू मियाँ ने दावतवाली वह रात आँखों में काट दी थी।

अन्दर सब सो चुके थे। शम्सू मियाँ चुपचाप अपने पुराने लिहाफ़ में घुस गए। इस लिहाफ़ की रुई तीन बार धुनवाई जा चुकी थी। —परन्तु उसे ओढ़ने से यह तसकीन ज़रूर हो जाती थी कि बदन पर लिहाफ़ है और इस ख़याल से जाड़ा कुछ कम लगने लगता था। सकीना बी फ़त्तो और उम्मन को लिहाफ़ की तरह ओढ़ लिया करती थी इसलिए उनकी रातें उतनी ठंडी नहीं होती थीं। महनाज़ के

पास वह लिहाफ़ चल रहा था जो बेवा होने से दो महीने पहले बना था इसलिए लगभग नया था और उसमें उसके पति की महक-सी थी। तो वह उस लिहाफ़ से लिपटी हुई गहरी नींद सो रही थी। शहनाज़ किकुड़ी हुई थी और शायद जाग रही थी—या शायद सो रही थी।

जाड़ा ज़्यादा होता तो शम्सू मियाँ अपना आर्मीवाला कोट उतारे बिना ही लेट लिया करते थे। उस रात भी उन्होंने यही किया पर वह रात पिछली रातों से ज़्यादा सर्द थी और उनकी आत्मा में एक नई सर्दी भी घुसी जा रही थी। यह सर्दी थी इस ख़याल की कि देश ने, जिसे वह अब्दुल हक़ से कम नहीं चाहते थे, आज पहली बार उनकी बात काटी थी और जिस बात की तरफ़ से आज तक वह नज़र चुराते चले आ रहे थे वह बात देश ने उनकी आँखों में शहतीर की तरह डाल दी थी और वह बात यह थी कि वह बड़े घटिया, टुच्चे और ज़लील आदमी हैं। वह 'जेबख़र्च' के लालच में उन तमाम मिकैनिकों का हक़ बेचने पर तैयार हो गए थे जिन्हें उन्होंने अपने अब्दुल हक़ के साथ कारों की बारीकियाँ बताई थीं और जो उन्हें उस्ताद पुकारा करते थे।

ऐसा नहीं था कि शम्सू मियाँ यह समझे ही न हों कि बाबू साहब कह क्या रहे थे और चाहते क्या थे। वह चाहते थे कि शम्सू मियाँ और देश अपने साथियों से गद्दारी करें। शम्सू मियाँ यह बात फ़ौरन समझ गए थे। देश भी समझ गया था। फ़र्क यह हुआ कि देश ने अपने-आपको बेचने से इनकार कर दिया और शम्सू मियाँ अपने-आपको बेचने पर तैयार हो गए।

तो नींद कैसे आती। आज रात वह अपने बेटे अब्दुल हक़ से जैसे दोबारा बिछड़ गए थे।—और सारा घर उनके इस दर्द से बेख़बर सो रहा था। नाकाफ़ी लिहाफ़ों में किकुड़ी मारे सो रहा था और जाड़ों के ख़त्म होने का सपना देख रहा था।

शम्सू मियाँ करवटें बदलते रहे। नींद नहीं आई। उन्होंने एक बीड़ी सुलगा ली। बीड़ी ख़त्म हो गई। नींद नहीं आई। एकदम से चाय पीने को जी चाहने लगा। तो वह उठे और दबे पाँव दालान से आँगन में उतर गए। ओलती से कुहरा टपक रहा था। वह अपने हाथों को तेज़ी से मलते हुए और मुँह से तरह-तरह की भिंची हुई आवाज़ें निकालते बावरचीखाने की तरफ़ लपक गए। वह जानते थे कि चूल्हे में एक उपला दबा होगा। तो उपले जोड़कर उन्होंने वह दबा हुआ उपला निकाला। जलता हुआ एक टुकड़ा तोड़ा और चाय के लिए आग बनाने लगे।

"हम्में काहे ना जगा लिया।" शहनाज़ आ गई। अपनी फटी हुई दुलाई ओढ़े हुए।

"हम सोचा कि तोरी नींद काहे को खराब करें।" शम्सू मियाँ ने कहा।

शहनाज़ उन्हें सरकाती हुई चूल्हे के पास बैठ गई। बोली, "चूल्हा जलाना मरदन का काम ना है।"

शम्सू मियाँ कुछ नहीं बोले।

शहनाज़ फुकनी लेकर फूँकें मारने लगी और छोटा-सा बावरचीख़ाना उपलों के गाढ़े धुएँ से भर गया। शम्सू मियाँ का दम घुटने लगा पर बावरचीख़ाने में आग सुलग रही थी। बाहर दाँत निपोड़े जाड़े की रात खड़ी थी।

बावरचीख़ाने में सन्नाटा हो गया।

शहनाज़ ने अलमूनियम की पतीली में पानी चढ़ा दिया और तब उसने देखा कि बड़ा अँधेरा है। तो उठकर उसने सुइच नीचे किया और ज़ीरो पॉवर का बल्ब जल गया जिससे अँधेरे में कोई ख़ास कमी नहीं हुई पर लगा कि जैसे उजाला हो गया है।

"काहे को बुलाइन रहा बाबू साहब?" शहनाज़ ने पूछा।

"तन्ख्वाह बढ़ाए की बात करे।"

शहनाज़ समझी कि शम्सू मियाँ तन्ज़ कर रहे हैं।

"ना बताना चाह रहें तो मत बताइए।"

"अल्ला क़सम बेटा।"

"इ बात करे के वास्ते खाने की दावत की क्या ज़रूरत थी।" शहनाज़ ठेठ खड़ी बोली में आ गई क्योंकि उसे याद आ गया कि कुछ दिनों बाद वह हाई स्कूल का इमतिहान देनेवाली है और उसकी गिनती पढ़-लिखों में होने लगेगी।

"एही सोचके तो देश छटकके अलग खड़ा हो गया कि दाल में कुछ काला जरूर है।" शम्सू मियाँ ने कहा, "मुदा हम मान गए और हम इ कहित हैं कि भाई मान लिया तो कौन कयामत आ गई कि देश फूल गए हमसे?"

शहनाज़ कुछ नहीं बोली।

शम्सू मियाँ ने पल-भर उसके बोलने का इन्तिज़ार करने के बाद ख़ुद बोलना शुरू कर दिया, "ऊ तो छुट्टे साँड़ है। न आगे नाथ, न पीछे पगहा। पहलवान की दुकान चल रही। बिल्लो की लांडरी चल रही। तीन पेट खाये वाले और तीन जोड़ा हाथ काम करे वाले। मुदा हम का करें। कमाये वाले अकेले हम। एतना तो जुड़ ना रहा कि दू जोड़ा कपड़ा और दू-चार नग ताँबे का बरतन देके तूहें बिदा कर दें। अकड़े ऊ जे के सिर पर कोई जिम्मेदारी न होय।–" वह चुप हो गए।

शहनाज़ ने पतीली में चाय की पत्ती, गुड़ और चुटकी-भर नमक डाल के

पतीली को फिर ढक दिया। फिर वह अपने लिए तामचीनी का एक प्याला उठा लाई जिसकी तामचीनी जगह-जगह से उखड़ी हुई थी और उनके लिए वह बेकुंडे वाली प्याली में चाय बनाने लगी। चाय की प्याली उसने चुपचाप बाप के सामने सरका दी। शम्सू मियाँ ने पहली चुसकी ली।

"तोरा इमतेहान कब से है?"

"मार्च में होता है।"

फिर सन्नाटा।

"भैया से ऊ कहिन हैं कि नतीजा निकले के बाद पढ़ाये की नोकरी मिल सकती है।"

"मुदा ऊ ई कैयसे सोच लिहिन कि हम तूहें नोकरी करे देंगे?" शम्सू ने सवाल किया और इस सवाल का शहनाज़ के पास कोई जवाब नहीं था। वह अपने पाँव के अँगूठे के नाखून को खुरचने लगी। शम्सू मियाँ ने कहा, "बिआह के बाद जो जी चाहे करवा लें। मुदा बिआह से पहले हमरी बेटी ओकरी-नोकरी नहीं कर सकती। साफ बात है।"

शहनाज़ फिर चुप हो रही।

"तनी सी चाय और दे दो।" उन्होंने बेकुंडेवाली प्याली शहनाज़ की तरफ़ बढ़ाई। उसने उसमें पतीली से और चाय उँडेल दी और शम्सू मियाँ चाय की चुसकियाँ लेने लगे।

उधर दालान में सकीना पेशाब के लिए उठीं। बावरचीख़ाने में रोशनी देखकर उन्हें आश्चर्य हुआ। पेशाब करके वह सीधी बावरचीख़ाने में आईं।

"बाप-बेटी में का मिसकोट हो रहा है एतनी रात गए?" सकीना ने सवाल किया।

जवाब देने की जगह शहनाज़ अपनी माँ के लिए भी तामचीनी के प्याले में चाय उँडेलने लगी और शम्सू मियाँ बड़ी मेहनत से एक बीड़ी सुलगाने में लग गए। सकीना प्याला थामकर बैठ गई। गर्म-गर्म प्याला उसे अपने ठंडे-ठंडे हाथों में बड़ा अच्छा लगा। अपने नथनों से निकलती हुई भाप को उसने बड़ी दिलचस्पी से देखना शुरू किया क्योंकि इतना तो वह समझ ही गई थी कि यह चाय की पार्टी यूँ ही नहीं चल रही है।

"हम सोच रहें कि" शम्सू मियाँ ने कहना शुरू किया, "जोखन से महनाज़ का निकाह पढ़ा दें।"

"बिलकुले सठिया गए हो का?" सकीना ने पूछा और शम्सू मियाँ ने एक़रार में सर हिला दिया और सकीना लाजवाब हो गई और शहनाज़ रोने लगी। क्योंकि

दो बच्चों की माँ होने का मतलब यह नहीं था कि महनाज़ बूढ़ी हो गई है। क्योंकि उसके माँ-बाप जोखन से महनाज़ की शादी इसलिए नहीं कर रहे थे कि वह इसे मुनासिब समझते थे बल्कि यह शादी वह इसलिए करना चाहते थे कि महनाज़ और उसकी दोनों बच्चियों, फ़त्तो और उम्मन को दो वक़्त का खाना खिलाना उनके लिए सम्भव नहीं था।—यह बड़ा बेदर्द एहसास था।

"तोरी मरजी।" सकीना ने कहा, "देस से भी पूछ ल्यो।"

"देस से काहे को पूछ लें?" शम्सू मियाँ हत्थे से उखड़ गए। "ऊ कौन हैं। काजी कि मुफ्ती? वह वा—" उन्हें अपनी बीवी और बेटी से आँखें चुराकर भाग जाने का मौक़ा मिल गया और वह भागकर अपने बिस्तर में जा घुसे और बावरचीख़ाने में माँ-बेटी के साथ उनके दिलों का सन्नाटा और ठंडी बेदर्द रात का बेमुरव्वत अँधेरा और ज़ीरो पॉवर का एक जलता हुआ बल्ब और गुड़ की ठंडी होती हुई चाय का प्याला रह गया।

दूसरे दिन जोखन से महनाज़ की शादी भी तै हो गई और आल इंडिया मोटर गैरेज़ वर्कर्ज़ यूनियन भी बन गई। शम्सू मियाँ नेशनल एडहॉक कमेटी के अध्यक्ष बना दिए गए और तै हुआ कि अगस्त सितम्बर में पहला अखिल भारतीय सम्मेलन इलाहाबाद ही में बुलाया जाए। बाबू साहब ने कहा कि यदि यह सम्मेलन अक्टूबर की बीस को किया जाए तो प्रतिनिधियों के रहने-सहने और खाने-पीने का ख़र्च नैशनल गैरेज़ उठा लेगा।

बाबू साहब का प्रोग्राम यह था कि उनके स्वर्गीय पिता श्री शिवशंकर पांडेय की पच्चीसवीं बरसी के अवसर पर यूनियन का उद्घाटन हो और उसमें श्री संजय गाँधी चीफ़ गेस्ट होकर आएँ। ज़ाहिर है कि कम-से-कम एक बार तो उन्हें बाबू साहब के घर आना ही पड़ेगा तो उसी बहाने 'पंडित शिवशंकर पांडेय मार्ग' की मरम्मत भी हो जाएगी और वह कुछ चौड़ी भी कर ली जाएगी ताकि श्री संजय गाँधी की सवारी ठीक-ठाक से 'शंकर निवास' तक जा सके।

देश से दोनों बातों में राय नहीं ली गई। यूनियन के मामले में उससे राय नहीं ली गई तो ज़्यादा दुख नहीं हुआ। पर जब शम्सू मियाँ ने उससे पूछे बिना जोखन से महनाज़ की शादी तै कर दी तो उसे बड़ा दुख हुआ।

"देखो बेटा बात यह है," इतवारी बाबा ने कहा, "कि जो काम मजबूरी से किया जाता है ओ में आदमी अपने लोगन से ऐयसे ही आँख चुराता है। तुम उनके अपने हो इस वास्ते तुमसे नहीं पूछा।"

"और का।" पहलवान ने कहा। "हम ई नहीं मान सकित हैं कि इ रिस्ता ऊ खुसी से किहिन होंगा।"

"खुसी चाहे बेखुसी," देश ने कहा, "हम्में उस्ताद से ई उम्मीद ना रही।"

और उसी दिन से उसने शम्सू मियाँ से कतराना शुरू कर दिया। खुद शम्सू मियाँ भी उससे निगाहें बचाकर गुज़रने लगे। पर जब शम्सू मियाँ न होते तो वह उसी तरह दिन में एक बार उनके घर जाता। सकीना से बातें करता। शहनाज़ से छेड़छाड़ करता। उसके कोसने सुनता और यह पता ही नहीं चलने देता कि शम्सू मियाँ से उसे कोई शिकायत है।

जोखन बड़े धूम की बरात लाए। आगे-आगे सेहरा बाँधे हुए जोखन किसी ताँगे के घोड़े पर सवार। पीछे-पीछे काग़ज़ की फुलवारी। बराती। बाजा-गाजा। डाल वरी के ख़्वान—बरात के साथ एक लौंडे का तायफ़ा। लोग उससे छेड़छाड़ करते हुए। वह लोगों को तुर्की-ब-तुर्की जवाब देता हुआ।

शम्सू मियाँ के घर के सामने तम्बू तना हुआ था। फ़त्तो और उम्मन अच्छे कपड़े पहने दरी के फ़र्श पर क़लाबाज़ियाँ खा रही थीं। बाबू साहब मौजूद थे और उनके आ जाने से शम्सू मियाँ का सर उठा हुआ था। घर के अन्दर औरतें गालियाँ गा रही थीं—

सुन रे बने तोरी बड़की बहिनिया
कोठे पे बैठी है पहिने नथुनिया
प्यार देती है सबको उधार चने के खेत में—

कि बरात आ गई।

"अरे ऐ उमनिया।" फ़त्तो चीख़ी, "तनी जोखन नाना को देख रे। कैयसे लग रहें।"

तमाम लोग ज़ोर से हँस पड़े और जोखन दिल-ही-दिल में फ़त्तो की माँ-बहन एक करते हुए किराये पर लाई हुई मसनद पर तकिये से टिककर बैठ गए और बरात के साथ आई हुई आतशबाज़ी छोड़ी जाने लगी और कटरा मीर बुलाक़ी में बहुत दिनों के बाद फूल बरसे और आतशबाज़ी के फूलों को देखकर कटरे के बच्चे तालियाँ बजाने लगे और बूढ़ों की आँखों में बचपन की चमक आ गई।

बाबू साहब तो ख़ैर बड़े आदमियों की तरह हुक्म चला रहे थे पर वास्तव में बरात के स्वागत और बरातियों की देखभाल का सारा काम पहलवान कर रहे थे। बाबू साहब तो "ऐ। सुनो" "अरे भई ज़रा उधर भी देख लो—" के सिवा बस यह काम कर रहे थे कि दिल्ली से इंडस्ट्री के मंत्री और आल इंडिया नैशनल ट्रेड-यूनियन के अध्यक्ष के भेजे हुए तारों का ज़िक्र कर रहे थे कि ज़्यादा-से-ज़्यादा लोग सुन लें और यह देख लें कि उनके साथ रहने में कित्ती भलाई है वरना कहाँ

एक जाहिल, बूढ़ा मोटर मिकैनिक और कहाँ केन्द्रीय मंत्री। मंत्री ने महनाज़ के लिए अपनी शुभकामनाएँ और शम्सू मियाँ के लिए मुबारकी भेजी थी।

कटरा मीर बुलाक़ी के इतिहास में पहली बार डाकिया उसकी सीमाओं में किसी मंत्री का तार लेकर आया था और कटरे के सर पर जैसे तार के गुलाबी कागज़ का साफ़ा बँध गया था और कटरा फूला नहीं समा रहा था और तार आने की ख़ुशी में यह भी भूल गया था कि महनाज़ की शादी उस जोखन दुकानदार से हो रही है जिसे महनाज़ की बेटियाँ नाना पुकारती हैं।

बस देश नहीं था।

देश बुलाया नहीं गया था।

शम्सू मियाँ का कहना था कि जो आज अब्दुल हक़ होते तो का हम उनन्हें छपवा के नवेद भेजते। और देश का कहना था कि जो अब्दुल हक़ होते तो क्या शम्सू मियाँ अब्दुल हक़ से राय किए बिना महनाज़ का रिश्ता तै कर देते।

दोनों ही सच बोल रहे थे। सच में यही तो ख़राबी है कि दाहने से बाएँवाला भी सच है और ऊपर से नीचेवाला भी।—तो देश और शम्सू दोनों ही अपने-अपने निजी सचों की ढाल तलवार लगाए पैंतरे बदल रहे थे। दिल दोनों ही के दुखे हुए थे। ज़ाहिर दोनों ही नहीं कर रहे थे।

"भैया हम तो ज़रूर जाएँगे।" पहलवान ने कहा।

"जाना ही चहिए।" बिल्लो ने कहा।

"हम कोई को रोक रहें?" देश ने कहा।

चुनाँचे पहले बिल्लो गई कि उसे शादी के बहुत गीत याद थे। फिर पहलवान गए और देश घर में अकेला रह गया।

शम्सू मियाँ ने बाबूराम को बुलाया था। आशाराम को नहीं बुलाया था। बाबू साहब तो चाहते थे कि बाबूराम भी न बुलाए जाएँ पर इस पर शम्सू तैयार न हुए। तो बाबूराम शादी में मौजूद थे और आशाराम को चूँकि महनाज़ की शादी में न जाना बहुत अजीब लग रहा था इसलिए वह देश के पास आ गया। और आतशबाज़ी और बिजली की झालर की रोशनी से हटकर कान में जनेव लपेटे पेशाब करते हुए जगदम्बाप्रसाद ने आशाराम को "चुपके से" "सबकी आँख बचाकर" "गई रात को" देश के पास जाते देख लिया।

अच्छे पुलिसवालों की पहचान यह है कि ज़रूरत के वक़्त वह मुनासिब यादें जेब में हाथ डालकर तड़ से निकाल लेता है। मिसाल के तौर पर यदि बाबू जगदम्बाप्रसाद हेड कान्स्टेबिल ने उस रात आशाराम को देश के घर जाते न देख लिया होता तो शायद यह कहानी किसी और रास्ते पर गई होती।—पर उस बात

का ज़िक्र आगे चलकर होने ही वाला है इसलिए यहाँ इतना ही बताने पर बस करता हूँ कि आशाराम देश के घर गया और जगदम्बाप्रसाद ने उसे जाते देख लिया और आशाराम ने, हालाँकि, जगदम्बाप्रसाद को पेशाब करते देख लिया था पर उसने इस बात को कोई ख़ास अहमियत न दिया।

"क्या भई," आशाराम ने कहा, "तुम्हें भी नहीं बुलाया शम्सू मियाँ ने?"

"अरे तो कौन हम महनाज़ की शादी का पुलाव-गोस खाए बिना दुबले हुए जा रहें।" देश ने कहा।

आशाराम हँस पड़ा। उसे कभी-कभार अपने से सात-आठ साल बड़ा यह देश बिल्कुल बच्चा-सा लगता था। किसी बात पर रूठा हुआ। फूला हुआ। ठना हुआ–और उन क्षणों में देश के लिए उसके प्यार का रंग कुछ और गहरा हो जाया करता था।

"देखो देश, राजनीति–"

"राजनीति गई अपनी माँ के भों–" वह रुक गया। "राजनीति को गलिआये से का फ़ायदा। ऊ न हमरी उस्ताद है और न हमरे दोस अब्दुल हक़ की बाप। पर तुम्हीं बताव आसा बाबू, का उस्ताद को इ करना चहिए था?"

"सबके गले में अपनी-अपनी मजबूरियों की फाँसी होती है देश।" आशाराम बोला।

"आपके गले में कौन फाँसी है?" देश ने पूछा।

"तुम्हारे गले में यह फाँसी नहीं तो तुम उस यूनियन में शामिल क्यों नहीं हुए?"

"इ तो कोई बात ना हुई।" देश बोला, "हमरा बिक्के को जी ना चाहा। देखिए आसा बाबू हम न काँगरेसी हैं, न कमनिस्ट, न सोसलिस्ट। हम खाली-खूली देस हैं। और बिकाऊ ना हैं। बात यहीं खतम। बाबू साहेब जेबखरच की बात न निकालते ऊ रात तो हम साइद चले ही गए होते उनकी यूनियन में। पर एका मतलब ई किधिर से निकल आया कि उस्ताद हम्में हमरी बहिन के बिआह में न बुलाएँ?"

आशाराम के पास इस सवाल का कोई जवाब नहीं था।

तो दोनों चुप हो गए और महनाज़ के ब्याह के गीतों की आवाज़ कुछ और साफ़ हो गई। वहाँ काफ़ी देर सन्नाटा रहा और काफ़ी देर तक गानों की आवाज़ आती रही। फिर शायद लौंडे का नाच शुरू हो गया। वह गा रहा था :

रसगुल्ला घुमाय के मार दियों रे।
पहिला रसगुल्ला मैंने ससुरजी को मारा।

पहिला रसगुल्ला मैंने ससुरजी को मारा।
उनको बूढ़ा समझ के छोड़ दियों रे।
रसगुल्ला घुमाय के मार दियों रे–

आशाराम उदास हो गया। घुमा के मारने के लिए रसगुल्ला है कहाँ महनाज़? रसगुल्ला है कहाँ? शकर : सात रुपये किलो। माश की दाल : चार रुपये किलो। दूध : तीन रुपये किलो।–ससुरजी को मारने के लिए रसगुल्लों का बन्दोबस्त हो ही नहीं सकता–तो उसका जी उचाट हो गया। उसने देश की तरफ़ देखा। वह छोटी-छोटी खुशियों पर बाज़ार के भाव के लगाए हुए घाव देख सकता था पर बनियों को गाली देकर रह जाता था। उसे यह पता नहीं था कि बनिये ख़ुद उसी बाज़ार में कुकरमुत्तों की तरह उगते हैं जिसमें भाव चढ़ते हैं और आदमी की ज़रूरत का पत्थर गले में डाले उसकी शिराफ़त नंगे पाँव बेबसी से इधर-उधर देखती फिरती है कि शायद कहीं सस्ती की छाँव का छोटा-सा टुकड़ा मिल जाए।

देश की राजनीति उसका अनुभव थी, उसकी विचारधारा नहीं थी...बाबू साहब और मिसेज़ गाँधी और मुरारजी भाई और अटलबिहारी वाजपेयी और जयप्रकाश नारायण की तरह उसका पेशा भी नहीं थी। और यही देश की आसानी भी थी और उसकी दुशवारी भी।

सोचना टेढ़ा काम है।

और देश को पता ही नहीं था कि आशाराम के सीने में कैसा तूफ़ान आया हुआ है।

"अच्छा भई मैं चल दिया।" आशाराम खड़ा हो गया।

"बैठिए ना।" देश ने कहा, हालाँकि वह चाहता यही था कि आशाराम चला जाए क्योंकि वह थोड़ी देर अपने साथ अकेला रहना चाहता था।

"नहीं।" आशाराम ने कहा। "नींद आ रही है।"

देश ने कुछ नहीं कहा। आशाराम चला गया। देश अपने साथ अकेला रह गया। वह दरवाज़ा बन्द करने के लिए उठा। सामने आशाराम अपने ओवरकोट के कॉलर उठाए हुए और सर्दी से बदन चुराए चला जा रहा था।

आशाराम के सामने उजाला था। तम्बू के नीचे सारा कटरा जमा था और लौंडे का नाच देख रहा था और उस पर गन्दे जुमले और फ़बतियाँ उछाल रहा था और क़हक़हे लगा रहा था और अपनी जाँघें खुजला रहा था और औरतें इधर-उधर से झाँक रही थीं और एक-दूसरे को कुहनिया-कुहनिया कर भिंची-भिंची-हँसी हँस रही थीं और बच्चे बड़ों की निगाहें बचाकर एक-दूसरे को उँगलिया रहे थे...

“अरे आशा बाबू आप शादी में नहीं आ रहे हैं क्या?” मास्टर बद्रुलहसन नायाब मछलीशहरी एकदम से जो अँधेरे के बाहर आए तो आशाराम चिहुँक के एक क़दम पीछे हट गया।

“शम्सू मियाँ ने मुझे और देश को बुलाया नहीं।” आशाराम ने सादगी से कहा।

“भूल गए होंगे बिचारे।”

“भूलने के लिए हम ही दो लोग रह गए थे?”

नायाब मछलीशहरी के पास इस सवाल का जवाब नहीं था।

“अपनी शादी में तुम तो बुलाना नहीं भूल जावेंगे?” आशाराम ने पूछा।

“अरे यह क्या कह रहे हैं आप।” बद्रुल ने खीसें निकाल दीं। “मैंने तो मेहमानों की फ़ेहरिस्त पहले से तैयार कर ली है इसी मारे कि बाद में शर्मिन्दगी न हो।”

“कब हो रही है तुम्हारी शादी?”

“यह बताना तो मुशकिल है।” बद्रुल ने कहा। “करने को तो अभी महनाज़ बाजी के निकाह के फ़र्श पर अपना निकाह भी पढ़वा लें। पर अब्बा कहते हैं कि वलीमा वाजिब है। और वलीमे का जुगाड़ बैठ नहीं रहा है। सुन रहे हैं कि मिसेज़ गाँधी टीचरों की तन्ख्वाह बढ़वानेवाली हैं। एक बीस रुपया भी बढ़ जाए तो सब मुशकिलें दूर हो जाएँ। दो-तीन टियुशन भी ले लिया है।”

“एक बात का ख़याल रखना।” आशाराम ने कहा। “अपनी शादी में देश को बुलाना न भूलना।”

“अरे यह क्या कह रहे हैं आप।” बद्रुल फ़र्याद करने लगा। “उनके बिना तो मेरी शादी हो ही नहीं सकती। उन्हीं की वजह से तो हो रही है शादी नहीं तो मैं शहनाज़ को ग़ालिब मीर पढ़ाता रह गया होता।” आशाराम मुस्कुराता रहा। बद्रुल को ख़याल आया कि शायद वह पूरी बात नहीं कह सका इसलिए बोला। “शहनाज़ ने तो घर में बड़ा बवाल मचाया कि उसके भैया नहीं आएँगे तो वह भी शादी में शरीक नहीं होगी। इस पर शम्सू चा ने उसे एक लप्पड़ भी मार दिया। वह...”

“तुम तो मियाँ वलीमे का बन्दोबस्त करके शादी कर ही डालो अब।” आशाराम ने बात काटी। क्योंकि वह इस तफ़सील में पड़ना नहीं चाहता था कि शहनाज़ के गाल पर शम्सू मियाँ की उँगलियों के निशान उभरे कि नहीं उभरे।

आशाराम यह बात समझ सकता था कि शम्सू मियाँ देश से क्यों खफ़ा हैं। वह उससे खफ़ा नहीं थे। वह उससे झेंपे हुए थे क्योंकि ख़ुद उनके सिवा यह बात

केवल देश जानता था कि वह बाबू गौरीशंकर पांडेय, एम.पी,. के हाथ बिककर मोटर वर्कर्ज़ यूनियन के अध्यक्ष बने हैं।

आशाराम यह भी जानता था कि आदमी, मजबूरी हो तो, बिक भी जाता है पर अपने बिकने से ख़ुश कभी नहीं होता।

पर बद्रुल से रुख़सत होकर जब वह अपने घर की तरफ़ चला तो उसे लगा कि उसके मुँह का मज़ा बिल्कुल बिगड़ गया है। उसे रात भी कड़वी लग रही थी। एक सिग्रेट जलाकर वह तेज़-तेज़ क़दमों से अपने घर की तरफ़ चल पड़ा। सामने से जैसे अँधेरे की भीड़ उसके बदन से टकराती शायद शम्सू मियाँ के घर की तरफ़ भागी जा रही थी—महनाज़ की शादी में शरीक होने के लिए।

रामदयी ने दरवाज़ा खोला तो वह आशाराम की सूरत देखकर धक से रह गई।

"का बात है।" रामदयी ने कहा—पूछा नहीं, कहा। उसके लहजे में सवाल नहीं था। वह आशाराम को बता रही थी कि वह परेशान है और माँ ने उसकी परेशानी देख ली है इसलिए झूठ बोलने की ज़रूरत नहीं है।

रामदयी दादा-पोते के बीच बढ़ते हुए खिंचाव की दलदल में फँस गई थी और निकलने की कोई सूरत दिखाई नहीं दे रही थी।—आशाराम इकलौता बेटा था। रामदयी के पास आशाराम के बारे में हज़ारों सपने थे। छोटे सपने। बड़े सपने। रंगीन सपने। नक़्शीन सपने कि आशाराम के पास एक बहुत बड़ी मोटर है—शहर में चलनेवाली बसों से भी बड़ी मोटर जिसे ख़ुद आशाराम चला रहा है। और पीछे रामदयी बैठी है अपने पोते दयाराम को गोद में लिए हुए। पोते को दाँत आ रहे हैं। उसने तो बहुत कहा कि इस हालत में सुहागा लगाते हैं पर दयाराम की माँ यानी उसकी बहू डाक्टरनी है। उसकी घरेलू बातें सुनकर हमेशा हँस देती है कि मम्मी आप किस ज़माने की बातें करती हैं। सुहागे से क्या होनेवाला है—रामदयी के सपनों की बहू रामदयी की गँवारू भाषा नहीं बोला करती थी। वह तो श्रीमती गाँधी की तरह खड़ी भाषा बोलती थी और सूरत में वह श्रीमती गाँधी से कहीं ज़्यादा अच्छी हुआ करती थी। बस उसके रंग के बारे में वह कोई फ़ैसला नहीं कर पाती थी। वह ख़ुद तो यह चाहती थी कि उसकी बहू खूब गोरीचिट्टी हो पर आशाराम को साँवला रंग पसन्द था। वह लड़की प्रेमानारायण जो उसके साथ पढ़ा करती थी कैसी साँवली-सलोनी थी। खड़ा नाक-नक़्श, बड़ी-बड़ी गहरी-भूरी आँखें। नमकीन साँवला रंग—प्रेमा एक गुज़री हुई बात हो चुकी थी पर रामदयी उसे अब तक भूल न पाई थी। और जब रामदयी नहीं भूल पाई तो भला आशाराम कैसे भूलता।

प्रेमा अब भी पुरवाई की तरह उसके दिल के अन्दर बाहर चलती रहती थी और उसके दर्दों को जगाती रहती थी।

प्रेमानारायण बी.ए. में उसके साथ थी। पर आशाराम स्टूडेंट फ़ेडरेशन में चला गया और प्रेमा स्टूडेंट कांग्रेस में—प्रेम और अलगाव दोनों साथ-साथ बढ़े। वह कहती थी कम्युनिस्ट रूस और चीन के दलाल हैं। यह कहता था कांग्रेसी अमरीका के हाथ बिके हुए हैं। वह कहती थी पाकिस्तान को अमरीका उकसा रहा है और चीन उसकी हिन्दुस्तान दुश्मनी को हवा दे रहा है। वह पूछता था कि पाकिस्तान को हवा खाने का शौक़ नहीं है पर जो सरकार बहुमती सरकार नहीं होगी वह यह हथकंडे नहीं आज़माएगी तो कितने दिन टिकेगी? यहाँ हिन्दू मुस्लिम, ब्राह्मण अछूत, महाराष्ट्र तमिलनाडु में झगड़े होते रहते हैं। वहाँ शीआ सुन्नी, मुस्लिम क़ादयानी, बंगाली पंजाबी बलवे होते हैं कि दोनों ही सरकारें जनता की सरकारें नहीं हैं—यह सुनते ही प्रेमा बिफर जाया करती थी और नोचने-खसोटने लगती थी और अपने बचाव के लिए वह उसके दोनों हाथ पकड़ लिया करता था और उसे चुप कराने के लिए वह प्रेमा के होंठों पर अपने होंठ रख दिया करता था—एक दिन रामदयी ने यह झगड़ा ख़त्म होते हुए देख लिया और उस दिन पहली बार रामदयी ने यह भी देखा कि प्रेमा के साँवले रंग के नीचे लाल रंग की एक तह भी है—तो उसे वह साँवला रंग एकदम से बहुत अच्छा लगा था और तभी से उसके सपनों का रंग कभी साँवला हो जाता और कभी गोरा...

प्रेमा और आशाराम अलग भी हो गए पर रामदयी ने अपने सपनों का रंग नहीं बदला क्योंकि अलग होने के बाद भी प्रेमानारायण ने अभी तक शादी नहीं की थी। आशाराम भी शादी की बात टाल जाता था। प्रेमा आकाशवाणी से समाचार सुनाने लगी थी और आशाराम अब तक वही लाल टहूका सपने बुनने में उलझा हुआ था।

प्रेमा चूँकि आकाशवाणी दिल्ली पर थी इसलिए रामदयी आकाशवाणी दिल्ली के प्रोग्राम बराबर सुनती रहती थी। क्या पता कब उसके सपनों की बहू की आवाज़ आ जाए। वैसे महीने में एक-आध बार प्रेमा रामदयी को ख़त भी लिखती ही रहती थी। यह ख़त वह बाबूराम से पढ़वाकर सुना करती थी और उन्हीं से जवाब भी लिखवाया करती थी। उन ख़तों में कभी आशाराम का कोई ज़िक्र नहीं हुआ करता था फिर भी रामदयी चुपके से, आशाराम की आँख बचाकर, वह ख़त आशाराम के तकिये के नीचे रख आया करती थी और इस टोह में लगी रहती थी कि आशाराम को वह ख़त पढ़ता देख ले और वह उसे हर बार प्रेमा का ख़त

पढ़ते देखती भी और यह देखकर वह मर-मर जाती कि ख़त पढ़ने से आशाराम के चेहरे की उदासी का रंग थोड़ा-सा गहरा हो जाता है।...

...पर उस रात आशाराम के चेहरे की उदासी का रंग कुछ और ही क़िस्म का था।

आशाराम ने रामदयी की तरफ़ देखा। और अपनी माँ के लिए हमेशा की तरह उसका दिल बहुत दुखा। इस बूढ़ी औरत को भी क्या ज़िन्दगी मिली है। जवानी इस डर में गुज़री कि कहीं अंग्रेज़ सरकार की चलाई हुई कोई गोली उसके पति को ना आ लगे। और बुढ़ापा इस अन्देशे में गुज़र रहा था कि कहीं कांग्रेस सरकार की चलाई हुई कोई गोली उसके बेटे को न आ लगे। गोली वही थी। सीने वही थे। लबलबी दबानेवाले हाथ बदल गए थे।

उसके मुँह का मज़ा कुछ और ज़्यादा बिगड़ गया होता अगर उसे यह मालूम होता कि अशफ़ाक़ुल्लाह ख़ाँ एस-आइ-2 ख़ास तौर से उसकी निगरानी पर मुक़र्रर किए जा चुके हैं कि यह पता चलाया जा सके कि 'कटरा बी आर्ज़ू' क्या बला है और यह कि अशफ़ाक़ुल्लाह ख़ाँ की डायरी में रोज़ कटरा मीर बुलाक़ी में चन्द लोगों के नाम बार-बार जगह पा रहे हैं। मशहूर यह किया गया था कि जगदम्बाप्रसाद हेड कांस्टेबिल छुट्टी पर हैं पर वास्तव में वह आशाराम की निगरानी कर रहे थे और अशफ़ाक़ुल्लाह खाँ एस-आइ-2 की डायरी का पेट भर रहे थे।

अशफ़ाक़ुल्लाह ख़ाँ चाहते थे कि 'हुक्कामाने-बाला'[1] को हवा लगने से पहले वह उस के-बी-आई साज़िश का पता चला लें। उन्होंने इस सिलसिले में सैकड़ों न्हायत फ़रमाइशी क़िस्म के ख्वाब भी देख डाले थे। हिन्दी फ़िल्मों के सारे 'चेज़ सीन' उन्हें ज़बानी याद थे और वह उन्हीं सीनों के आधार पर हिन्दी फ़िल्मों का मज़ाक़ उड़ाया करते थे पर जब 'के-बी-आई' फ़ाइल का चक्कर चला और उन्होंने सपने देखने शुरू किए तो वह मुजरिमों को दौड़ाने और उनका पीछा करनेवाले हिन्दी फ़िल्मों के तमाम सीनों को अपने ख्वाबों में शरीक करने लगे—वह देखते कि आशाराम एक बड़ी कार पर तेज़ी से चला जा रहा है। उन्हें रास्ते में एक स्कूटर खड़ा दिख जाता है। स्कूटरवाला सड़क पर एक तरफ़ खड़ा एक दरख़्त के तने पर पेशाब कर रहा है। फ़र्ज़ की धुन में वह उसी स्कूटर पर आशाराम की बड़ी इम्पोर्टेड कार का पीछा करते हैं—खतरनाक मोड़ों से गुज़रते हैं—आशाराम की चलाई हुई गोलियों से हर बार साफ़ बच जाते हैं क्योंकि वह हीरो हैं और गोली उन्हें लग ही नहीं सकती—आख़िर एक जगह आशाराम की गाड़ी उलटकर गहरे खड्डे में गिर जाती है और उसमें आग लग जाती है।—यह अपने स्कूटर

1. ऊपर के आफ़िसर्ज़।

ही से उस पर छलाँग लगाते हैं—पर अकेले मुजरिम से लड़ना हीरो की शान के ख़िलाफ़ है इसलिए ठीक उसी वक़्त न जाने कहाँ से आशाराम के पचास-साठ साथी निकल आते हैं और मुक्केबाज़ी शुरू हो जाती है—आशाराम के चन्द साथियों को वह अच्छी तरह पहचानते हैं। देश, भोलेनाथ पहलवान, मास्टर बद्र, रामअवतार मिकैनिक—यह सारे के सारे वह लोग हैं जिनके नाम आशाराम के सिलसिले में जगदम्बाप्रसाद लेते रहते हैं। फिर जैसा कि हर फ़िल्म में होता है—अशफ़ाक़ुल्लाह खाँ सबको मार-पीटकर पटरा कर देते हैं और आशाराम को हथकड़ी लगाकर स्कूटर की तरफ चलने लगते हैं। सीन डिज़ाल्व होता है। राष्ट्रपति उन्हें गैलेंट्री पदक दे रहे हैं और सामने ही हीराबाई एक कुरसी पर बैठी पान चबा रही है और मुस्कुरा रही है—कभी-कभी यह हीराबाई उनकी माँ, बीवी या श्रीमती गाँधी में भी डिज़ाल्व हो जाती...

अशफ़ाक़ुल्लाह खाँ के ख़्वाबों में जगदम्बाप्रसाद हेड कान्स्टेबिल के लिए कोई जगह नहीं थी। पर इसका मतलब यह नहीं कि जगदम्बाप्रसाद के पास अपने ख्वाब ही न रहे हों। उसके ख्वाब भी अशफ़ाक़ुल्लाह ख़ाँ के ख़्वाबों ही जैसे थे। फ़र्क़ बस इतना था कि अपने ख़्वाबों के हीरो ख़ुद बाबू जगदम्बाप्रसाद हेड कान्स्टेबिल हुआ करते थे।—दोनों ही को यह मालूम था कि वह एक दूसरे के ख्वाबों में शरीक नहीं हैं पर एक दूसरे से उन दोनों को कोई शिकायत नहीं थी।

अशफ़ाक़ुल्लाह ख़ाँ ज़िला जौनपुर के रहनेवाले थे। उनके ख़ानदान में थानेदारी की परम्परा चली आ रही थी। उनके परदादा इलाहाबाद कोतवाली के इंचार्ज रह चुके थे। बड़ी धाकड़ी से कोतवाली की थी मरहूम ने। कहते हैं कि उन दिनों रहमतुल्लाह ख़ाँ शहर कोतवाल की मरज़ी के बगैर इलाहाबाद में पत्ता नहीं हिलता था। बड़े-बड़े गुंडों को उन्होंने यूँ सीधा कर दिया था कि उनके तबादले के बहुत दिनों बाद भी उन गुंडों ने अपने-आपको टेढ़ा करने के बारे में नहीं सोचा। अशफ़ाक़ुल्लाह ख़ाँ अपने दादा के क़िस्से यूँ सुनाते जैसे यह वहाँ मौजूद रहे हों। दादा एनायतुल्लाह ख़ाँ ने बनारस के चेतगंज थाने और फिर कोतवाली चौक के इलाक़े में अपना सिक्का चलाया। बनारस के महाजन उनके नाम से काँपते थे और हर महीने की पहली को अपने हिस्से का नज़्राना ख़ाँ साहब के घर पहुँचा जाया करते थे और उन्हीं पैसों से ख़ाँ साहब ने चहार-सू वाली ज़मीन लेकर दुकानें बनवाईं जिनका किराया आज तक अशफ़ाक़ुल्लाह ख़ाँ खा रहे थे। उनके पिता विलायतुल्लाह ख़ाँ सब-इन्स्पेक्टरी से आगे न बढ़े। पर उन्होंने कोतवाली ग़ाज़ीपुर में सेकेंड आफ़िसर की हैसियत से वह धूम मचाई कि लोग अशफ़ाक़ुल्लाह ख़ाँ के दादा और परदादा की कोतवाली भूल गए। सन् बयालीस में पंडित शिवशंकर

पांडेय ने उन्हीं की मदद से सरकारी ख़ज़ाना लुटवाया था और अपने हिस्से के ख़जाने से उन्होंने कराकत और नंदगंज वाली ज़मीनदारी ख़रीदी थी जो आज़ादी के बाद बाँडों में बदलकर सौ के चौंसठ के भाव बिक गई थी। बाक़ी के चालीस बाबू महावीर प्रसाद महाजन से अशफ़ाकुल्लाह ख़ाँ ने अपनी थानेदारी के ज़माने में वसूल कर लिए थे।—परन्तु परदादा, दादा और पिता में से किसी ने कोई ऐसा काम नहीं किया था जिसकी वजह से ख़ानदान का नाम ऊँचा होता। न उन्होंने सुलताना डाकू को पकड़ा न मानसिंह डाकू को गोली मारी। बाप ने पंडित नेहरू पर लाठी चार्ज अवश्य किया था पर अशफ़ाक़ुल्लाह ख़ाँ अब उसका ज़िक्र नहीं करना चाहते थे। इसीलिए वह रिटायर होने से पहले तक कोई ऐसा काम ज़रूर कर गुज़रना चाहते थे जिसकी वजह से उनकी आइन्दा नस्लें किसी मजमे में बैठकर उनका ज़िक्र करें तो आसपास वाले पलटके देखें—इत्तिफ़ाक़ से जगदम्बाप्रसाद हेड कान्स्टेबिल ने वह कारनामा गिलौरी की तरह चाँदी के वरक़ में लपेटकर उनके सामने पेश कर दिया।

आशाराम से वह यूँ भी जले हुए थे। ज़रा कोई बात होती और वह मोर्चा लेकर डी.एम. के घर पहुँच जाता। किसी को गिरफ़्तार किया नहीं कि आशाराम इन्क़लाब ज़िन्दाबाद चिल्लाते हुए कोतवाली को घेर लेता। एक तरह से उसने थाना कोतवाली वालों का नाक में दम कर रक्खा था। जेल से निकलता तो और जला हुआ निकलता।...यहाँ तक कि थाना कोतवाली ने यह तै किया कि उसे जेल भेजने से कोई फ़ायदा नहीं। उसका तो कोई मुसतक़िल बन्दोबस्त करना चाहिए। पर डिमाक्रेसी में सबसे बड़ी ख़राबी यह है कि किसी का मुसतक़िल बन्दोबस्त करना आसान नहीं। किसी केस में फँसाइए। तड़ से 'रिट' की फुलझड़ी दाग़ दी जाती है और इन बहनचोद हाईकोर्ट के जजों को कोई क्या कहे कि तड़ से सरकार के ख़िलाफ़ फ़ैसला सुना देते हैं। नमकहराम हैं साले। इसलिए पुलिस मनमानी तो ख़ैर अब भी कर लेती थी पर ज़रा चौकसी के साथ कि किसी को हवा न लगे। कभी इस मंत्री की आड़ मिल जाती। कभी उस एम.पी. या एम.एल.ए. का इशारा मिल जाता। पर इन लोगों में ख़राबी यह थी कि यह लोग मुसतक़िल नहीं थे। चुनाव हारते-जीतते रहते थे। एक बार तो ऐसा हुआ कि एक मंत्री को ख़ुश करने के लिए अशफ़ाक़ुल्लाह ख़ाँ ने एक परिवार पर डकैली का मुक़द्दमा ठोंक दिया। चश्मदीद गवाह खड़े कर दिए। एक अस्सी साल के बूढ़े फूस के ख़िलाफ़ गवाहियाँ खड़ी कर दीं कि वह घोड़े पर सवार तीस मील गया और लालगंज के ठाकुर को गोली मारकर तीस मील वापस आ गया।...अभी केस सेशन सुपुर्द नहीं हुआ था कि वह मंत्री हटा दिए गए और लालगंज के ठाकुर का दामाद मंत्री हो

गया क्योंकि वह फ़्लोर क्रास करके बाईस एम.एल.ए. लोगों के साथ कांग्रेस में आ गया था। लो अब बोलो। अशफ़ाक़ुल्लाह ख़ाँ को अपनी पगड़ी-पेटी बचाने के लिए बड़ा दावपेंच करना पड़ा और तब भी जो बाबू गौरीशंकर पांडेय बीच में न पड़े होते तो वह डिसमिस कर दिए होते।...इसी केस को ध्यान में रखते हुए असम्बलीवालों ने यह तै किया कि पुलिस को उसके हाल पर छोड़ देना चाहिए क्योंकि वह बिचारे क्या करें। यदि आज उन्हें कल के जुर्मों की सज़ा दी जाएगी तो फिर आज वह काम करने से हिचकिचाएँगे।...

इस सीज़-फ़ायर की ख़बर पुलिसवालों को बाक़ायदा नहीं दी गई थी पर पुलिसवाले भी अनाड़ी तो होते नहीं। वह तो उड़ती चिड़िया के पर गिन लेते हैं, तो यह समझ लेना उनके लिए कितनी बड़ी बात थी।...और आशाराम-जैसों का मुसतक़िल बन्दोबस्त तो लगभग हर कांग्रेसी मंत्री करवाना चाहता था पर बुरा हो प्रजातंत्र का। इसलिए अशफ़ाक़ुल्लाह ख़ाँ किसी मौक़े की राह देख रहे थे और 'के.बी.आई. फाइल' को कलेजे से लगाए अपनी तरक्क़ी के सपने देख रहे थे।

इस निजी ख़्वाब में न उन्होंने अपनी दाश्ता हीराबाई को शरीक किया था और न ही अपनी पत्नी आलमआरा बेगम को। आलमआरा बेगम ने तो ख़ैर कभी पूछा ही नहीं क्योंकि अब खाने के वक़्त के सिवा अपने मियाँ से उनकी मुलाक़ात बस ईद बक़रईद के दिन हो जाया करती थी। और चूँकि यूँ वह एक तरह से बिल्कुल बेकार हो गई थीं और वक़्त काटे नहीं कटता था इसलिए वह अपना ज़्यादा वक़्त सोने के गहने बनवाने और इम्पोर्टेड साड़ियाँ खरीदने में सर्फ़ किया करती थीं।...इलाहाबाद आकर उन्होंने पर्दा भी उठा दिया था और अकेली सिनेमा देखने भी निकल जाया करती थीं। नसबन्दी का प्रोग्राम चलाने में वह बहुत आगे-आगे थीं। उन्होंने अपना ऑपरेशन सबसे पहले करवा दिया था कि कोई डर ही न रह जाए और किसी कहानी के जन्म लेने का क़िस्सा ही न उठे। इस काम से फ़ारिग़ होकर वह घर के पले हुए नौकर के साथ 'शॉपिंग' के लिए निकल जाने लगीं। उसका नाम रऊफ़ था। वह आलमआरा बेगम से कोई सत्तरह-अट्ठारह बरस छोटा था। पर आलमआरा बेगम की काठी अच्छी थी। अपनी उम्र से बीस बरस कम लगती थीं और लोग उन्हें ख़ुश करने के लिए उनकी बेटी लैला की बड़ी बहन कहा करते थे। यह लैला बीस बरस की थी और उर्दू में एम.ए. कर रही थी और उसने 'उर्दू एक स्वतंत्र भाषा' शीर्षक के साथ एक लेख लिखा था जिसकी वजह से उर्दूवालों में उसकी धूम हो गई थी। और वह जलसों में साहित्य और साहित्यकारों की समस्याओं पर पेपर पढ़ने या भाषण देने के लिए बुलाई जाने

लगी।...इस लैला के कपड़े 'जनता लांडरी' में धुलते थे। आलमआरा बेगम ने तो बहुत कहा कि वह मूई भी कोई लांडरी है। लोग क्या कहेंगे। सूरजनाथ सिंह, जो तुम्हारे अब्बा से जूनियर हैं, उनकी बेटी के कपड़े सिवल लाइन की 'स्वान लांडरी' में जाएँ और तुम...पर लैला हमेशा उनकी बात काट देती। यही कहती : ममी। मैं हिपॉक्रेट नहीं हूँ। और लांड्रियों में कपड़े धुलते हैं। पर बिल्लो गन्दे कपड़ों की इज़्ज़त करती है और फिर...आलमआरा बेगम तुरन्त उसकी बात काटतीं : ऐ बस रहने दो बेटा। उसकी ज़बान की गन्दगी के आगे तो दुनिया के सारे साबुन हार मान लें।...अस्ल में आलमआरा बेगम बिल्लो से यूँ खफ़ा हो गई थीं कि एक दिन कहीं से लौटते वक़्त उन्हें ख़याल आ गया कि लैला के कपड़े नहीं आए हैं तो उन्होंने ताँगा कटरा मीर बुलाक़ी की तरफ़ मुड़वा दिया। ताँगा लांड्री के बाहर रुका। रऊफ़ अन्दर गया। वहाँ उसने बिल्लो पर रोब डालना चाहा। बिल्लो कहाँ किसी के रोब में आनेवाली थी। बरस पड़ी। तो रऊफ़ की मदद पर आलमआरा बेगम लांड्री में जा घुसीं। उनका ख़याल था कि यह सुनते ही बिल्लो के हाथ-पाँव फूल जाएँगे कि वह बेगम अशफ़ाक़ुल्लाह ख़ाँ हैं। पर लगा ऐसा कि जैसे बिल्लो ने कभी अशफ़ाक़ुल्लाह ख़ाँ का नाम ही न सुना हो। उसने आलमआरा बेगम को भी खरी-खरी सुना दीं...और आलमआरा बेगम को मजबूरन यह धमकी देते हुए लांड्री से निकल आना पड़ा कि वह इस लांड्री की ईंट से ईंट बजवाए बिना चैन से नहीं बैठेंगी...

और यूँ कोई आठ साल के बाद वह अपने मियाँ से बोलीं : "देखिए। यह बिल्लो बड़ी बदतमीज़ है।"

अशफ़ाक़ुल्लाह ख़ाँ यह बात पहले से जानते थे इसलिए चुपचाप खाना खाते रहे।

"बन्द करवा दीजिए, उसे किसी दफ़ा में।" आलमआरा बेगम ने हुक्म-सा दिया।

"देखूँगा।" अशफ़ाक़ुल्लाह ख़ाँ ने कहा...

यह बात है 11 जून सन् 75 की।

सड़ी हुई गर्मी पड़ रही थी। बरसात का कहीं पता नहीं था। इतनी हवा भी नहीं थी कि जिसमें कोई एक पूरा साँस ले सके। आसमान और ज़मीन के बीच में लू की उड़ाई हुई धूल अटी हुई थी जो धीरे-धीरे बिस्तरों और बदन और आँगन में बरस रही थी...

बिल्लो के छोटे-से आँगन में बिजली का नया पंखा चल रहा था। यह दहेज का पंखा था। आशाराम ने बिल्लो को दिया था। उषा कम्पनी का लाल

पंखोंवाला। पर अँधेरे में उषा कम्पनी के उस पंखे से गर्म हवा निकल रही थी। बिल्लो की आँख खुल गई। पासवाले बँसखट पर देश पड़ा हुआ था। केवल एक अंडरवियर पहने। बिल्लो ने हाथ बढ़ाकर उसे छू दिया। उसे छूने से उसे बड़ा इत्मीनान हो गया जैसे उसने किसी सपने को छू लिया हो। वह मुस्कुरा दी, अशफ़ाकुल्लाह ख़ाँ की बेगम आलमआरा से अपने झगड़े की बात उसने देश को नहीं बताई थी। उसके सर पर यूँ ही बड़ी ज़िम्मेदारियाँ थीं। बरसात आ रही थी और पानी पड़ने से पहले सामनेवाला उसारा न पड़ गया तो बरसात कमरे में आ जाएगी। शायद घर पूरा बन जाने से पहले उसे घर में उठ आने की ज़िद करनी ही नहीं चाहिए थी। मामा ने तो समझाया भी था कि जल्दी क्या है। पर वह मामा को कैसे बताती कि जल्दी क्या है। जल्दी यह थी कि अब उससे देश बिना रहा नहीं जा रहा था...देश ने भी समझाया कि जल्दी क्या है। पर वह देश को कैसे बताती कि जल्दी क्या है। जल्दी यह थी कि अब उससे देश बिना रहा नहीं जा रहा था...और शादी वह, अपने घर में उठे बिना, करने पर तैयार नहीं थी।

बिल्लो का जी चाहा कि हाथ बढ़ाकर देश को फिर छू ले तो उसने देश को फिर छू लिया। देश ने करवट ले ली और पलंग के दूसरे किनारे पर चला गया। बिल्लो हँस पड़ी। फिर कुछ सोचकर वह उठी और कमरे के अन्दर चली गई। फिर उसने बत्ती जलाई। कमरे में उसने सौ किलोवॉट का बल्ब लगा रक्खा था। इतवारी बाबा ने कहा भी कि इसकी क्या ज़रूरत थी। पच्चीस पावर का बल्ब काफ़ी है। पर वह नहीं मानी। उसे ज़्यादा रोशनी से प्यार था, जिसमें वह अपने घर को साफ़-साफ़ देख सके और अपने घर की दीवारों और आँगन से बात कर सके।

कमरे में सामने ही मिसेज़ गाँधी की, किसी पत्रिका से काटी हुई, तस्वीर चावल लगाके दीवार से चिपकाई हुई थी। उसके साथ ही एक कैलेंडर था। श्रीराम आगे-आगे तीर-कमान लगाए। उनके पीछे सीता मैया और उनके पीछे लक्ष्मणजी तीर-कमान लगाए। एक हिरनी उन्हें प्यार से देखती हुई। पीछे एक पर्वत। बर्फ़ से ढका हुआ। नीचे एक छोटी-सी नदी बहती हुई और उस नदी के पानी से सर निकाले हुए 'श्री राम वनवास बीड़ी' का बंडल। सामनेवाली दीवार पर वह मोटरवाली अकेली तस्वीर।...

उसने मिसेज़ गाँधी की तस्वीर की तरफ़ देखा। वह भी उसकी निगाह में पूजने के लायक़ थीं क्योंकि जो वह न होतीं तो बाबू साहेब ने तो फ़ाक़ा करवाने में कोई कसर नहीं छोड़ी थी। उन्होंने पता नहीं क्या गोलमाल किया कि यह साबित हो गया कि गैरेज़ घाटे में चल रहा है जब कि उसी बरस उन्होंने अपनी बेटी को साढ़े पाँच लाख का दहेज दिया था। काशी में गंगाजी के किनारे नई कोठी

बनवाई थी। बस वरकरों को बोनस देने के लिए पैसा नहीं था। शम्सू मियाँ ने बाबू साहब का साथ दिया तो ज़ाहिर है कि यूनियन भी उधर ही गई पर बिल्लो के लाख समझाने के बावजूद देश नहीं माना। वह भूख-हड़ताल पर बैठ गया। आशाराम ने कहा कि ख़ाली-खूली भूख हड़ताल से कुछ नहीं होगा। उसके पीछे कोई राजनीतिक ताक़त होनी चाहिए। तो देश ने उन्हें यह कहकर घुड़क दिया था कि हम राजनीति फाजनीति ना जानते साहब। हम तो फ़ाका करे की परट्टिस कर रहें कि कुछ दिन जीके बाबू साब की खिदमत कर सकें।...और चूँकि उसके पीछे कोई आन्दोलन नहीं था इसलिए बाबू साहब ने उसे डिसमिस कर दिया।

बाबूरामजी बिचारे ने बड़ी सहायता की। वह यह सारी नाइन्साफ़ी देख रहे थे। उन्होंने ज़िला कमेटी के अध्यक्ष होने के नाते बाबू साहब से कहा भी कि उन्हें यह नहीं करना चाहिए था। बाबू साहब हँसकर टाल गया। पर बाबूरामजी चुपके नहीं बैठे। उन्होंने श्रीमती गाँधी को फ़ौरन ख़त लिखा कि यह खुली नाइन्साफ़ी है। बाबूरामजी और पंडित नेहरू दोस्त रह चुके थे। पंडितजी इलाहाबाद आते तो उनसे मिलने उनके घर जाते। वह तो उन्हें मंत्री भी बनाना चाहते थे पर बाबूरामजी ही ने मना कर दिया और पंडितजी बिचारे चुप हो गए। फिर उत्तर प्रदेश सरकार ने उन्हें सिमेंट का होल-सेलर बनाना चाहा। पर उन्होंने मना कर दिया। वह चाहते तो सिफ़ारिश करने को अपना धन्धा बना सकते थे। पर उन्होंने वह भी न किया। वह अपना मासिक 'साहित्य' ही निकालते रहे और उसमें घाटा उठाते रहे।...पर ऐसे आदमी की इज़्ज़त तो होती ही है। इसलिए मिसेज़ गाँधी को जो उनका ख़त मिला तो उन्होंने फ़ौरन जवाब दिया। देश से कहिए कि बैंक से क़र्ज़ लेकर अपनी वर्कशॉप खोल ले। प्रदेशी राजनीति में वह बाबू साहब की तरफ़ से ज़रा-सा खिंच भी गई थीं।

यह ख़बर जंगल की आग की तरह सारे इलाहाबाद में फैल गई कि ख़ुद मिसेज़ गाँधी ने देश को बैंक से क़र्ज़ दिलवाके वर्कशॉप खुलवाई है। लोग तो यहाँ तक कहते सुने गए कि मिसेज़ गाँधी ने एक रात को फ़ोन घुमा दिया बैंक के मनीजर को कि देस हमारा खासुलखास आदमी है।

देश ने अपनी वर्कशॉप का नाम 'इन्द्रा मोटर वर्कशॉप' रक्खा। बाबूरामजी ने उसका उद्घाटन किया। आशाराम भी आया पर वह देश के इस कांग्रेसी झुकाव से ख़ुश नहीं था। पर देश ने फिर भी यही कहा कि उसे राजनीति से कोई तअल्लुक़ नहीं, उसे तो जीने के लिए पैसे कमाने हैं। और अब तो ज़िम्मेदारी भी बढ़ गई है। ब्याह हो चुका है। थोड़े दिनों में वह बाप बन ही जाएगा तो आनेवाले कल के बारे में भी तो सोचना चाहिए। आशाराम ने उसे बहुत समझाना चाहा

कि आनेवाला कल भी गुज़रनेवाले या गुज़रे हुए कल ही की तरह निजी नहीं हो सकता। और वह अकेले उसके नये घर में आनेवाला भी नहीं है। इसलिए उसे सबके साथ ही उसके स्वागत की तैयारी करनी चाहिए और उसे लाने के लिए रात से संघर्ष करना चाहिए।...उन दोनों की इस बहस में कभी-कभार बाबूराम भी बोल पड़ते और फिर दादा-पोते में ठन जाती। देश की आर्थिक हालत और वर्तमान की आर्थिक दिशा और पैदावार और माँग और मजदूरी के रिश्तों पर बातें होने लगतीं...यह बातें न बिल्लो समझती, न देश की समझ में आतीं। बिल्लो तो रामदयी के पास जा बैठती और घर के काम में उसका हाथ बटाने लगती और उसे यह राय देने लगती कि अब आशा बाबू का ब्याह कर देना चाहिए। और इस बात पर रामदयी प्रेमानारायण की बात लेकर बैठ जातीं। पर देश वहीं बैठा उनकी बातें सुनता रहता और समझने की कोशिश करता रहता। पर कभी-कभी उसे ऐसा लगने लगा था जैसे बाबूरामजी ठीक कह रहे हैं। जो ऐसा न होता तो भला बैंक उसे क़र्ज़ देता और वह अपनी वर्कशॉप खोल पाता? और यह जो रोज़ आकाशवाणी वाले बताते रहते हैं कि इतनी ज़मीन बे-ज़मीने खेतिहर मज़दूरों में बाँट दी गई या यह कि इतने लाख नये रोज़गार पैदा किए गए, या इतने लाख मीटर कपड़ा बाहर भेजा गया जिससे इतनी बचत हुई बाहरी मुद्रा की तो यह सब झूठ थोड़ी होगा। उसने कोई सौ-दो सौ तो डाकुमेंट्रियाँ देखी होंगी जिनमें यह दिखलाया गया है कि इन्द्राजी के ज़माने में देश ने कितनी उन्नति की है। कितनी खुशहाली आई है देश में। ख़ुद देश टेरिलीन की शर्ट पहनता था। विल्स सिग्रेट पीने लगा था। कुछ तो हुआ था और इसलिए वह बाबूरामजी की बातों पर हुंकारी भरने लगा और आशाराम को मायूसी होने लगी।

आशाराम अब एक पेशावर सियासतदाँ हो गया था। एक आदमी के इधर या उधर होने से उसकी सेहत पर कोई असर नहीं पड़ता था पर देश से जैसे उसका कोई और रिश्ता भी था। उसने 28 फ़रवरी को अपनी डायरी में देश के भटकने का ग़म मनाया भी। लिखता है :

"देश सिर्फ़ एक मज़दूर नहीं। देश मेरा पहला साथी भी है। मेरी ऐनक भी है, जिसे लगाकर मैं मज़दूर वर्ग की समस्याओं को समझ सका हूँ और लाल क्रान्ति का सपना देख सका हूँ। बिल्लो के घर का सपना केवल देश और बिल्लो का नहीं। मैं भी वह सपना देखने के लिए जागता रहा हूँ। देश का बाबूजी के साथ हो जाना मेरी बहुत बड़ी निजी हार है। क्या मेरी राजनीतिक समझ और चेतना में कहीं खोट है? यह प्रश्न मैं किससे करूँ। जो अपनी नादानी से इस प्रश्न का जवाब दे सकता था वह तो बाबूजी की हाँ में हाँ मिलाने लगा है। कैसी अजीब बात

है कि जिस देश ने शम्सू मियाँ का बिकना देख लिया था वह खुद अपने बिक जाने को न देख सका...प्रेमा होती तो मैं उससे पूछता। उससे लड़ता। बहस करता। और अपने दिमाग से शक के जालों को साफ़ कर लेता पर प्रेमा तो दिल्ली आकाशवाणी से लोगों को यह बताने में लगी हुई है कि भारत में एक नया सूर्य उदय हो चुका है। एक नये, बहुरंगी भविष्य की कोंपल फूट चुकी है।...यदि ऐसा है तो वह बहुरंगी कोंपल मुझे क्यों नहीं दिखाई देती...''

पर देश के सामने ऐसी कोई उलझन नहीं थी। वह राजनीति की पतंग के पेंच नहीं लड़ा रहा था। उसे यह भी नहीं मालूम था कि वह इस पतंगबाज़ी में डोर की तरह है। पतंग भी नहीं। डोर है जो किसी और के हाथ में है, किसी और के इशारे पर पतंग को इधर-उधर मोड़ता रहता है। देश को इस तरह की बहुत-सी बातें नहीं मालूम थीं इसीलिए वह ख़ुश था। आदमी को और चाहिए क्या। अपना घर। बिल्लो जैसी पत्नी। और 'इन्द्रा मोटर वर्कशॉप'। उसके पास यह तीनों चीज़ें थीं। अब जिसकी क़िसमत ही में ग़रीबी लिखी होगी तो उसकी ग़रीबी इन्द्राजी बिचारी कैसे हटा सकती थीं। उसने तो एक खटारा फ़ोर्ड साढ़े चार सौ में ख़रीद ली थी और अपना सारा वक़्त उसकी मरम्मत में लगा रहा था। उसने यह बात बिल्लो से छिपा रक्खी थी। वह उसे एक दिन चौंका देना चाहता था यह कहकर कि ऐ बिल्लो चल ज़रा घूम आएँ। बाहर तोरी गाड़ी खड़ी है...वह आँखें बन्द करके बिल्लो का खिला हुआ चेहरा देख सकता था। वह उस ख़ुशी को महसूस कर सकता था जो यह सुनते ही ख़ुशबू की तरह बिल्लो के दिल में तैर जानेवाली है... और देश ख़ुशी के इस ख़्याल ही से ख़ुश था।...आदमी का यही तो कमाल है कि कल की ख़ुशी के सपने देखकर वह एक तरह से ख़ुशी ओवर-ड्राफ़्ट कर लेता है। तभी तो वह जिये चला जा रहा है। सपने छीन लीजिए आदमी से, वह आज नहीं, अभी मर जाए तड़ से।

देश ने वह फ़ोर्ड खरीदने के लिए पाँच सौ भी बड़ी तरकीबों से जुटाए। ज़ाहिर है कि वह बिल्लो को बताए बिना यह रक़म डाकख़ाने से निकाल नहीं सकता था। उन दोनों का अकाउन्ट अब भी पोस्ट आफ़िस में था क्योंकि बैंकों पर बिल्लो को भरोसा नहीं था। देश तो ख़ैर ईमानदार आदमी है पर हर आदमी देश थोड़ी है। वह इसी तरह क़र्ज़ देते रहे तो दीवाला मारके बैठ जाएँगे एक न एक दिन। पोस्ट आफ़िस फिर सरकारी चीज़ है। पैसा जमा करो तो सरकारी मुहर लगती है। पैसा निकालो तो सरकारी मुहर लगती है। और मुहर भी ऐसी पक्की रोशनाई की होती है कि लाख मिटाना चाहो तो न मिटे। इसलिए उसके लिए पोस्ट आफ़िस ही ठीक था।

और पाँच सौ कोई पाँच रुपया नहीं होता कि आएँ बाएँ शाएँ करके ले लिए

जाएँ। तो उसे वही पुरानी महनाज़ के दहेजवाली तरकीब सूझ गई। चुनाँचे उसकी वर्कशॉप में पुर्ज़े टूटने लगे। बिल्लो खूब-खूब खौली पर चारा क्या था। और यूँ थोड़ा-थोड़ा करके देश ने उस फोर्ड का दाम चुकता किया। फिर वह उसमें लग गया—वह जैसे अल्लाह था और मुट्ठी-भर मिट्टी से आदमी का पुतला बना रहा था—धीरे-धीरे उस कार की शक्ल निकलने लगी। फिर धीरे-धीरे उसमें जान पड़ने लगी। बिल्लो को चूँकि हरा रंग बहुत अच्छा लगता था इसलिए उसने उस कार पर हरा रंग स्प्रे करवाया और उसी दिन बिल्लो के लिए उसने हरे रंग की एक साड़ी भी खरीदी। पीपल के जवान पत्तोंवाला हरा रंग। वह कार में बैठ गया। पर कार में बैठकर वह कोई और आदमी लगने लगा। धत् साला—उसने अपने आपको गाली दी और कार को आगे बढ़ा दिया।

शहर वही था। सड़कें वही थीं। सड़कों के किनारे खड़ी हुई जागती-सोती दुकानें वही थीं। लोग वही थे। गूँजती हुई आवाज़ें, नाम, गालियाँ—सबकुछ वही था पर देश को नया-नया-सा लग रहा था जैसे वह इस शहर में पहली बार आया हो और इन लोगों को पहली बार देख रहा हो और इस भाषा को पहली बार सुन रहा हो।

सामने इतवारी बाबा का अड्डा था। और इतवारी बाबा अपनी जगह पर टाट बिछाए बैठे थे। उनके पीछे दीवार पर श्रीमती गाँधी का मुस्कुराता हुआ एक बहुत बड़ा पोस्टर था जो पिछले साल उनके आने पर लगाया गया था; जिसमें वह मुस्कुरा रही थीं और उनके दाँत किसी टूथ पेस्ट के इश्तिहार की तरह उजले और चमकदार दिखाई दे रहे थे। देश ने इतवारी बाबा के सामने कार रोक दी। इतवारी बाबा ने उसकी तरफ़ देखा। पर वह इतवारी बाबा को यह बतानेवाला नहीं था कि यह कार किसी और की नहीं, उसी की है। यह बात तो सबसे पहले वह बिल्लो को बताना चाहता था।

"घर चलना हो तो चलो।" देश ने कहा।

"अभई दू घंटा बाकी हैं डियूटी बदले में।" इतवारी ने कहा।

बात यह है कि अपनी उम्र का ख़याल करते हुए उसने अपनी जगह की तीन शिफ़्टें चलाना शुरू कर दिया था। बाक़ी दो शिफ़्टें किराये पर चलती थीं। पहली शिफ्ट में रामदीन की अम्माँ बैठती थी, जिसे भीख माँगना आता ही नहीं था। पर मजबूरी थी। रामदीन रेज़ा[1] था। एक घर की छत बन रही थी। वह नये पड़े हुए चूने की गच पीट रहा था कि छत बैठ गई और उसके हाथ-पाँव बेकार हो

1. घर बनाने में जो मज़दूर ईंट-चूना उठाते हैं, वे हमारी तरफ़ रेज़ा कहे जाते हैं।

गए। इन लोगों की तो कोई यूनियन भी नहीं। घर बनवानेवाले ने कह दिया कि छत उसने थोड़ी बनाई थी। बैठ गई तो वह क्या करे। उसका तो ख़ुद पौने दो हज़ार का नुक़सान हो गया—रामदीन कँवारा था। माँ के सिवा कोई और था ही नहीं घर में। माँ के हाथ में राशा था। कोई काम कर ही नहीं सकती थी। रामदीन वैसे कटरा मीर बुलाक़ी में रहा करता था। उसके पिता अच्छे मिस्त्रियों में गिने जाते थे। पर उन्हें पटाव का काम आता था। डाट डालना नहीं आता था तो मरते-मरते वह भी 'रेज़ा' हो गए थे। फिर रामदीन ने भी वही काम शुरू कर दिया। लोग घर तो बनवाते ही रहते हैं। अच्छी कमाई हो जाती थी। छोटी-मोटी मरम्मत का काम वह ऊपर-ऊपर से भी ले लिया करता था। निहायत फ़िल्मी बात यह हुई कि उसकी शादी होने से चार दिन पहले वह छत बैठ गई। पहले तो अड़ोस-पड़ोस से खाना आता रहा। पर कटरा मीर बुलाक़ी में ऐसा कौन रहता था जोखन के सिवा जो दो आदमियों को आराम से खिलवा सके और जोखन को यह ख़याल नहीं आया। धीरे-धीरे खाना आना कम हो गया। बिल्लो से देश ने कहा कि क्या वह लोग उनके लिए दो वक़्त की रोटी नहीं भेज सकते। बिल्लो एक वक़्त की रोटी पर राज़ी हो गई। तो एक वक़्त की रोटी का बन्दोबस्त हो गया। अब बची दूसरे वक़्त की रोटी, कपड़ा, घर का किराया। कोई बीमार हो तो दवा का दाम...

तो एक दिन इतवारी बाबा ने रामदीन की माँ को पहली शिफ़्ट पर बिठला दिया। पर रामदीन की अम्माँ को तो भीख माँगना भी नहीं आता था। उससे हाथ फैलाया नहीं जाता था। तो इतवारी ने उससे कहा कि उसे हाथ फैलाने की ज़रूरत ही नहीं है। बस एक प्याला सामने रखकर वह सड़क की तरफ़ पीठ करके चुपचाप बैठ जाए। रामदीन की अम्माँ यही करने लगी।[1]

काम पर जाने के लिए सवेरे के वक़्त निकलनेवाले लोग नर्म दिल होते हैं। दिल तो कहीं शाम तक जाकर सख़्त होता है। तो यह लोग जब रामदीन की अम्माँ को यूँ सड़क की तरफ़ पीठ किए बैठा देखते तो उनका नर्म दिल पिघल जाता और वह यह सोचकर उसके प्याले में कुछ न कुछ डाल ही देते कि उनकी हालत इस रामदीन की अम्माँ से तो अच्छी ही है।

तो पहली शिफ़्ट रामदीन की अम्माँ की हो गई। दूसरी शिफ़्ट (जाड़ों में) ख़ुद

---

1. मैं बार-बार रामदीन की अम्माँ इसलिए कह रहा हूँ कि बहुत कोशिश करने पर भी मुझे उसका नाम न मालूम हो सका। कटरा के लोग उसे इसी नाम से पुकारा करते थे और शायद उसे भी अपना नाम याद नहीं रह गया होगा। मैं उससे मिल न सका क्योंकि वह 'शिवशंकर पांडेय मार्ग कांड' में मारी गई।

इतवारी बाबा किया करते थे कि धूप की गर्मी मिलती रहे। गर्मियों में वह तीसरी शिफ़्ट किया करते थे कि कुछ तो आराम मिले। तो जाड़ों में तीसरी और गर्मियों में दूसरी शिफ़्ट अल्ला रक्खे किया करता था। यह अल्ला रक्खे भी कटरे ही का था। अधेड़ उम्र का आदमी था। पहले बाप की कमाई खाता था। फिर बड़े भाई की कमाई खाने लगा। फिर अपने बेटे की कमाई खाया किया। बाप मर गया। बड़ा भाई पाकिस्तान चला गया। बेटा हिन्दू-मुस्लिम दंगों में मारा गया। अल्ला रक्खे को कोई काम आता ही नहीं था। वह कोई काम जानना भी नहीं चाहता था और अब काम सीखने की उम्र भी नहीं थी। और कटरेवाले उस निकम्मे को खिलाने पर तैयार भी नहीं थे। तो इतवारी ने डेढ़ रुपये रोज़ पर एक शिफ़्ट उसे थमा दी थी। और यूँ उनकी बड़े आराम से कट रही थी। इसीलिए जब उन्होंने दो घंटे की दुहाई दी तो देश जल गया।

“अरे तोरे दू घंटे का मतलब का है।” देश ने कहा। “बेला वजह में जी जलाते हो। अरे हम लोग दिन-रात खून-पसीना एक करते हैं तब कोई तरह दू बखत की रोटी जुड़ती है। तोरा का है। हाथ फैलाके बैयठ गए।”

“तनी हाथ फैयला के देखाव, बोले से पहिले।”

“लो फैयला दिया।” देश ने हाथ फैलाकर कहा। “अरे ई भी कोई काम में काम है।”

“ऊ जो गंजा आदमी आ रहा।” इतवारी बाबा ने कहा। “तनी ओसे दू पैयसा माँग के देखाव।”

“माँग लेते हैं।” देश ने कह तो दिया। पर जब वह आदमी पास आया तो देश ने अपना बढ़ा हुआ हाथ वापस ले लिया। इतवारी मुस्कुरा के रह गया। देश ने उसकी तरफ़ देखा और उसे अपनी तरफ़ देखता हुआ पाया तो झल्ला गया। बोला : “हम ई कहित हैं बाबा कि ऊ जो तुम बोलते हो ना, हम उही भुला गए रहे।”

“कौन लम्बी तकरीर है कि भुला गया।” इतवारी ने कहा। “एयसे हाथ फैलाव।” उसने हाथ फैला दिया। देश ने नक़्ल की। “अब कहो। भगवान के नाम पर बूढ़े को पाँच पैयसा देते जाव भैया। बस यही तो कहना है।”

पर देश वही नहीं कह पाया। और तब बाबा ने कहा : “हम उल्लू थोड़े हैं कि हफ़्ते में एक दिन की छुट्टी मना हैं। चलो।” इतवारी कार में बैठ गया और कार चल पड़ी।

“केकी गाड़ी मिल गई है तूँ हें चक्कर मारे के वास्ते?”

“अरे जो गाड़ी की इसटेरिंग अपने हाथ में हो ऊ गाड़ी अपनीये समझो।”

“बिल्लो को लेके सलीमा जा रहे हो का?”

“पता नहीं।” देश ने कहा। “ई सब तो बिल्लो के मूड पर है न।”

कार में सन्नाटा हो गया। कार के बाहर ज़िन्दगी का वही हंगामा था। सामने सिनेमा के सामने बड़ी भीड़ थी। पुलिस डंडे घुमा रही थी। रिश्वत ले रही थी और टिकटों के ब्लैक में बिकने का बन्दोबस्त कर रही थी—उस भीड़ में उन्हें बदर और शहनाज़ के चेहरे भी दिखाई दिए। दोनों बहुत खुश थे। शहनाज़ आइसक्रीम खा रही थी और मास्टर बदर ब्लैक में टिकट बेचनेवाले से मोलभाव कर रहे थे और अपनी माचिस से पास खड़े पुलिस कान्स्टेबल की सिग्रेट भी जला रहे थे—हार्न बजाती कार उनके पास से गुज़र गई पर उन्होंने ध्यान नहीं दिया और वह ध्यान देते भी क्यों। वह तो यह सोच भी नहीं सकते थे कि कटरा मीर बुलाक़ी का देश अपनी कार में बैठा नज़र आ सकता है।

“ए भाई ई दूनों सनीमा देख-देखके कब तक गुज़ारा करिहें आख़िर।” इतवारी बाबा ने कहा।

“तो और का करें बिचारे लोग?” देश ने पूछा। वह रियर-व्यु मिरर में अब भी उन्हीं को देख रहा था। ‘टिकट ना मिला।’ यह कहकर उसने गाड़ी एक तरफ़ करके रोक ली।

“रुक काहे को ग्यो?”

“उनन्हें भी लेते ही चलें। नहीं तो छः आना दीहें लोग रक्शे का।”

“आना कैयसा भई।” इतवारी ने कहा।

और देश हँस पड़ा।

बदर और शहनाज़।

बदर और शहनाज़ के हँसने की आवाज़ भी पास आ गई। उन्होंने फिर कार पर ध्यान नहीं दिया। यकायक देश चिल्लाया : “कटरा मीर बुलाक़ी चार आना। कटरा मीर बुलाक़ी चार अना—” शहनाज़ और बदर दोनों चौंके। अब उन्होंने देखा कि चमचमाती हुई हरी कार में देश है और देश के पास इतवारी बाबा हैं।

“अरे अम्माँ देख का रही हौ। जल्दी से बैयठो।—”

“आग लगे आपकी ज़बान में।—” कोसती हुई शहनाज़ कार में जा घुसी और उसकी नई सीट में धँस गई। वह सीट बदर की बाँहों से ज़्यादा नर्म थी। उसने नये मख़मली रेक्सीन पर हाथ फेरा और उसे लगा जैसे यहाँ से वहाँ तक बीर-बहूटियाँ बिछी हुई हैं—देश ने रेडियो ऑन कर दिया।

“अब आप प्रेमानारायण से हिन्दी में समाचार सुनिए। आज नई दिल्ली में दिल्ली यूनिवर्सिटी टीचर्ज़ यूनियन की सभा में बोलते हुए श्रीमती गाँधी ने कहा कि शिक्षा हर आदमी का पैदायशी हक़ है। भोपाल में सोफ़िया कालेज के अखिल

भारतीय मुशायरे का उद्घाटन करते हुए रक्षा मंत्री श्री जगजीवन राम ने कहा कि श्रीमती गाँधी के हाथों में भारत और भारतीय साहित्य का भविष्य सुरक्षित है। जमशेदपुर में एक सभा में शिक्षा मंत्री डाक्टर नूरुलहसन ने श्रीमती गाँधी के एक स्टेचू का निक़ाब उठाया। यह स्टेचू ताँबे का है। कल अलइतालिया का एक जम्बो विमान हाइजैक कर लिया गया। अब आप पूरे समाचार सुनिए।''—देश ने रेडियो सीलोन लगा दिया और कोई फ़िल्मी गाना आने लगा।

''ए भाई, जब ऊ हवाई जहाज में इन्दरा गाँधी ना रहीं तो ओका जिकिर आकासवाणी पर कैयसे आ गया?'' इतवारी ने कहा।

''देखो बाबा,'' देश झल्ला गया। ''हर बखत पंजा झाड़े उनहीं के पीछे मत भागा करो।''

''और क्या।'' बद्रुलहसन नायाब मछलीशहरी ने कहा। ''जो वह न होतीं तो अब तक यह मुल्क तबाह-बरबाद हो चुका होता।''

''का एलाहाबाद बैंक जयपरकास बाबू के कहे से हम्में करज दिहिस है?'' देश ने सवाल किया।

''आप देख लीजिएगा।'' बद्रुलहसन नायाब ने कहा। ''उनके सिवा कोई ग़रीबी नहीं हटा सकता। और वह हटाकर रहेंगी।''

''जब तक हम और रामदीन की अम्माँ और अल्ला रक्खे खाँव नहीं हटाए जाते, हम ना मानेंगे।''

''हम तो सुना है कि तुम मुसायरे में धूम मचाके आए हौ।''

''अरे नहीं भाई साब।'' मास्टर साहब शर्मा गए। ''हम क्या मचाएँगे धूम।''

''तनी हम भी तो सुनें।'' देश ने कहा।

''अर्ज़ करता हूँ।'' मास्टर साहब फ़ौरन तैयार हो गए। ''नज़्म का उनवान है : नया सूरज।'' फिर वह गुनगुनाने लगे। देश ने शीशा चढ़ा दिया। फिर तमाम शीशे चढ़ गए। और मास्टर बद्रुलहसन नायाब मछलीशहरी लहक-लहककर अपनी नज़्म सुनाने लगे :

सारी रौनक़, ताज़गी, बस इन्दिरा गाँधी की है।
देश में तो रोशनी, बस इन्दिरा गाँधी की है।
लैलिए-मुसतक़बिले-हिन्दोस्ताँ उसकी कनीज़,
गेसुओं की बरहमी बस इन्दिरा गाँधी की है...

''ए मास्टर, ई नजम है कि आकासवाणी का समाचार।'' बाबा के लहजे में कोई सवाल नहीं था। मास्टर बद्र घबराकर चुप हो गए। ''हम्में उतार द्यो बेटा।''

''सठिया गए हो का?'' देश ने कहा।

''हम ई कहित हैं भैया कि हर मरज की दवा जय सिया राम।–'' वह अपनी बात पूरी न कर सका क्योंकि देश ने गाड़ी वाक़ई रोक दी। और इतवारी की तरफ़ देखे बिना बोला : ''हमारी गाड़ी में बैयठके कोई इन्द्राजी को गाली ना दे सकता।''

कार में सन्नाटा हो गया। झल्लाहट के इज़हार के लिए कोई तैयार नहीं था। पर अब तो गाड़ी रुक चुकी थी। इतवारी बाबा चुपचाप दरवाज़ा खोलकर नीचे उतर गए। कार आगे बढ़ गई। इतवारी बाबा पीछे रह गए।

''हम जे थाली में खाएँ ओ ही में छेद करे वाले लोगन में से ना हैं।'' थोड़ी देर के बाद देश ने शायद अपने ही सामने अपनी सफ़ाई पेश की। शहनाज़ चुप रही। बद्रुलहसन ने कुछ नहीं कहा। कार हवा से बातें करने लगी।

'गली द्वारकाप्रसाद' के नुक्कड़ पर बद्रुलहसन ने कहा : ''हमें यहीं उतार दीजिए।''

गाड़ी रुकी तो 'पहलवान टी स्टाल' पर बैठे हुए तमाम लोगों ने देखा कि गाड़ी देश चला रहा है और उसी गाड़ी से मास्टर साहब उतर रहे हैं और उसी गाड़ी में शहनाज़ बैठी है। लोगों को शहनाज़ का चेहरा नज़र नहीं आया। पर लोग उसका बुरक़ा पहचानते थे। पर किसी को कुछ पूछने का मौक़ा नहीं मिला क्योंकि कार 'गली द्वारकाप्रसाद' में उतर चुकी थी और जब तक कोई पूछे-पूछे काफ़ी आगे जा चुकी थी। चूँकि उस वक़्त वहाँ शम्सू मियाँ भी थे इसलिए बद्रुलहसन से भी किसी ने सवाल करना उचित न जाना। और वह भी 'गली द्वारकाप्रसाद' के अँधेरे में उतर गया।

मगर देश शहनाज़ को उतारकर फिर लौटा क्योंकि उसका नया घर तो 'पंडित शिवशंकर पांडेय मार्ग' पर था, जिसमें पहलवानवाले कमरे की छत पड़ रही थी और बाहरी बैठक की दीवारें उठ रही थीं।

चायख़ाने के पास उसने कार रोकी।

''ए मामा।'' उसने हाँक लगाई। ''हम लोग साढ़े नौवाला शो देखे जा रहे हैं।''

''लाटरी लग गई है का?'' न जाने किसने पूछा। ''गाड़ी तो बहुते फसकिलास है।''

''कब लियो?'' पहलवान ने पूछा।

''अब हम का बताएँ मामा–''

''अरे तुम का बताओगे बेटा! बताते तो रहे स्वर्गीय पिताजी। एक दिन एयसा भया कि–'' वह चूतड़ एक तरफ़ से उठाकर पादने के लिए रुके।

''वाह! का सुर में हो आजकल।'' किसी ने कहा।

''अरे भैया कमरुद्दीन, हम का होंगे सुर में। सुर में तो हुआ करते रहे स्वर्गीय पिताजी, कि पादें तो आवाज़ सिद्धी इहाँ से आनन्द भवन तक जाए—''

ज़ोरदार क़हक़हा पड़ा। देश ने मौक़े का फ़ायदा उठाया। निकल गया।

''इंजिन की आवाज तो फोर्ड की ना है।'' शम्सू मियाँ ने कहा, ''मुदा काम अच्छा किया है।''

''मतलब ई कि देस गाड़ी ले लिहिन।'' मामा को अपनी बात पर यक़ीन नहीं आया।

''गाड़ी अवाज से मालिक की नहीं, मिकानिक की लग रही।'' शम्सू मियाँ ने कहा।

पहलवान जोश में खड़े हो गए : ''ए नरेणा! अरे जल्दी कर। दुकान बन्द करे का टैम हो गए—''

''का?'' एक गाहक ने कहा, ''तोरे सिर की घड़ी तेज चले लगी है साइद। कौन दिन तोरी दुकान रात के डेढ़ दू बजे से पहिले बन्द भई है, ऐं?''

''हम अभई आ रहें—'' पहलवान दुकान से उतरकर देश के घर की तरफ़ लपक लिए। अस्ल में वह इस ख़ुशी में रोना चाहते थे कि देश के पास अपनी कार आ गई है बाबू साहब की तरह—दुकान से चन्द क़दम आगे बढ़के उन्होंने कारपोरेशन के अँधेरे में नाक सुड़कना और आँखें पोंछना शुरू कर दिया।

सामने ही वह हरी गाड़ी खड़ी थी।

पहलवान ने उसे प्यार से छुआ। उनके छूने में लगभग वही प्यार था जो उनके हाथों में बिल्लो या देश के बचपन को छूते समय आ जाया करता था। आँसू का एक क़तरा कार पर टपक पड़ा। पहलवान ने जल्दी से अपनी धोती से उसे साफ़ किया और उसे उस वक़्त तक घिसते रहे जब तक कि आँसू के उस क़तरे की नमी बिल्कुल ख़त्म नहीं हो गई और तब वह दरवाज़ा खोलकर अन्दर गए। सामनेवाले ओसारे में बिल्लो मुँह फुलाए बैठी थी और कोठरी के दरवाज़े से टिका हुआ देश अपना सर खुजला रहा था।

बिल्लो बस पल-भर के लिए मोटर की ख़बर सुनकर ताज़ा कली की तरह खिलके फूल बनी क्योंकि फिर उसे ख़याल आ गए कि मोटर खरीदने में पैसा लगा होगा और फिर बात हाथ से निकल गई। उसने ज़मीन-आसमान एक कर दिया। मतलब यह कि देश उससे चोरी करता है। उससे झूठ बोलता है। उससे अपनी कमाई छिपाता है—नहीं तो मोटर ख़रीदने का पैसा कहाँ से आया! और लाटरी लग गई रही तब भी बताए को तो चहिए रहा। मोटर बिना जीये में कोई फरक ना पड़ता रहा। जो पैयसा माटीमिली मोटर में लगा है उतने से तो घर पक्का हो

जाता--देश के पास इनमें से किसी बात का जवाब नहीं था, इसलिए वह चुप खड़ा सर खुजला रहा था।

मामा पर किसी की निगाह नहीं पड़ी और वह दबे पाँव जैसे आए थे वैसे ही चले भी गए।

बिल्लो का मूड कुछ यूँ भी बिगड़ा हुआ था कि अभी कुछ देर पहले अशफ़ाक़ुल्लाह खाँ की आलमआरा बेगम से उसकी तू-तू मैं-मैं हो चुकी थी और वह झल्लाहट में लांडरी बन्द करके घर आ गई थी।

यह बात है 11 जून सन् 75 की।

जस्टिस सिन्हा अपने बँगले में जाग रहे थे क्योंकि यह रात उनके सोने की रात नहीं थी। नं. 1 सफ़दरगंज में श्रीमती गाँधी जाग रही थीं कि यह उनके सोने की रात नहीं थी। महात्मा गाँधी की समाधि, मौलाना आज़ाद की क़ब्र, सदाक़त आश्रम की कुटिया—विधानसभा की तरफ़ जाती हुई सीधी, चौड़ी सड़क, राष्ट्रपति भवन की दीवारें—सभी की नींद उड़ी हुई थी कि यह उनमें से किसी के सोने की रात नहीं थी--पटने की सड़कों पर नारे जाग रहे थे और विद्यार्थियों के दिलों का सन्नाटा जाग रहा था।--पर आम लोग सो रहे थे। मजदूर, किसान, छोटे-बड़े दुकानदार, सफ़ेद क़मीज़ें पहननेवाले बाबू लोग। होमियोपेथी और ऐलियोपेथी के डाक्टर, हकीम और वैद्य सभी सो रहे थे—क्योंकि सब जानते थे कि फ़ैसला क्या होगा। लेकिन जब सुबह हुई तो पता चला कि कोई कुछ नहीं जानता था।

इलाहाबाद हाईकोर्ट का वह कमरा खचाखच भरा हुआ था जिसमें जस्टिस सिन्हा राजनारायण बनाम इन्द्रा गाँधी केस में अपना फ़ैसला सुनानेवाले थे।

12 जून की सुबह में कोई ख़ास बात न थी। गर्मी वैसी ही थी। चौक के घंटाघर की घड़ी वैसे ही बन्द थी। इक्कों, रिक्शों, ताँगों और कारों के बीच से पैदल उसी तरह आ-जा रहे थे। दुकानें उसी तरह खुली हुई थीं। क़ादिर हलवाई की दुकान पर इमरतियाँ उसी तरह छानी जा रही थीं। लू उसी तरह सवेरे ही से चलने लगी थी। और कोई यह जानने के लिए परेशान नहीं था कि आज क्या फ़ैसला होनेवाला है। देश तो बिल्लो से यह कहकर अपनी वर्कशॉप गया था कि वह शाम को कलवाली हरी साड़ी बाँधकर तैयार रहे। आज चला जाएगा इन्दिराजी की जीत की ख़ुशी में सिविल लाइन ख़ाना खाए अपनी कार में बैठकर। और इन्दिराजी के जीतने की ख़ुशी में बिल्लो ने यह बात टल जाने दी कि देश ने फिर वही कलवाली बात निकाली।

कारवाली बात पर उसने देश को माफ़ नहीं किया था। गई रात तक वह अकेली देश से झगड़ती भी रही थी क्योंकि देश तो चुप साधके लेट गया था और

उसकी डाँटें सुनते-सुनते सो गया था। पर वह बमकती रही थी। लेकिन चूँकि देश बोल नहीं रहा था, इसलिए उसे लड़ने में कोई मज़ा भी नहीं आ रहा था। और जब बोलते-बोलते उसने एकदम से देश के ख़र्राटे की आवाज़ सुनी तो उसे हँसी आ गई। उसने वहीं खड़े-खड़े देश की लाई हुई हरी साड़ी बाँधी और फिर अपना नक़्ली चमड़ेवाला बैग लेकर वह महनाज़ की तरह बड़ी शान से आँगन में चली-फिरी।

महनाज़ सोशल वरकर हो गई थी। दिन-रात 'यूथ कांग्रेस' करती रहती थी। नसबन्दी के बारे में उसने कई तक़रीरें याद कर ली थीं। ज़नाने मकानों में जाती और औरतों को नसबन्दी के फ़ायदे बताती। 'निरोध' का डिब्बा बैग से निकालकर औरतों को दिखलाती–हालत यह हो गई थी कि औरतें उसकी सूरत से शर्माने लगी थीं–बिल्लो को तो उसने पहचानना ही छोड़ दिया था। उसकी आँखों पर मुसतक़िल धूप का रंगीन चश्मा चढ़ा रहता। कटरा मीर बुलाक़ी में निकलती तो कटरेवालों से सलाम की उम्मीद करती। महल्ले के बच्चे उसे देखते ही 'निरोध-निरोध' चिल्लाने लगते। एक तरह से उसका नाम ही 'निरोध' पड़ गया था।

कटरा मीर बुलाक़ी के लिए वह दिन बड़ी हैरत का था जिस दिन महनाज़ ने पर्दा उठाया था और साड़ी पहने, बैग झुलाती एकदम सामने आ गई थी–सबसे पहले तो ख़ुद उसे शम्सू मियाँ ने नहीं पहचाना था–उन्होंने सोचा था कि ए भाई ई एकदम्मे से महनाज जैसी दूसरी लड़की कहाँ से आ गई! यह बात वह सकीना को बता ही रहे थे कि महनाज़ आ गई थी। वही साड़ी पहने, वही चश्मा लगाए और वही बैग झुलाती। सारा घर सन्नाटे में आ गया था।

''ए बहिनी ख़ुदा की मार हो तोरी सूरत पर।'' सकीना ने कोसना शुरू कर दिया था।

पर जब यह पता चला कि वह डेढ़ सौ महीना तनख्वाह पाएगी तो सबकी जान में जान आ गई थी और इस मौक़े का फ़ायदा उठाते हुए उसने सबको समझा लिया था कि पर्दा कोई ऐसी ज़रूरी चीज़ नहीं है। अस्ल चीज़ तो आँखों का पर्दा है।

और उस दिन के बाद से वह बराबर खुली फ़िज़ा में ऐंड़ने लगी थी।

और एक दिन तो उसने हद कर दी कि पहलवान की दुकान पर नसबन्दी का पोस्टर पहुँचा गई। अब वहाँ किसी की समझ में नहीं आ रहा है कि किधर देखे। पर यह अपना बड़े आराम से खड़ी हो गई और नारायण को हुक्म देने लगी कि यह पोस्टर दुकान में किस तरह और कहाँ लग जाना चाहिए।...

बिल्लो उस रात को याद करके हँस पड़ी। बाप रे बाप, मामा कैयसा बमके

रहे ऊ दिन! दुकान बन्द करके सीधे पहुँच गए रहे शम्सू मामूँ के घर कि समझा दुयो अपनी महनाज टहनाज को। सरम भी ना आती, ऊ लड़की को। अपने बाप के दोस्तन से नसबन्दी की बात करती है...

देश नींद में कुछ बोला। बिल्लो ने पलटकर उसकी तरफ़ देखा पर वह करवट बदलकर फिर सो गया।—वास्तव में वह सोया ही नहीं था। झगड़ा ख़त्म करने के लिए सोता बन गया था। इसीलिए जब बिल्लो ने ठीक उसके सामने खड़ी होकर अपनी साड़ी खोली और बेख़याली में उसके पाँयती डाल दी तो उस साड़ी की छुलन से उसके बदन में गुदगुदी की एक अजीब-सी लहर दौड़ गई। उसका जी चाहा कि तकिये को भींच ले और खिलखिलाके हँसने लगे। पर वह अपना जी मार गया और चुपचाप बिल्लो को आँगन में कूल्हे मटकाते देखता रहा। फिर बिल्लो दरवाज़ा खोलकर बाहर जाने लगी तो वह चकराया। चुपके से वह भी उठा। पलंग चर्राया तो वह वैसे-का-वैसा रुक गया, फिर बहुत धीरे-धीरे साँस रोके हुए उठा और पंजों के बल चलता हुआ वह भी बाहर चला गया।

बिल्लो बाहर कार के सामने खड़ी थी। देश दरवाज़े ही पर रुक गया। बिल्लो उसके आने से बेख़बर कार की तरफ़ देखती रही। फिर उसे वह तस्वीर याद आई जो एक दिन फ़ुटपाथ पर खिंचवाई गई थी और अब भी कमरे में टँगी हुई थी। फिर उसने हाथ बढ़ाकर कार को यूँ छुआ जैसे वह पानी के बुलबुले की बनी हुई है और साँस की ठेस से भी टूट सकती है—कार के चिकने हरे रंग के बदन को छूते ही उसकी आँखों में आँसू आ गए और देश ने पीछे से उसे अपनी बाँहों में जकड़ लिया और बिल्लो को लगा जैसे यह भी सुहागरात है और वह दुल्हन बनी बैठी है और देश उसके पास आया है—वह शर्मा गई।

"चल तनी घूम आयें।" देश ने कहा।

बिल्लो के जवाब का इन्तिज़ार किए बिना वह अन्दर भागा। उसने जाँघिये ही पर क़मीज़ डाल ली और कार की चाबी लिए हुए बाहर आ गया। बिल्लो उसका हुलिया देखकर हँस पड़ी।

"पतलून काहे ना पहिन्यो?"

"टैम ना है।" वह कार का दरवाज़ा खोलते हुए बोला। फिर, जैसा कि उसने फ़िल्मों में देखा था, वह अदब से खुले दरवाज़े के साथ खड़ा हो गया और बिल्लो, जैसा कि उसने फ़िल्मों में देखा था, हँसती हुई बैठ गई।

गई रात के सन्नाटे में देश की हरी फ़ोर्ड इलाहाबाद की सूनी सड़कों पर चक्कर काटती रही। चौक का घना बाजार सो रहा था। चौक का घंटाघर जाग रहा था। चौक की कोतवाली ऊँघ रही थी। रानी मंडी की गली रात के नशे में

लड़खड़ाकर जैसे गिर गई थी और उसे अपने तन-बदन का होश नहीं था। सर कहीं था पाँव कहीं था। नकहत पब्लिकेशंज़ के बोर्ड पर एक अकेला बल्ब किसी उल्लू की तरह बैठा हुआ, बिना आँख झपकाए उस गली की तरफ़ देख रहा था। पोस्ट आफ़िस में सन्नाटा था। हज़ारों ख़त, हज़ारों लिफ़ाफ़े, पोस्टकार्ड, मनीआर्डर के फ़ार्म, तार के फ़ार्म, मुहरें, रसीदें—सब सो रहे थे—समय जैसे रुका हुआ था। बस एक हरी फ़ोर्ड जाग रही थी और रास्तों की शबनम चाटती फिर रही थी...

यकायक सामने से एक बिल्डिंग उभरी।

"ई का है?" बिल्लो ने पूछा।

"हाई कोरट।" देश ने कहा, "एहीं तो कल राजनराएन वाले केस का फ़ैसला होनेवाला है।"

फ़ैसला।

क्या ताक़त है इस शब्द में! क्या भरोसा है इसकी आवाज़ में! स्टेनलेस स्टील की तरह बेदाग़ और मज़बूत। हिन्दुस्तान की जुडिशरी की आज़ादी का प्रतीक। आम आदमी के जीने की अलामत। सपनों का खलिहान।—फ़ैसला। यह एक शब्द न होता तो आदमी कब का मर चुका होता।

देश ने एंजिन बन्द कर दिया : वह दोनों अपनी हरी कार में बैठे-बैठे हाईकोर्ट को देखते रहे। और यह यक़ीन उन दोनों को था कि मिसेज़ गाँधी के हारने का तो सवाल ही नहीं उठता।

यह यक़ीन उनकी तरह बहुत लोगों को था। कुछ को इस आधार पर यक़ीन था कि यही इन्साफ़ का तक़ाजा है या, कि नाइन्साफ़ी यही करती आई है। अदालतें हमेशा सरकार या ताक़त का साथ देती हैं। क्या सुक़रात को सज़ा नहीं दी गई थी? क्या मसीह को सलीब नहीं चढ़ाया गया था? क्या गैलीलियो के साथ इन्साफ़ हुआ था? क्या ब्रूनो को न्याय मिला था? क्या अमरीका और अफ़रीका के कालों को वही इन्साफ़ मिल रहा है जो वहाँ के गोरों को मिलता है? क्या जूलियस फ़ियुचिक, चार्ली चैपलिन, पॉल रॉब्सन—हज़ारों-लाखों नाम थे। हजारों-लाखों इन्साफ़ हुए थे। इन अनेकों सवालों के सामने सवालिया निशान नहीं थे। क्योंकि यह सवाल थे ही नहीं। यह तो इतिहास था। और इतिहास के सामने किसने सवालिया निशान लगाया ?

हरी फ़ोर्ड मुड़ी और वापस चली गई। इलाहाबाद हाई कोर्ट की बिल्डिंग राह के अँधेरे में अकेली रह गई।

फ़ैसला

जस्टिस सिन्हा अपनी कार से उतरे।

हाई कोर्ट में बड़ी चहल-पहल थी, पर एक अजीब-सा तनाव भी था। तनाव जस्टिस सिन्हा की आत्मा में था। एक बेनाम डर। एक अजीब-सी बेचैनी। उन्होंने भीड़ की तरफ़ देखा। यह भीड़ रोज़ानावाली भीड़ से मुखतलिफ़ थी।

जो फ़ैसला दुनिया में किसी को मालूम नहीं था वह जस्टिस सिन्हा को मालूम था और यह ख़याल एक पहाड़ की तरह उनके कन्धों पर उग आया था और उन्हें लग रहा था कि जैसे कन्धे टूट जाएँगे। उन्होंने कार के अन्दर से फ़ैसले की फ़ाइल उठाई। यह फ़ैसला उन्होंने अपने स्टेनो को डिक्टेट नहीं किया था। यह फ़ैसला उन्होंने अपने टाइपिस्ट से टाइप नहीं कराया था। यह फ़ैसला उन्होंने ख़ुद लिखा था। रातों की नींद हराम करके।[1] और यह फ़ैसला लिखते वक्त वह जानते थे कि वह किसी एलेक्शन पेटिशन का फ़ैसला नहीं बल्कि हिन्दुस्तान के इतिहास का एक चैप्टर लिख रहे हैं...

मैं. राही मासूम रज़ा, यहाँ इस कहानी में चन्द लमहों के लिए दाख़िल होने की इजाज़त चाहता हूँ। मुझे आपसे कुछ कहना है। जो बातें मैं कहना चाहता हूँ वह मैं इस उपन्यास के किसी पात्र से भी कहलवा सकता था पर उसमें कोई मज़ा नहीं। मैं नहीं चाहता कि मेरी बात किसी पात्र के सर की टोपी बनकर रह जाए।

मैं यह नहीं मानता कि अदालतों में क़ानून चलता है और क़ानून के आधार

---

1. जस्टिस सिन्हा ने अपना फ़ैसला डिक्टेट भी किया था और टाइप भी करवाया था। पर मैं इतिहास नहीं, उपन्यास लिख रहा हूँ और उपन्यासकार के नाते मुझे फ़ैसले का टाइप होना अच्छा नहीं लग रहा है। हो सकता है वह टाइपिस्ट इतना ईमानदार न निकलता। जो ऐसा होता तो बाद के उन्नीस महीने न जाने कैसे निकलते। जस्टिस सिन्हा ने वह फ़ैसला टाइप करवाके ग़ैरज़िम्मेदारी का सुबूत दिया। वैसे मैं उनके फ़ैसले के कई हिस्सों से भी सहमत नहीं हूँ और इमरजेंसी के लिए कुछ वह भी ज़िम्मेदार हैं।

पर फ़ैसले होते हैं। आई.पी.सी वाले मुक़दमों में चाहे क़ानून चल भी जाता हो कि वहाँ झूठ या सच साबित किया जा सकता है। पर जिन मुक़दमों में राजनीति या विचारधारा या उसूलों की बात आन पड़ी हो उनमें क़ानून अन्धा-बहरा नहीं रह जाता। उसके चेहरे पर आँखें उग आती हैं। नाक बन जाती है। कान निकल आते हैं। दुनिया का कोई जज ऐसे मुक़दमों में अपनी विचारधारा, अपने उसूल और अपनी राजनीति से दामन नहीं बचा सकता। जस्टिस सिन्हा ने जो फ़ैसला किया वह क़ानूनी फ़ैसला नहीं था, राजनीतिक फ़ैसला था। यह कहकर मैं अदालत की तौहीन नहीं कर रहा हूँ बल्कि उस फ़ैसले को तसलीम करते हुए उस पर अपने विचार प्रकट कर रहा हूँ। मैंने इमरजेंसी के ज़माने में भी श्रीमती गाँधी का विरोध करने की हिम्मत की थी और मैं श्री जयप्रकाश नारायण के आन्दोलन से भी सहमत नहीं था। क्योंकि श्री जयप्रकाश नारायण की राजनीति ने कभी मेरे दिल को नहीं छुआ। मैंने उन्हें हमेशा जनता की मुख़ालिफ़ सफ़ में खड़ा पाया है। फिर जो लोग उनके साथ लग लिए थे वह भी कुछ भले लोग नहीं थे। बिहार के सारे बेईमान मिनिस्टर उनके साथ लगे हुए थे। बिहार में उन्हें पहले कभी बेईमानी नहीं दिखाई दी और जब उस स्टेट को एक ईमानदार चीफ़ मिनिस्टर मिला तो बिहार के बेईमान लोगों को साथ लेकर जयप्रकाशजी ने धावा बोल दिया और जनसंघ, आर.एस.एस., प्रेममार्गियों और जमाअते-इस्लामी जैसे घोर अवाम दुश्मनों से गठजोड़ करते हुए उन्हें ज़रा तकल्लुफ़ न हुआ। मार्क्सवादी कम्युनिस्टों ने भी इस मोर्चे का साथ दिया और यूँ जनसंघ ने दिल्ली में सरकार बना ली। श्रीमती गाँधी और उनकी कांग्रेसी सरकार की हार बड़ी ख़ुशी की बात है। पर जो लोग जीते वह भी कुछ बहुत अच्छे लोग नहीं हैं। मुरारजी भाई आज़ादी के साथ मिनिस्टर बने थे। क्या उनके ज़माने में कोई बेईमान था ही नहीं? उन्होंने कब और कितनी बार उन बेईमानों के ख़िलाफ़ आवाज़ उठाई? पटेलजी के ख़िलाफ़ जस्टिस छागला का फ़ैसला मौजूद है। पटनायक साहब 'सिराजुद्दीन केस' में नामज़द थे। स्वर्गीय डाक्टर तासीर का एक शेर याद आ गया—

दावरे-हश्र मेरा नामये-आमाल न देख,
इसमें कुछ पर्दानशीनों के भी नाम आते हैं।

जिन लोगों के नाम गाँधीजी के क़ातिलों में लिए जाते हैं वह गाँधीजी की समाधि पर इन्सानी दोस्ती की क़सम खाते दिखाई देते हैं। इमरजेंसी एक भयानक काली रात थी। श्रीमती गाँधी ग्रहण की तरह हमारे संविधान के चाँद को लग गई थीं। पर उस रात के ख़त्म होने के बाद सवेरा नहीं हुआ। मुझे तो ऐसा लगता है कि एक रात ख़त्म हुई और दूसरी रात शुरू हुई।

इमरजेंसी लागू होने के कुछ ही दिनों बाद मुझसे एक हिन्दुस्तानी पत्रकार मिलने आए थे जो शायद बर्मा में रहते हैं और वहाँ के पत्रों के लिए काम करते हैं। उनसे मैंने यही कहा था कि इमरजेंसी लगाना या न लगाना केवल कोई राजनीतिक सवाल नहीं है। मुझे शर्म यह सोचकर आती है कि हिन्दुस्तानी बुद्धिजीवियों ने इसके ख़िलाफ़ कोई आवाज़ नहीं उठाई। कम्यूनिस्ट बुद्धिजीवी तो खुल्लमखुल्ला इमरजेंसी का साथ दे रहे थे और हिन्दुस्तानी साहित्य का इतिहास उन्हें कभी क्षमा नहीं करेगा।

अंडरग्राउंड आन्दोलनों से मेरा कोई सम्पर्क नहीं रहा। पर थोड़ी जान-पहचान ज़रूर रही जिससे थोड़ी बहुत बातें मालूम होती रहती थीं। और मैं सोचा करता था कि कल जब मेरा देश मुझसे सवाल करेगा तो मैं क्या जवाब दूँगा। उन दिनों मैं एक उपन्यास लिख रहा था। सौ पन्ने लिखे होंगे कि जी उचाट हो गया और मैंने राजकमल की श्रीमती शीला सन्धू को लिखा कि मैं एक और उपन्यास 'कटरा बी आर्ज़ू' लिख रहा हूँ। तब मुझे लग रहा था कि श्रीमती गाँधी चुनाव करवाएँगी और चुनाव से पहले इमरजेंसी ज़रूर उठेगी। उसी उम्मीद में यह उपन्यास शुरू किया था कि दोबारा इमरजेंसी लगने से पहले इसे प्रकाशित करवाया जा सकेगा। और फिर जो होगा देखा जाएगा। तब मुझे यक़ीन था कि चुनाव में कांग्रेस ही जीतेगी। चुनाव का नतीजा आने से पहले मैं यही सोचता रहा। और इसीलिए मैं वोट देने नहीं गया कि कोई मेरे वोट के लायक़ था ही नहीं। पर चुनाव का नतीजा जस्टिस सिन्हा के फ़ैसले से ज़्यादा चौंकानेवाला निकला। यह उपन्यास ख़त्म होने से पहले इमरजेंसी और उसके साथ कांग्रेस सरकारें भी ख़त्म हो चुकी थीं। परन्तु मेरे ख़याल में इस उपन्यास की ज़रूरत ख़त्म नहीं हुई है क्योंकि यह मेरे और इमरजेंसी के नाजायज़ तअल्लुक़ात की निशानी है। और इसका नाम फिर भी 'कटरा बी आर्ज़ू' ही है क्योंकि आर्ज़ू का मौसम ख़त्म नहीं हुआ है और शायद कुछ दिनों बाद फिर आर्ज़ू करना हिम्मत का काम बन जाएगा।

आइए अब 12 जून सन् 75 की तरफ़ लौट चलें।

एलाहाबाद हाई कोर्ट का कमरा नम्बर 24 खचाखच भरा हुआ था। कहीं तिल रखने को जगह न थी। साँसें साँसों से उलझी पड़ रही थीं। यह भीड़ राजनीतिक थी।...आदर्शवाली राजनीति नहीं। पेशेवाली राजनीति। राजनीति में इन लोगों के सपने नहीं, पैसे लगे हुए थे। लाखों लाख रुपये। हज़ारों लाइसेंस। लाखों ठेके सड़क बनाने के ताकि बेरोज़गारी चल सके। गाँव से शहर की तरफ़। छोटे शहरों से बड़े शहरों की तरफ़।...

जस्टिस सिन्हा ने मजमे की तरफ़ देखा, फिर वह पिछले दरवाज़े से कमरा

नम्बर 24 में दाख़िल हुए। तमाम लोग खड़े हो गए। उनके साथ तमाम लाइसेंस, तमाम रिश्वतें, तमाम साज़िशें, बेईमानी की सारी दौलत—हर चीज़ उठ खड़ी हुई और किसी ने उस सपने की तरफ़ ध्यान नहीं दिया जो सबसे अलग-थलग कमरा नम्बर 25 में एक तरफ़ खड़ा जस्टिस सिन्हा की तरफ़ देख रहा था।

जस्टिस सिन्हा के बैठते ही तमाम लोग, तमाम लाइसेंस, तमाम ठीके बैठ गए, बस वह सपना खड़ा रहा पर किसी ने उसकी तरफ़ ध्यान ही नहीं दिया।

कमरा नम्बर 24 में शान्तिभूषण, राजनारायण के वकील मौजूद नहीं थे क्योंकि शायद वह यह यकीन किए बैठे थे कि जिरह-बहस करके वह अपना फ़र्ज़ अदा कर चुके हैं। फ़ैसला तो ज़ाहिर है। परन्तु इन्द्रा गाँधी के वकील सतीशचन्द्र खरे मौजूद थे क्योंकि शायद वह भी यही सोच रहे थे कि फ़ैसला तो ज़ाहिर है। वह सपना भी साँस रोके चुप खड़ा था क्योंकि वह भी यही सोच रहा था कि फ़ैसला तो ज़ाहिर है—पर फ़ैसला ज़ाहिर ही तो नहीं था। तमाम लोग एक महत्त्वपूर्ण बात भूल गए थे कि वह एलाहाबाद हाइकोर्ट में हैं और एलाहाबाद हाई कोर्ट सरकार के ख़िलाफ़ फ़ैसला देने के लिए मशहूर है। वह सरकार चाहे अंग्रेज़ की हो या कांग्रेस की।

"राजनारायण-बनाम इन्द्रा गाँधी।" पेशकार ने एलान किया और जस्टिस सिन्हा ने फ़ैसले की फ़ाइल खोली और सामने के मजमे की तरफ़ फिर देखा, गला साफ़ किया और कहा :

"मैं सिर्फ़ फ़ैसला सुनाऊँगा और फ़ैसला यह है कि राजनारायण का पेटिशन मान लिया गया—"

किसी को अपने सुने पर यक़ीन न आया। सतीशचन्द्र खरे सन्नाटे में आ गए और फिर वह अकेला सपना तालियाँ बजाने लगा और उस अकेली ताली की आवाज़ ऐसी लग रही थी जैसे साठ-पैंसठ करोड़ लोग तालियाँ बजा रहे हों—और फिर तमाम लोग एकसाथ बोलने लगे और जस्टिस सिन्हा पिछले दरवाज़े से अपने रिटायरिंग रूम में चले गए।

नम्बर एक सफ़दरगंज में यह ख़बर सुनकर सन्नाटा हो गया।

लोग आने लगे।

सुभद्रा जोशी ने कहा : त्यागपत्र दे देना चाहिए।

जगजीवनराम ने कहा : त्यागपत्र दे देना चाहिए।

स्वर्णसिंह ने कहा : त्यागपत्र दे देना चाहिए।

यशवन्तराव चव्हाण ने कहा : त्यागपत्र दे देना चाहिए।

श्रीमती गाँधी ने सुना। और यह सुनकर वह मुस्कुराती रहीं।

फिर दूसरा रेला आया।

यशपाल कपूर ने कहा : त्यागपत्र नहीं देना चाहिए।

सिद्धार्थ शंकर रे ने कहा : त्यागपत्र नहीं देना चाहिए।

रजनी पटेल ने कहा : त्यागपत्र नहीं देना चाहिए।

ओम मेहता ने कहा : त्यागपत्र नहीं देना चाहिए।

पी.एन. हकसर ने कहा : त्यागपत्र नहीं देना चाहिए।

श्रीमती गाँधी ने सुना। और यह सुनकर वह मुस्कुराती रहीं।

और तब संजय गाँधी ने माँ की आँखों में आँखें डालकर कहा : त्यागपत्र नहीं देना चाहिए।

श्रीमती गाँधी ख़ुद भी यही सोच रही थीं। उन्होंने फ़ैसला किया कि त्याग-पत्र नहीं देना चाहिए। और उनका फ़ैसला सुनते ही अखिल भारतीय कांग्रेस कमेटी की समझ में यह बात आ गई कि श्रीमती गाँधी को त्यागपत्र नहीं देना चाहिए। जस्टिस सिन्हा क्या बेचते हैं। वह होते कौन हैं प्रियदर्शनी को राजगद्दी से हटानेवाले और एक मोटे थलथले दमाग़ में एक नारे का केचवा कुलबुलाने लगा कि इन्द्रा हिन्दुस्तान है और हिन्दुस्तान इन्द्रा है।

जयप्रकाश नारायण ने पटने में बड़ी सख़्त तक़रीर की।

राजनारायण ने माँग की कि इन्द्रा गाँधी को चुल्लू-भर पानी में डूब मरना चाहिए।

आकाशवाणी की एक न्यूज़-रीडर प्रेमानारायण को जब यह ख़बर सुनानी पड़ी कि श्रीमती गाँधी एलेक्शन पेटीशन हार गईं और अब वह छः साल तक कोई चुनाव नहीं लड़ सकेंगी तो वह रो पड़ी और उसे कई बार 'क्षमा कीजिएगा' कहना पड़ा। वह यह सोच भी नहीं सकती थी कि मिसेज़ गाँधी कोई लड़ाई हार भी सकती हैं। जिसने मुरारजी भाई को दूध की मक्खी की तरह निकाल फेंका हो वह भला किसी जस्टिस जगमोहन सिन्हा से कैसे हार सकती हैं।

वह दिन बहुत बुरा गुज़रा। प्रेमा को हर चीज़ झूठी दिखाई दे रही थी। अरे जब माउन्ट एवरिस्ट कार्डबोर्ड का निकला तो फिर कोई किस चीज़ पर भरोसा करे। उसने दिल-ही-दिल में जयप्रकाश नारायण को बहुत गालियाँ दीं। फिर भी तस्कीन नहीं हुई।—जिस इन्द्रा गाँधी के लिए उसने आशाराम को छोड़ा था वह साबुन के बुलबुले की तरह टूट गई तो अब प्रेमानारायण जिए कैसे और जिए किस मुँह से?—और जीने का मतलब क्या है?

आशाराम की याद आते ही वह उदास हो गई। उसे जाड़ों की वह दोपहर याद आ गई जिसने उसके दिल को प्लेटफ़ार्म बनाकर उसकी मुहब्बत के ख़िलाफ़

तक़रीर की थी। सर्दी ऐसी थी कि मुँह से निकलती हुई भाप में दिल की बात खोई जा रही थी। कई दिनों की लगातार बारिश के बाद धूप निकली थी। पर धूप कुछ सहमी-सहमी-सी थी। जैसे मुड़-मुड़कर पीछे देख रही थी कि कहीं बादल तो नहीं आ रहे हैं—हवा जैसे सर्दी से भागी-भागी फिर रही थी। पेड़ों के दाँत बज रहे थे। यूनिवर्सिटी के खुले बाग़ीचे में लड़के-लड़कियाँ ओवरकोट पहने, मफ़लर लपेटे, भारी स्वेटर पहने, जुर्राबें चढ़ाए धूप के पीछे-पीछे चल रहे थे। हँस-बोल रहे थे। शायरी कर रहे थे। चंगेज़ी अपनी गालियों भरी नज़्में सुना रहा था और लड़के लोट-पोट हुए जा रहे थे। जेबों में भुनी मूँगफलियाँ, हाथों में नमक-मसाले की पुड़िया, क्रिकेट के मैदान में इन्टर-वर्सटी का कोई मैच हो रहा था। वहाँ खेल कम हो रहा था और शोर ज़्यादा हो रहा था—प्रेमा सोच भी नहीं सकती थी कि इस हसीन लिपटनेवाली दोपहर में वह आशाराम से जुदा भी हो सकती है। पर हुआ यही।

आशाराम और प्रेमानारायण की राजनीतिक ऐनकों के नम्बर अलग-अलग थे। प्रेमानारायण की ऐनक के शीशों पर श्रीमती गाँधी की तस्वीरें चिपकी हुई थीं इसलिए उसे श्रीमती गाँधी के सिवा कुछ दिखाई ही नहीं देता था। मार्क्सवाद या मार्क्सवाद-लेनिनवाद में क्या रक्खा है। अस्ल चीज़ तो इन्द्रावाद है और वही हिन्दुस्तान की आर्थिक समस्याएँ दूर कर सकता है। आशाराम प्रेमा से सहमत नहीं था। पर उन दोनों में फ़र्क़ यह था कि आशाराम राजनीति और प्रेमा को गिडमिड करने पर तैयार नहीं था और प्रेमा के प्रेम का जैसे कोई स्वतंत्र वुजूद ही नहीं था। आशाराम कभी मज़ाक़ में भी श्रीमती गाँधी के ख़िलाफ़ कुछ कह देता तो प्रेमा हत्थे से उखड़ जाती।

यही दिसम्बर की उस खूबसूरत दोपहर में भी हुआ।

आशाराम भुनी मूँगफलियाँ लेकर लौटा और प्रेमा के पास घास पर बैठ गया। काग़ज़ का एक चोंगा उसने प्रेमा की तरफ़ बढ़ा दिया। दोनों मूँगफली खाने लगे और दोनों के मुँह भाड़ में भुनी हुई मूँगफली की सोंधाहट से भर गए और दुनिया कुछ और हसीन हो गई। किसी और गोल की तरफ़ से मूँगफली के चोंगे का फटा हुआ काग़ज़ उड़ता हुआ उनकी तरफ़ आ गया। वह किसी दैनिक पत्र का एक टुकड़ा था। सामने ही मिसेज़ गाँधी की तस्वीर थी। वह मुस्कुरा रही थीं। वही 'मैकलीन मुस्कुराहट'। आशाराम ने वह काग़ज़ उठा लिया और तस्वीर की तरफ़ देखता हुआ बोला, "यह राजनीति का धन्धा छोड़ भी दें तो मॉडलिंग करके खा-कमा लेंगी।"

"देखो राम—"

"देख रहा हूँ।" आशाराम ने उसकी झल्लाहट बीच से काट दी। "स्वेटर नया है और तन पर सज रहा है। साड़ी भी बहुत खूबसूरत है और तुम तो ख़ैर हमेशा ही नई और खूबसूरत दिखाई देती हो। अपनी मिसेज गाँधी की तरह मुस्कुराना सीख लो तो तुम्हें प्रधानमंत्री बनवा दूँ।"

"तुम जलते हो कि वह तुम्हारी तरह रूस-चीन की दल्लाल क्यों नहीं हैं।"

"यह दल्लाल अच्छा शब्द नहीं है। सुनने ही में घटिया लगता है।" आशाराम ने कहा, "ब्रोकर कहो। यह रिसपेक्टेबिल लगता है। वैसे इन बातों से कम्युनिस्ट आन्दोलन नहीं रुकनेवाला है।"

"क्यों, क्या सन बयालीस में तुम्हारी पार्टी ने गद्दारी नहीं की थी?"

"यार प्रेमा। तुम छोड़ो न पॉलिटिक्स।"

"छोड़ू क्यों?"

"क्योंकि तुम पोलिटिकल मिसटेक और गद्दारी में फ़र्क़ नहीं कर सकतीं।"

"जब सारा देश स्वतंत्रता-संघर्ष की तैयारी कर रहा हो, ऐसे में यदि कोई किसी लड़ाई को केवल इसलिए क़ौमी जंग कहके अंग्रेज़ी सामराज का पिट्ठू बन जाए कि रूस भी लड़ाई में शामिल हो गया है तो क्या यह केवल पोलिटिकल मिसटेक है? यह ग़द्दारी है।"

"सन् चौदहवाली लड़ाई में तुम्हारे बापू श्री मोहनदास करमचन्द गाँधी ने लड़ाई को क़ौमी जंग कहे बिना यही किया था। वह हिन्दुस्तानियों को अंग्रेज़ी फ़ौजों में भरती करवा रहे थे ताकि वे अंग्रेज़ी सामराज को बचाने के लिए अपनी जान दे सकें। यह क्या था?"

प्रेमा उसे घूरने लगी। वह बैठा मुस्कुराता रहा और मूँगफली खाता रहा। प्रेमा ने मूँगफली का चोंगा उसके मुँह पर खींच मारा और उठकर वहाँ से चली गई। आशाराम हँसकर रह गया। यह तमाशा कोई पहली बार नहीं हुआ था। उसे प्रेमा को यूँ छेड़ने में बड़ा मज़ा आता था। वह वहीं बैठा धूप में बोर-बोर कर मूँगफली खाता रहा। वह जानता था कि प्रेमा दस-बीस मिनट में वापस आ जाएगी। पर उस बार ऐसा नहीं हुआ। प्रेमा नहीं आई। उसने शर्त रख दी कि वह पहले गाँधीजी और मिसेज़ गाँधी (कस्तूरबा नहीं इन्द्रा) के बारे में बदतमीज़ी करने की म्आफ़ी माँगे। आशाराम को यह बात बुरी लगी। गाँधीजी या इन्द्रा गाँधी को उसकी मुहब्बत के बीच में आने का क्या हक है? उसने भी शर्त रख दी कि पहले प्रेमा कम्युनिस्टों को रूस-चीन का दल्लाल और ग़द्दार कहने पर म्आफ़ी माँगे। इस पर प्रेमा तैयार नहीं हुई। तो उस पर आशाराम तैयार नहीं हुआ—दूरियाँ बढ़ने लगीं। यूनिवर्सिटी ने दिलों के टूटने और ज़िदों के टकराव की आवाज़ सुनी और

सब हैरान रह गए क्योंकि यह तो किसी ने सोचा भी नहीं था। प्रेमा ने तो देश के लिए कई पैसेवाले लड़कों को ठुकरा दिया था और आशाराम तो किसी लड़की की तरफ़ देखता भी नहीं था। और यह बात सब ही जानते थे कि आशाराम की शिक्षा समाप्त होते ही दोनों की शादी हो जाएगी।

रामदयी ने अपने सीधे-सादे गँवारू स्टाइल में बीचबचाव करवाने की कोशिश की पर दोनों अपनी जगह टिक गए थे और कोई पहल करने पर तैयार नहीं था—चुनाँचे प्रेम पर दूरियों की धूल पड़ने लगी। कोई दिल की झाड़-पोंछ रोज़ थोड़ी करता है और दिल वह चीज़ नहीं जिसकी झाड़-पोंछ का काम किसी नौकरानी या माँ के सुपुर्द कर दिया जाए।

प्रेमा ज़िद में और कांग्रेसी हो गई। आशाराम ज़िद में और बाईं तरफ़ सरक गया और सी-पी-एम से भी उसके तअल्लुक़ात बिगड़ने लगे। चुनाव पर से उसका भरोसा अपने दादा की हार के बाद ही उठ गया था। वह जानता था कि वह जिस कैन्डिडेट का साथ दे रहा है, वह उसके दादा के मुक़ाबले में कुछ नहीं। पर वह जीत गया। और वह इसलिए नहीं जीता कि उस कांस्टिचुएंसी में वामपन्थियों की ताक़त ज़्यादा थी। वह इसलिए जीता कि ख़ुद कांग्रेसियों ने बाबूराम 'आज़ाद' का साथ नहीं दिया था—वह क्रान्ति की तरफ़ बढ़ गया और यूँ लगभग बिलकुल अकेला हो गया क्योंकि एलाहाबाद जैसे नौकरीपेशा शहर में क्रान्तिकारियों का क्या काम!

फिर प्रेमा दिल्ली चली गई और आकाशवाणी पर न्यूज-रीडर हो गई और उसी दिन से आशाराम ने रेडियो पर हिन्दी समाचार सुनना बन्द कर दिया क्योंकि प्रेमा की आवाज़ उसके दिल के ज़ख़्म और उसके प्रेम के अपमान के घाव को हरा कर देती थी। वह अंग्रेज़ी में समाचार सुनता था और उस पर बाबूराम से बहस हो जाती। बाबूराम अंग्रेज़ी नहीं जानते थे और हिन्दी में समाचार सुनना चाहते थे।

यह दोनों यूँ लड़ते थे जैसे तल-उपरिया भाई हों। जैसे उन दोनों के बीच से एक और पीढ़ी गुज़र ही न चुकी हो। आशा के पिता।

राजाराम 'बेकल' बाबूराम 'आज़ाद' के बेटे और आशाराम के बाप थे। आशाराम अपने बाप की परछाईं बना रहता था। ज़ाहिर है कि राजाराम 'बेकल' बाबूराम को 'पिताजी' कहते थे इसलिए आशाराम भी अपने दादा को पिताजी ही कहने लगा क्योंकि उसे यक़ीन था कि उसके पिता जो करते हैं ठीक ही करते हैं। रामदयी और राजाराम की हज़ार कोशिशों के बाद भी उसने बाबूराम को दादा कहके नहीं दिया और घरवालों ने हार मान ली।

परन्तु बाद में उसका दादा को पिता कहना बाबूराम के बहुत काम आया। यह ठीक है कि बाबूराम और राजाराम में हिन्दी-उर्दू सवाल पर बड़ी झड़पें हुआ करती थीं। बाबूराम हिन्दी को भाषा ही नहीं मानते थे। उनका कहना था कि खड़ी बोली उर्दू बनकर जवान हुई। इस म्आमले में वह गाँधीजी की बात मानने पर भी तैयार नहीं थे। और राजाराम का कहना था कि भाषा तो हिन्दी ही है जो फ़ारसी लिपि में भी लिखी जाती है।—इस सवाल को लेकर घर में वह चीख़-पुकार मचती कि रामदयी घबरा जाती और पति से कहती कि वही क्यों नहीं चुप हो जाता। और यह सुनते ही बाबूराम हँस पड़ते और बहू से कहते कि ज़ोर-ज़ोर से वह नहीं उनका प्यार बोल रहा है। उन बाप-बेटों में दोस्ती थी। पर राजाराम में एक ही ख़राबी थी कि उसे राजनीति में कोई दिलचस्पी ही नहीं थी। वह कहता था कि वह तो कवि है और प्रेम करना उसका धर्म है। तो वह एक हिन्दी पत्रिका निकालने लगा और बाक़ी वक़्त कवि-सम्मेलनों में गुज़र जाता।

कलकत्ते में एक अखिल भारतीय कवि-सम्मेलन का आयोजन हुआ। राजाराम गया। वहाँ नक्सलियों और पुलिस के टकराव के बीच में फँस गया। जान बचाकर भागा—पुलिस ने सोचा कि वह नक्सलिया है। दौड़ा लिया। वह पकड़ा गया। पुलिस कह रही थी कि नक्सलिया है। वह कह रहा था कि वह 'बेकल' है।—पुलिस ने सोचा कि बेकल तो नक्सलिए भी हैं इसलिए एक दीवार के सामने खड़ा करके पुलिस ने उसे गोली मार दी। दूसरे दिन के अखबारों में ख़बर आई कि हिन्दी का प्रसिद्ध कवि राजाराम 'बेकल' नक्सलियों और पुलिस की एक झड़प में पुलिस की गोली से मारा गया। उसकी लाश से कुछ ऐसे काग़ज़ात बर-आमद हुए जिनसे पता चलता है कि वह इस आन्दोलन में गले-गले डूबा हुआ था और एक टोली का सरग़ना था और कवि-सम्मेलन का तो बस बहाना था। वह वास्तव में कलकत्ते में नक्सलियों की एक अखिल भारतीय बैठक में शिरकत करने आया था।

पुलिस का यह बयान नक्सलियों ने नहीं माना क्योंकि वह जानते थे कि 'बेकल' का उनसे कोई तअल्लुक़ नहीं था। पुलिस का यह बयान बाबूराम 'आज़ाद' ने नहीं माना क्योंकि वह यह जानते थे कि यह बात ग़लत है।

तो अब उनके पास एक आशाराम रह गया और एक वह पत्र रह गया— हिन्दी का वह पत्र जो राजाराम बेकल, उनका बेटा, उनका दोस्त निकाला करता था।

तो वह पत्र उन्होंने बन्द नहीं किया। उन्होंने हिन्दी सीखना शुरू किया और वह पत्र निकालते रहे। सम्पादक का नाम बदल गया। अब उस पत्र के सम्पादक 'बाबूराम आज़ाद' थे।

इसलिए आशाराम अब उन्हें पिताजी कहता तो उन्हें लगता कि उनके पोते में उनका बेटा भी जी रहा है। पर अब वह बूढ़े हो गए थे। नहीं, बूढ़े तो वह बहुत दिनों से थे। अब वह बहुत बूढ़े हो गए थे। पर खादी और कांग्रेस पर उनका विश्वास अब भी उतना ही अटल, उतना ही अटूट था।

इसीलिए जब जस्टिस सिन्हा के फ़ैसले की ख़बर आई और आशाराम ने उनकी तरफ़ शरारत से देखा तो वह बड़े यक़ीन से बोले, ''देख क्या रहे हो। नेहरू की बेटी को कुरसी का लालच नहीं हो सकता। शाम तक वह इसतेफ़ा दे देगी।''

आशाराम मुस्कुरा दिया।

रामदयी ने ख़ुशामद-भरी नज़रों से बेटे की तरफ़ देखा। उसकी आँखें आशाराम से बोलीं, तुम्हीं चुप हो जाव। बहस करे से का फायदा? ई कभईं तोरे पिताजी की ना सुनिन तो तोरी का सुनिहें?—अपनी माँ की आँखों की बातें सुनकर भी वह मुस्कुराता रहा तो बाबूराम ने कहा, ''इसमें मुस्कुराने की कोई बात नहीं। तुम देख लेना।''

''जो उन्होंने त्यागपत्र नहीं दिया तो आप कांग्रेस छोड़ देंगे?''

''यह जो तुम्हारी माँ है, रामदयी, यह अगर तुम्हारे साथ कोई ज़्यादती कर बैठे तो क्या तुम इसे माँ मानना छोड़ दोगे? कांग्रेस मेरी माँ है। और प्रियदर्शनी के इसतेफ़े से उसका कोई तअल्लुक़ नहीं है।''

इसतेफ़ा देने पर तो बाबूराम 'आज़ाद' नहीं तैयार हुए पर उन्हें यक़ीन था कि उनकी प्रियदर्शनी भला ऐसा कैसे कर सकती है कि जस्टिस सिन्हा के फ़ैसले के बाद भी कुरसी पर डटी रहे? यह तो नामुमकिन है। फिर भी आशाराम की मुस्कुराहट ने उन्हें परीशान ज़रूर किया। उन्हें लगा, जैसे आशाराम कोई ऐसी बात जानता है जो उन्हें नहीं मालूम। कहीं वाक़ई यही तो नहीं होनेवाला है कि प्रियदर्शनी कुरसी पर बैठी रह जाएगी?—तो उन्होंने उसी वक़्त एक तार लिखा अपनी प्रियदर्शनी के नाम कि उसे फ़ौरन इसतेफ़ा दे देना चाहिए और थोड़े दिनों के लिए अपनी जगह पर बाबू जगजीवनराम को प्रधानमंत्री बना देना चाहिए।

आशाराम यह तार देखकर भी मुस्कुरा दिया और बोला, ''पिताजी, आप किस दुनिया में रहते हैं? भूल जाइए उस प्रियदर्शनी को जिसे आपने गोद में खिलाया है और जो अपने बाप जवाहरलाल नेहरू के साथ कई बार आपके टूटे हुए घर में आ चुकी है। और जो आपको 'आज़ाद चचा' पुकारती है और जिसने छुटपन में एक दिन आपके सामने आपके दोस्त जवाहरलाल से पूछा था कि क्या आज़ादी आज़ाद चचा की वाइफ़ का नाम है—हमारे देश की प्रधानमंत्री वह प्रियदर्शनी नहीं, वह इन्द्रा गाँधी है जो अपने सिवा किसी को पहचानती ही नहीं— ।''

"तुम तार दे आव।" बाबूराम ने कहा।

आशाराम कन्धे सिकोड़कर तार देने चला गया।

पहलवान के चायख़ाने में सन्नाटा था। लोग थे, पर चुप थे। किसी को यक़ीन नहीं आ रहा था कि उन्होंने जो सुना है वह ठीक सुना है।

"ए आशा बाबू," पहलवान ने आवाज़ दी, "किधर जा रहें?"

आशाराम रुक गया। पहलवान उसके लिए चाय बनाने लगे। चाय बनाते-बनाते और आशाराम की तरफ़ देखे बिना पहलवान ने कहा, "हम लोग ई तै किया है कि कटरा मीर बुलाक़ी का नाम कटरा इन्द्रा गाँधी कर दिया जाए।"

आशाराम ने पहलवान के हाथ से चाय की प्याली ले ली और उसने उसकी बात के जवाब में कुछ नहीं कहा। श्रीमती गाँधी के हार जाने के बाद भी पहलवान की चाय का मज़ा वही था। आशाराम का मुँह गर्म चाय में घुली हुई बालाई की नर्मी से भर गया और वह यह सोचकर मुस्कुरा दिया कि किसी के हारने या जीतने से ज़िन्दगी का मज़ा नहीं बदलता।

कटरा श्रीमती गाँधी

बिल्लो इन्द्रा गाँधी के मुक़द्दमा हारने के ग़म में इतना रोई कि उस दिन 'जनता लांडरी' को खोलना भूल गई। अपने छोटे से इतिहास में 'जनता लांडरी' पहले दिन बन्द हुई थी। इतवारी बाबा को दूसरे दिन भी सुबह की चाय पीने के लिए पहलवान टी स्टाल के खुलने का इन्तज़ार करना पड़ा। किसी काम में बिल्लो का जी ही नहीं लग रहा था। फ़ैसले के दिनवाली रात को तो उसके घर चूल्हा ही नहीं जला। दिल देश का भी दुखा। दिन का खाना तो वह ख़ुद भी टाल गया। पर रात को उसके पेट में चूहे कूदने लगे क्योंकि पेट के चूहे तो न राजनारायण को जानें न इन्द्रा गाँधी को। पर बिल्लो मुँह लपेटे रो रही थी। देश उसके पास गया। उसके पास बैठ गया। उसके बालों से खेलने लगा। उसके बालों से खेलते-खेलते वह पलभर को अपने पेट की भूख भूल गया और उसे यह भी याद न रहा कि आज ही दस बजे तो श्रीमती इन्द्रा गाँधी, बैंकों को क़ौमियानेवाली इन्द्रा गाँधी, बैंकों से क़र्ज़ दिलवानेवाली इन्द्रा गाँधी मुक़द्दमा हारी थीं। बदन बदन को पुकारने लगा पर बिल्लो ने अनसुनी कर दी। वह रोती रही और देश उसके बालों से खेलता रहा और उसका साँस तेज़ होता रहा।—फिर एकदम से बिल्लो को एक ख़याल के साँप ने ऐसा डसा कि बिलबिलाकर उठ बैठी और आँसू पोंछते हुए बोली, "अब बंकवा ई तो ना न कहिए कि तुरन्ते करजवा वापिस करो?"

देश हँस पड़ा। दुनिया भले बदल जाए पर बिल्लो नहीं बदलेगी।

"ई हँस्से की बात ना है।" बिल्लो ने कहा, "मोटर में पैयसा ना फँसाए होते तो बंकवाले को देके खुसामद-दरामद करते कि थोड़ी-सी मुहलत दे दो। का पता मानी जाता। पर तूहें तो मोटर का सौक चर्राया रहा। अब ओही से बोर-बोर के रोटी खाव।"

"बड़े ज़ोर की भूक लगी है।" देश को पेट की भूख याद आ गई।

"आग लगे तोरी भूक में।" बिल्लो ने कहा।

"काहे को आग लगा रही हो हमरे भैया की भूख में?" आँगन में पाँव धरने के बाद बुरक़ा हटाती हुई शहनाज़ ने पूछा।

देश और बिल्लो, दोनों ही ने शहनाज़ की तरफ़ देखा।

"हम पूछित हैं," बिल्लो ने देश से पूछा, "कि मास्टर बदर के आए का बखत हो गया का?"

शहनाज़ शर्मा गई। और आँगन में फ़र्श की तरह बिछी हुई उदासी जैसे एकदम से ख़त्म हो गई। बिल्लो खिलखिलाके हँस पड़ी और शहनाज़ बुरक़े को अलगनी पर फेंकती सामनेवाले पलंग पर बैठ गई। फिर उसने देश की तरफ़ देखा जिसने बिल्लो की आँख बचाकर इशारा किया कि उसे बहुत भूख लगी है। शहनाज़ ने इशारा किया कि धीरज रक्खो। बिल्लो यह इशारेबाज़ी देखती रही पर अनजान बनी बैठी रही जैसे कुछ देख ही न रही हो।

"तनी हमरे सिर में कँघई कर द्यो।" बिल्लो ने सर खुजलाते हुए कहा, "लग रहा है कि जूयीं पड़ गई हैं।"

"कँघई-ओंघई बाद में करेंगे।" शहनाज़ ने कहा, "तुम पहिले मोको कुछ खिला द्यो भाउज। पेट में चूहा कूद रहा।"

"इ चूहा केका पहुँच गया पेट में?" बिल्लो ने पूछा।

देश घबराकर दूसरी तरफ़ देखने लगा। शहनाज़ ने बिल्लो को घूरा। बिल्लो बड़ी सादगी से शहनाज़ की तरफ़ देखती रही जैसे उसे पता ही न हो कि अभी-अभी उसने जो बात पूछी थी उसका मतलब क्या निकलता है। और शहनाज़ के सारे बदन का खून उसके चेहरे में खिंच आया और उसकी साँवली रंगत के नीचे गुलाबी रंग छलकने लगा। इसी गुलाबी छलकन के लिए तो बिल्लो ने वह बात कही थी। वह मुस्कुरा दी।

"जाव हम तुमसे ना बोलते।" शहनाज़ ने झल्लाए हुए शर्मीले लहजे में कहा। वह इस बात पर खफ़ा नहीं थी। पर भैया के सामने तो ऐयसी बात नहीं करनी चाहिए। वह क्या सोचते होंगे--और वह जैसे जाने के लिए उठ गई।

"उठे गई हो तो तनी चूल्हे में आग बना द्यो।" बिल्लो ने कहा।

शहनाज़ बावरचीख़ाने की तरफ़ चली गई।

"तुँ हौ बड़ी बदमास।" देश ने कहा।

"ए में बदमासी की का बात है? आज नहीं तो कल चूहा दौड़बे करिहे ओके पेट में।"

"अम्माँ ना होती ए बखत घर में तो हम चूहा दौड़ा देते तोरे पेट में।"

बिल्लो ने उसे घूरा और उसके घूरने पर वह ज़ोर-ज़ोर से हँसने लगा और

चूल्हा जलाती हुई शहनाज़ ने पलटकर उनकी तरफ़ देखा और वह बहुत ख़ुश हुई जैसे—जैसे क्या? ख़ुश हुई और ऐसी ख़ुशियों के आगे-पीछे कोई जैसे नहीं होता।

"अब्बा कहते रहे कि भोलू-चा मिटिंग बुलाइन हैं आज रात को महल्ले भर की।" शहनाज़ ने बावरचीख़ाने से कहा।

"काहे की मीटिंग?" देश ने पूछा।

"शाइद महल्ले का नाम बदले के वास्ते।"

"महल्ले के नाम में कौन खराबी आ गई?" बिल्लो ने पूछा।

"सुन रहें कि ऊ कटरा मीर बुलाक़ी को कटरा श्रीमती गाँधी किया चाह रहें।" शहनाज़ ने चूल्हे पर अलमूनियम की केतली चढ़ा दी। किसी ने दालान से कुछ नहीं कहा। शहनाज़ बेसन गूँधने बैठ गई। पर वह कनखियों से देश और बिल्लो की तरफ़ देखती भी जा रही थी। उन दोनों में कोई कानाफूसी चल रही थी। फिर उसने देखा कि बिल्लो ने टेंट से दो रुपये का एक नोट निकालकर देश को दिया और देश नोट को जेब में रखता बाहर चला गया।

"कहाँ भेज दिया भैया को?"

"भेजा है कि एक ठो मास्टर बदर खरीद लिआऐं। केह मारे कि तोरे माटसाब तो बलीमे के चक्कर से निकलेवाले ना हैं। और कोई दिन मामूँ को पता चल गया कि तूँ लोग इहाँ मिले आते हो तो खून पिये को दौड़ पड़िहें देस का—"

मुस्कुराती हुई शहनाज़ एकदम से उदास हो गई।

बिल्लो भी बावरचीख़ाने में आ गई और उसी के पास एक पटरे पर बैठ के प्याज़ काटने लगी और छोटा-सा बावरचीख़ाना प्याज़ की तेज़ महक से भर गया और उन दोनों की आँखों से पानी बहने लगा। फिर उसने कुछ हरी मिर्चें काटीं और हरे धनिये की पत्तियाँ लीं और यह सब बेसन के उस आटे में मिला दीं जिसे शहनाज़ गूँध रही थी। बोली, "जल्दी-जल्दी फुलौड़ी तल ल्यो। माटसाब आते ही होइहें। उनन्हें गरम-गरम फुलौड़ी खाये का बड़ा सौक है।" बात ख़त्म करके उसने दूसरे ऐले पर कड़ाही चढ़ाकर उसमें सरसों का तेल डाला और शहनाज़ जल्दी- जल्दी बेसन फेंटने लगी और उसकी कलाइयों में पड़ी हुई काँच की चूड़ियाँ बजने लगीं।

"मामा का नाम रख रहें अपने कटरे का?" बिल्लो ने पूछा कि शहनाज़ की झेंप कुछ कम हो।

"कटरा श्रीमती गाँधी।" शहनाज़ ने कहा, "यह तो बहुत बुरा हुआ न भाउज?"

"बुरा? खाली बुरा? हमरा तो रोते-रोते बुरा हाल हो गया। सात सनिच्चर की झाड़ू फिरे ई माटी मिले जगमोहन सिन्हा पर। जगमोहन। तनी नाम देखो हरामी का—" दरवाज़े की कुंडी बजी। बिल्लो ने शहनाज़ की तरफ़ शरारत से

देखा। शहनाज़ नीचे देखने लगी और उसका हाथ बेसन फेंटने में और तेज़ी से चलने लगा।

"देश साहब हैं?" मास्टर बद्रुलहसन नायाब मछलीशहरी की आवाज़ आई।

"ढेर इतराव मत।" बिल्लो ने हाँक लगाई, "हम्में पता है कि तूँ कौन देस साहेब से मिले आए हो।"

"हुँह भाउज।" शहनाज़ ठनकी, "हम तो आके गुनहगार बन गए।"

बिल्लो हँसती हुई दरवाज़े की तरफ़ बढ़ गई। उसने दरवाज़ा खोला। सामने मास्टर बद्रुलहसन खड़े थे।

"आदब भाबी।"

"भीतर चलके बैयठो," बिल्लो ने कहा, "तोरे भैया आते ही होइहें। हम तनी मामा से एक ठो बात कहके आ रहें।"

मास्टर के जवाब का इन्तिज़ार किए बिना वह हवा हो गई।

मास्टर बदर को मालूम था कि शहनाज़ वहाँ आई हुई है इसीलिए बिल्लो के यूँ चले जाने पर वह झेंप-से गए क्योंकि इसका मतलब यह था कि बिल्लो को यह मालूम था कि इस वक़्त वह देश से मिलने नहीं आए हैं—वह अन्दर चले गए।

शहनाज़ का हलक़ सूख रहा था। बिल्कुल तनहाई में बदर से यह उसकी पहली मुलाक़ात हो रही थी। और यह सोचकर न वह आई थी न बदर। उन दोनों ने तो बस यह सोचा था कि दोनों एक जगह होंगे। चाहे एक-दूसरे से बात भी न करें। पर एक-दूसरे की तरफ़ देख तो लेंगे।

मास्टर बदर ने शहनाज़ को देख तो लिया। पर बावरचीख़ाने में जाने की हिम्मत न हुई, हालाँकि उन्हें मालूम था कि उन दोनों को तनहाई का मौक़ा देनेवाले देश और बिल्लो आवाज़ किए बिना अन्दर नहीं चले आएँगे— फिर भी, मतलब यह कि कोई और भी आ सकता है। कोई कुँजड़न आ सकती है। कोई नायन आ सकती है।

तो वह दालान में जा बैठा और बाँस का चर्ख़ीदार पंखा झलने लगा।

घर में सन्नाटा रहा।

मास्टर ने गला साफ़ किया, "भाउज नहीं हैं क्या?"

"जी नहीं," शहनाज़ ने कहा, "भैया भी नहीं हैं—"

कड़ाही में तेल कड़कड़ा चला था। आवाज़ पर शहनाज़ कड़ाही की तरफ़ मुड़ी। कड़ाही में तेल के छोटे-छोटे बुलबुले तैर रहे थे। उसने फेंटे हुए बेसन की एक बूँद कड़ाही में टपका दी और गर्म तेल में गिरते ही वह बूँद तड़पने लगी या नाचने लगी। पासवाले ऐले से केतली का पानी भी सनसनाने लगा था। तो

शहनाज़ ने चाय का डिब्बा उठाया और साफ़ी से केतली का ढक्कन उठाया। भाप उसकी साँसों में घुस गई और उसने खौलते हुए पानी में चाय की पत्ती डाली। फिर दूध डाला। फिर चीनी डाली। फिर दो-चार छोटी एलाइचियाँ और लौंगें डालीं और फिर चुटकी-भर नमक डालकर उसने केतली का मुँह बन्द कर दिया और कड़ाही में फुलकियें डालने लगी।

मास्टर बदर दालान में बैठे पंखा झलते रहे और दोनों ही एक-दूसरे के बारे में सोचते रहे और—सोचते रहे कि वह दोनों इस वक़्त अकेले हैं और थोड़ी देर बाद अकेले नहीं रह जाएँगे। दोनों ने कई बार गला भी साफ़ किया। बदर ने उठकर बलुही सुराही से पानी पिया। शहनाज़ ने फुलकियों की एक खेप उतारकर कड़ाही में दूसरी खेप डाली—पर घर का सन्नाटा नहीं टूटा।

यह दोनों कई बार सिनेमा हॉल में अकेले हो चुके थे। पर वहाँ भीड़ होती थी। और उस भीड़ के शोर में वह दोनों सरगोशी कर लिया करते थे। पर यह मुकम्मल तनहाई—वह दोनों ही इस तनहाई से डरे हुए थे।

और चूल्हे पर चाय खौलती रही। और कड़कड़ाते तेल में फुलकियाँ नाचती रहीं और शहनाज़ सर नेहुड़ाये बैठी रही और मास्टर बदर पंखा झलते रहे और उन दोनों के बीच में 2 जून की रात खड़ी रही।

"एक प्याली चाय मिल जाती तो—" आख़िर मास्टर ने हिम्मत की।

शहनाज़ ने कोई जवाब नहीं दिया। वह प्याली में चाय उँड़लने लगी। और बदर चाय लेने के बहाने बावरचीख़ाने में आ गया। शहनाज़ ने चाय की प्याली उसकी तरफ़ बढ़ाई। प्याली लेते हुए मास्टर ने, जान पर खेलकर, उसका हाथ छू दिया और शहनाज़ का बदन झन-से हो गया। सिनेमा की भीड़ में हाथ का हाथ में होना और मतलब रखता है। पर किसी घर के सन्नाटे में तो बात ही और हो जाती है। शहनाज़ डर गई। पर उसका जी यह भी चाहा कि उसके डर को एक तरफ़ ढकेलकर बदर उसे अपनी बाँहों में ले ले। जैसा हर फ़िल्म में होता है—कि बाहर से बिल्लो की आवाज़ आई, "हाँ-हाँ, ठीक है। भेज देंगे मीटिंग में।"

बाहर दरअस्ल कोई नहीं था। वह तो अन्दरवालों को यह बताना चाहती थी कि वह अलग हो जाएँ। बदर प्याली लेकर दालान में भागा। शहनाज़ झपाक-झपाक कड़ाही में फुलकियें डालने लगी पर उसका दिल ज़ोर-ज़ोर से धड़क रहा था। और वह यह सोच रही थी कि अब वह बिल्लो की तरफ़ देखेगी कैसे।

बिल्लो आ गई। उसने यह ज़ाहिर नहीं किया कि वह सबकुछ जानती है। मास्टर के हाथ से पंखा छीनकर वह अपने-आपको झलने लगी। बोली, "इ गर्मी में तूँ लोग चाय कैयसे पीते हो मास्टर!"

"हिन्दुस्तानी चाय गर्मी में ठंडक पहुँचाती है।" मास्टर ने कहा।

फिर देश भी आ गया।

फिर शहनाज़ भी बावरचीख़ाने से दालान में आ गई।

गर्म-गर्म फुलकियों की प्लेट चारपाई पर रख दी गई। देश टूट पड़ा। पहली ही फुलकी इतनी गर्म थी कि दाँत मारते ही उसका मुँह गर्म भाप से जलने लगा और वह घबराकर मुँह चलाता हुआ खड़ा हो गया। और तरह-तरह से मुँह चलाने लगा और मुँह से तरह-तरह की आवाज़ें निकालने लगा।

शहनाज़ खिलखिलाकर हँस पड़ी। बोली, "ऐयसी जलदी का रही?"

पर देश अभी बताने की हालत में नहीं था।

"आप भी खाइए न भाबी!" मास्टर ने कहा।

"हमरी भूक तो सवेरे ही से मरी पड़ी है।" बिल्लो ने कहा।

"अरे भाबी!" मास्टर ने कहा, "यह तो सियासत है। हार-जीत लगी ही रहती है। खाना-पीना छोड़ने से कैयसे काम चलेगा? जगमोहन सिन्हा हिन्दुस्तान के पैंसठ-सत्तर करोड़ आदमियों से बड़े तो हो नहीं गए। जमहूरियत में वह नहीं होता जो हज़ार बारह सौ रुपल्ली तन्ख्वाह पानेवाला कोई जज कहता है। जमहूरियत में वह होता है जो जनता कहती है। जो अवाम कहते हैं–"

मास्टर ने दरअस्ल वह तक़रीर शुरू कर दी जो आज रातवाली सभा के लिए उसने तैयार की थी। पर बिल्लो पर उसका कोई ख़ास रोब नहीं पड़ा। क्योंकि सबसे पहले तो यह कि वह जमहूरियत का मतलब ही नहीं समझी।

इस तक़रीर का मतलब कटरा मीर बुलाक़ी के लोग भी पूरी तरह नहीं समझे।

बाबू गौरीशंकरलाल पांडेय सभा के अध्यक्ष थे। बेदाग़ सफ़ेद खादी की धोती। बेदाग़ सफ़ेद खादी का कुरता। बेदाग़ सफ़ेद खादी की टोपी। सफ़ेदी की इस भीड़ में उनका काला रंग कुछ और निखर आया था। वह मास्टर बद्रुलहसन नायाब मछलीशहरी की तक़रीर नहीं सुन रहे थे। वह अपने बारे में सोच रहे थे कि यदि श्रीमती गाँधी त्यागपत्र दे ही डालती हैं तो उन्हें किस गुट में जाना चाहिए। उनके भविष्य का सवाल था। उनके लाइसेंसों का सवाल था। उनके मंत्री होने या न होने का सवाल था...

"इसलिए हम् ई कहित हैं," पहलवान की आवाज़ आने लगी और बाबू गौरीशंकर पांडेय चौंक पड़े और अपने सर पर अपनी टोपी को सीधा करने लगे। पहलवान सभा के सामने प्रस्ताव रख रहे थे और उनकी हालत पतली हो रही थी। कुश्ती लड़ना और बात है। किसी भरी सभा में बोलना और बात है चाहे उस सभा में वही लोग क्यों न हों जिन्हें आप उनकी या अपनी पैदाइश के पहले से जानते

हैं। सामने खड़ा हुआ माइक्रोफ़ोन पहलवान को कोई राक्षस लगा जो शायद मुँह से आवाज़ के निकलते ही उसे निगल जाएगा। घबराहट में वह बोल कम रहे थे और गला ज़्यादा साफ़ कर रहे थे। पसीने-पसीने अलग हो रहे थे। "कि मुकदमा ससुर का चीज़ है। मुकदमे की तो माँ–" पास ही बैठे हुए शम्सू मियाँ ने बहुत ज़ोर से अपना गला साफ़ किया। पहलवान घबराकर चुप हो गए। बाबूराम मुस्कुराने लगे। मास्टर बद्रुलहसन ने देश को कुहनियाया। पहलवान ने फ़ौरन गला साफ़ किया जैसे वह गला साफ़ करने ही के लिए बोलते-बोलते रुक गए हों। फिर बोलने लगे : "हम इहाँ माँ-बहन की गाली बक्के बास्ते ना खड़े भये हैं। हम, खाली, का कहते हैं, पुरजोर अलफाज में यह कहा चाह रहें कि मुकदमा गया अपनी माँ की–" वह शम्सू मियाँ के गला साफ़ करने से पहले ही रुक गए। यह तो बड़ी उलझन की बात हो गई। वह बात को जिधर से घुमाके निकाल ले जाना चाहते, वह माँ-बहन की गाली के नुक्कड़ पर आके रुक जाती। तो उन्होंने एक बार और गला साफ़ किया। बोले : "मुखतसर ई कि आज हम लोग ई फैसला किया है कि आज से जो कटरा मीर बुलाकी को कटरा श्रीमती गाँधी न कहे ऊ साला अपने बाप के नुतफे से नहीं है।" इतनी लम्बी बात वह एक साँस में कह गए और शम्सू मियाँ को खँखारने का मौक़ा ही नहीं मिला। जब तक वह खँखारें-खँखारें, पहलवान अपनी बात ख़त्म करके, पसीना पोंछते बैठ गए। उन्होंने बाबूराम आज़ाद की तरफ़ झुककर उनके कान में कहा, "हम सच कहित हैं बाबू साहेब। तकरीर करना कुस्ती लड़े से बहुत जियादा मुसकिल काम है।"

प्रस्ताव पास करके सभा ख़त्म हो गई। आशाराम इस सभा में नहीं आया।

तीसरे दिन कारपोरेशन ने कटरा मीर बुलाक़ी की तख्ती उतारकर 'कटरा श्रीमती गाँधी' की तख़्ती लगा दी। और उस तख़्ती के लगते ही बिल्लो यह भूल गई कि जस्टिस सिन्हा ने श्रीमती गाँधी को हरा दिया है।

और जब आशाराम ने कहा कि मिसेज़ गाँधी को यह नहीं करना चाहिए था तो देश मियाँ-बीवी ने लगभग उसका मुँह नोच लिया। उस वक्त वह दोनों बाबूराम के घर पर थे। बिल्लो रामदयी की साड़ी पहुँचाने आई थी और देश यूँ ही साथ आ गया था।

जब बहस बहुत ज़ोरदार हो गई और रामदयी घबरा गई कि कहीं आशाराम और देश में मारपीट न हो जाए तो बाबूराम ने बहस में हिस्सा लेने का फ़ैसला किया। वह बोले, "पर आशाराम, जिन जस्टिस सिन्हा ने राजनारायण को जितवाया है, उन्होंने बीस दिन के लिए अपने फ़ैसले को स्टे भी किया है। तो प्रियदर्शनी क्यों त्यागपत्र दे?"

"इसलिए त्यागपत्र दे आपकी प्रियदर्शनी कि जिस चुनाव के आधार पर वह प्रधानमंत्री बनी हुई है उसे हाई कोर्ट ने नहीं माना है। खरे साहब ने नये प्रधानमंत्री के चुनाव के लिए स्टे लिया था।"

"तो का करें वह?" देश ने पूछा, "जयपरकास नरायन को प्रधानमंत्री बना दें?"

"नहीं भई, त्यागपत्र दें उनके दुश्मन।" आशाराम ने कहा, "यह औरत हिन्दुस्तान को अपने बाप की जागीर समझती है।"

"मेरे घर में नेहरू और उनके परिवार के लोगों का नाम इज़्ज़त से लिया जाता है।"

"आपका घर हिन्दुस्तान के बाहर नहीं है पिताजी।" आशाराम ने कहा, "और जितना अधिकार आपको उनकी इज़्ज़त करने का है, उतना ही अधिकार मुझे उनकी इज़्ज़त न करने का है।"

"मैं तुम्हारे अधिकारों की बात नहीं कर रहा था।" बाबूराम ने कहा, "मैं अपने घर की बात कर रहा था। राजनीति दूसरी चीज़ है। यह राजनीति नहीं बदतमीज़ी है।"

रामदयी धक्-से हो गई। बाबूराम ने आज तक पोते से इस तरह की बात नहीं की थी।

रामदयी ने आशाराम की तरफ़ देखा। आशाराम अपने दादा की तरफ़ देख रहा था और उसकी आँखों में विद्रोह था।

बिल्लो ने देश की तरफ़ देखा। देश ने इशारा किया कि इस वक़्त चल देना चाहिए।

"अच्छा बाबू साहब," देश ने कहा, "हम चल रहें।"

बिल्लो भी खड़ी हो गई।

देश बिल्लो को साथ लेकर चला गया। घर में सन्नाटा हो गया। बाबूराम चर्ख़े पर बैठ गए। रामदयी कभी बेटे और कभी ससुर की तरफ़ देखने में लग गई। आशाराम अपने दादा की तरफ़ यूँ टकटकी बाँधे देख रहा था जैसे उन्हें उसने पहली बार देखा हो। जैसे यह आदमी ही न हो जिसके कन्धे पर बैठकर वह तालियाँ बजाते हुए अपनी माँ से कहा करता था : 'अम्माँ-अम्माँ, देख हम पिताजी से बले हो गए—' यह वह आदमी भी नहीं था जो बरसात में उसके लिए पुराने अखबार के काग़ज़ से तरह-तरह की नौकाएँ और स्टीमर बनाया करता और बरसती ओलती के नीचे जमा पानी में वह नौकाएँ थिरकने लगती थीं और स्टीमर नाचने लगते थे और वह उन नौकाओं और स्टीमरों पर बैठकर लाल परी की

तलाश में चला जाया करता था–यह वह आदमी भी नहीं था जो इसी घर के दरवाज़े पर उस शाम खड़ा उसकी राह देख रहा था जिस शाम वह पहली बार स्कूल से घर आया था–यह वह आदमी भी नहीं था जिसने प्रेमा के चले जाने के बाद उसके दिल का दर्द समझा था और जिसने कभी उसके सामने प्रेमा का नाम नहीं लिया था–सामने बैठकर चर्ख़ा चलाते हुए आदमी को जैसे न उसने कभी देखा था और न ही उसके बारे में किसी से कुछ सुना था...

आशाराम उठा। वह बाबूराम के पास गया। दो ही क़दम का तो फ़ासला था। बाबूराम चर्ख़ा चलाते रहे। वह जानते थे कि आशाराम उनके पास आकर खड़ा हो गया है और इस इन्तज़ार में है कि वह कुछ कहें। पर उन्होंने कुछ नहीं कहा। उनके लिए आशाराम उनकी उस कांग्रेस से बड़ा नहीं था जिसके झंडे-तले अंग्रेज़ों के ख़िलाफ़ लड़ाई लड़ी गई थी। जिसके झंडे के नीचे बिसमिल ने सरफ़रोशी का गाना गाया था और गुलामी की जिन्दगी की तरफ हिक़ारत से देखकर मौत को गले लगा लिया था। जिसके झंडे के नीचे सन् 42 में खुद बाबूराम ने मरने की क़सम खाई थी। जिसके झंडे के नीचे मरण व्रत रक्खे गए थे। जिसके झंडे के नीचे पुलिस की लाठियाँ खाई गई थीं, जेल की चक्कियाँ पीसी गई थीं, बाज़ारों में रुसवा हुआ गया था–जिसके झंडे में एक अनदेखा चौथा रंग भी है। महात्मा गाँधी के खून का रंग। बाबूराम ने लगभग तेरह बरस इसलिए अंग्रेज़ी जेल में नहीं काटे थे कि उनके घर में उन्हीं का पोता उनकी कांग्रेस को गाली दे।

"यह घर आपका है पिताजी," आशाराम ने कहा, "लेकिन यह देश सिर्फ़ आपका नहीं है।"

आशाराम उस घर में कभी न लौट आने के लिए उस घर से चला गया। बाबूराम ने पलटकर जाते हुए आशाराम की तरफ़ देखा भी नहीं। पर उन्होंने पहली बार यह ज़रूर सोचा कि जो आज आशाराम की जगह राजाराम रहा होता तो यूँ उसके बुढ़ापे को अकेला छोड़कर न चला गया होता।–इस बारे में उन्हें बिल्कुल शक नहीं था कि आशाराम चला गया। पर चर्खे़ की रफ़्तार वही रही और रामदयी को पता भी न चला कि आशाराम उसे छोड़कर न जाने कहाँ चला गया है। वह तो, बल्कि यह सोचकर, ख़ुश हुई कि यह बड़ा अच्छा हुआ कि आशा चला गया। नहीं तो दादा-पोते का झगड़ा न जाने कब तक चलता रहता। इसलिए इतमीनान का एक साँस लेकर उसने अपने दाँतों-तले खैनी दबाई और वहाँ से उठकर पड़ोस के घर में चली गई।

बाबूराम अपने चर्खे़ के साथ बिल्कुल अकेले रह गए और उन्होंने पहली बार महसूस किया कि आशाराम कांग्रेस के मुक़ाबले में चाहे कुछ न हो पर उसके बिना

ज़िन्दगी में कोई मज़ा भी नहीं है। और तब उन्हें पहली बार यह पता चला कि जब उनके पिता इसी तरह एक दिन उनके दादा को छोड़कर चले गए होंगे तो दादा कितने अकेले हो गए होंगे।

बाबूराम के दादा बाबू त्रिलोकीप्रसाद श्रीवास्तव मिरज़ापुर में मुख़तारी किया करते थे। सरकार में उनकी बड़ी मान-जान थी। बादशाह की वर्षगाँठ पर उन्हें सरकार ने रायबहादुर भी बना दिया था। बेटे को उन्होंने लन्दन भेजकर बैरिस्टर बनवाया। पर वह वहाँ से कांग्रेसी होकर पलटे। तब बाबूराम कोई दस साल के रहे होंगे। जब बाबू हरिमोहनदास श्रीवास्तव, बार-एट-लॉ ने बाप से कहा कि वह प्रैक्टिस नहीं करेंगे बल्कि देश की स्वतंत्रता के संग्राम में हिस्सा लेंगे तो बाबू त्रिलोकीप्रसाद ने ज़मीन-आसमान एक कर दिया था। दस-ग्यारह साल के बाबूराम यह संग्राम देख रहे थे।—और आख़िर में बाबू हरिमोहनदास श्रीवास्तव ने जो कहा वह बात बाबूराम को आज भी याद थी।

"पिताजी! देश का रिश्ता बाप के रिश्ते से ज़्यादा बड़ा होता है।"

यह सुनकर बाबू त्रिलोकीप्रसाद श्रीवास्तव सन्नाटे में आ गए थे। और उसी दिन बाबू हरिमोहनदास श्रीवास्तव, बार-एट-लॉ ने अपना घर छोड़ दिया था। थोड़े दिनों के बाद वह पत्नी और बाबूराम को अपने साथ लेते हुए एलाहाबाद चले गए थे और जभी से यह परिवार एलाहाबाद में रह रहा था।

लोगों को सिग्रेट-पान का शौक़ होता है। हरिमोहन बाबू को जेल जाने का शौक़ था जैसे। एक सज़ा काटकर आते और दूसरी सज़ा काटने चले जाते और बाबूराम का बचपन अपनी माँ कमला देवी के साथ अकेला रह जाता।

आज जैसे उस घर में इतिहास अपने को दुहरा बैठा था। एक बेटा फिर बाप को देश—देशप्रेमी और बाप-बेटे के रिश्ते का फ़र्क़ बतलाकर घर से चला गया था—तो क्या मैं अपने दादा का प्रतिनिधि बन गया हूँ? क्या स्वतंत्रता-संघर्ष में बहे हुए मेरे खून और पसीने का कोई मूल्य ही नहीं? क्या देश-प्रेम की परिभाषा बदल गई है?—बाबूराम ऐसे किसी सवाल से घबराकर अपना रास्ता बदलने को तैयार नहीं थे। महात्मा गाँधी के झंडे के सिवा हर झंडा और उनकी बात के सिवा हर बात ग़लत है।—उन्होंने अपने छोटे-से घर की तरफ़ देखा। घर में उनके सिवा कोई नहीं था। आँगन में तार की अलगनी पर रामदयी की साड़ी के पास ही आशाराम का एक कुरता सूखने के लिए टँगा हुआ था। दालान की छत से एक नंगा बल्ब लटक रहा था। और तार समेत उसकी परछाईं ने दालान की दीवार पर एक लकीर-सी डाल दी थी जो हवा के साथ हिल रही थी। आँगन में साये लम्बे हो चले थे।—एकदम से बाबूरामजी को लगा कि इस अकेले घर में वह भी

शायद दूसरी तमाम परछाइयों की तरह बस एक परछाईं हैं। उनके बदन में यकायक एक अजीब–बड़ी जानलेवा थकन यूँ रिसने लगी जैसे बालू में पानी उतरता है।

"हरे राम!" कहते हुए घुटनों पर हाथ रखकर वह खड़े हो गए। बिजली के छोटे-से पंखे को उन्होंने बन्द कर दिया। उसके परों का नाच धीमा होने लगा। फिर वह पर अलग-अलग नज़र आने लगे। बाबूराम की निगाहें उन परों पर यूँ जमी हुई थीं जैसे वह यह तमाशा पहली बार देख रहे हों। फिर पर रुक गए और दीवार पर हिलनेवाली परछाईं की लकीर रुक गई और जैसे समय रुक गया और बाबूराम अपने अकेलेपन से डर-से गए। इतना डर तो उन्हें तब भी नहीं लगा था जब वह सन् 42 में जेल की एक कोठरी में तनहा बन्द कर दिए गए थे। कोठरी में बस एक छोटी-सी खिड़की थी जिससे आसमान का एक छोटा-सा कोना नज़र आता था। पर वह कोना सूरज के रास्ते में था। तो उन्हें यह पता चलता रहता कि सूरज रोज़ निकल रहा है। और रात को उस कोने में दस-बारह तारे आ जाया करते थे। बाबूराम आज़ाद ने उन तारों के अलग-अलग नाम रख छोड़े थे। उन पर उन्होंने अपनी सबसे खूबसूरत नज़्म भी लिखी थी। अपने अकेले घर के सन्नाटे से डरकर उन्होंने वह नज़्म याद करनी चाही। दिमाग़ पर बहुत ज़ोर दिया पर उस नज़्म की एक लाइन न याद आई...वह आँगन में उतर आए। आसमान नंगा था। दूर-दूर बादल का एक धब्बा भी नहीं था कि वह यह सोच सकते थे कि मौसम बदल रहा है। बाहरी दरवाज़े की कुंडी लगाकर बाबूराम ने ताला लगा दिया। इस ताले की एक कुंजी रामदयी के पास थी और एक आशाराम के पास रहा करती थी कि वह रात-बिरात आए तो किसी को जगाने की ज़रूरत न पड़े। क्या वह कुंजी अबकी इस्तेमाल होगी? क्या वह भी हरिमोहनदास की तरह किसी नये घर की बुनियाद डालेगा जिसके आँगन के थालों में नये क़िस्म के सपनों के पौधे लगेंगे और नये रंगों के फूल आएँगे? क्या पीढ़ियों से पीढ़ियों का सम्बन्ध टूटना ज़रूरी है? और यदि ज़रूरी है तो हरिमोहनदास और बाबूराम के सपनों में फ़र्क़ क्यों नहीं था?...इस तरह के बेशुमार सवालों ने बाबूराम को हर तरफ़ से घेर लिया। यह सवाल नये थे। और उन्हें यह नहीं मालूम था कि इन सवालों का जवाब क्या है और अपने-आपको इन सवालों का जवाब कैसे दिया जाता है।... तो वह 'शिवशंकर मार्ग' पर यूँ ही, बिला मक़सद चल पड़े।

हवा में अभी तक काफ़ी गर्मी थी। 'शिवशंकर मार्ग' पर धूल उड़ रही थी और एक बच्चा बर्फ़ की लाल शरबत में भिगोयी हुई चुसनी चाटता भागा जा रहा था...पहलवान के टी स्टाल के सामने नारायण सड़क पर पानी छिड़क रहा था।

और पहलवान आल्थी-पाल्थी मारे बैठे हुए मिट्टी के बरतन में लकड़ी की घोंटनी से लस्सी घोंट रहे थे। हाथ रोककर उन्होंने ज़ीन के थैले में सिल्ली से बर्फ़ काटकर डाली। फिर लकड़ी की मूँगरी से बर्फ़ को कूटते हुए उन्होंने रामअवतार मिकानिक से कहा कि लग रहा है कि पानी दू-एक दिन में पड़ा ही चाह रहा। रामअवतार उनसे सहमत था। बर्फ़ कुट गई। उन्होंने कुटी हुई बर्फ़ को मिट्टीवाले बरतन में डालकर लस्सी को फिर घोंटना शुरू ही किया था कि उनकी निगाह बाबूराम पर पड़ गई और उन्होंने हाथ चलाते-चलाते हाँक लगाई, "सलाम बाबू साहेब।"

बाबूराम तो अपनी आत्मा के सन्नाटे से घबराए हुए थे ही। वह तो यह सोच-सोचकर डर रहे थे कि जो पहलवान ने उन्हें न देखा और आवाज़ न दी तो वह इस सन्नाटे का बोझ उठाए हुए कहाँ फिरेंगे मारे-मारे! इसलिए पहलवान की आवाज़ सुनते ही वह दुकान की तरफ़ मुड़ गए।

"क्या हाल है भई?" उन्होंने टीन की एक कुरसी खैंचकर बैठते हुए कहा। पहलवान ने बिजली के मेज़ी पंखे का मुँह उनकी तरफ़ कर दिया। गर्म हवा के एक भपके ने पसीने को छुआ और ठंडा पड़ गया, "एक लस्सी पिलाव भई।"

पहलवान चौंक पड़े। बाबूराम ने आज ज़िन्दगी में पहली बार किसी दुकान पर बैठकर कुछ खाने-पीने का इरादा ज़ाहिर किया था। वह तो दुकान पर बैठकर खाने को बदतमीज़ी कहा करते थे। हाँ, परदेस की बात और है। पहलवान मुस्कुरा दिए और बाबूराम समझ गए कि पहलवान क्यों मुस्कुरा रहे हैं। पर उन्होंने उस मुस्कुराहट का बुरा नहीं माना। पहलवान उनके लिए लस्सी बनाने लगे और बाबूराम ने यूँ ही आसमान की तरफ़ देखते हुए कहा, "गर्मी से लगता है कि दो-एक दिन में बारिश होने ही वाली है।"

"एही हम अभईं रामऔतार से कहित रहे।" पहलवान ने कहा और फिर बहुत जी लगाकर बाबूराम की लस्सी के लिए बर्फ़ कूटने लगे। फिर दही के बरतन से महीन तारों का जालीवाला ढक्कन उठाया और ताँबे के एक गोल टुकड़े से लस्सी के लिए दही काटने लगे। लस्सी को गिलास में उँड़ेलने के बाद उन्होंने ताँबे के उसी पतरे से दही की बालायी का एक टुकड़ा काटा और गाजदार लस्सी के गिलास में डाल दिया और गिलास बाबूराम की तरफ़ बढ़ाते हुए कहा, "इ आसा बाबू आज किधिर गए हैं बवंडर की तरह? हम पुकारते ही रह गए।"

"मुझे बताके तो नहीं गया।" बाबूराम ने कहा और लस्सी का गिलास मुँह से लगा लिया। खट-मीठी लस्सी के साथ-साथ बर्फ़ के दो-चार छोटे-छोटे टुकड़े भी उनके मुँह में फिसल आए और वह अपने मजबूत दाँतों से उन्हें चबाने लगे।

बाबूराम के दाँत बड़े खूबसूरत थे। बड़े मज़बूत भी थे। वह इस उम्र में भी कच्चे अमरूद और गन्ना इतमीनान से खा लिया करते थे। रामदयी के लगभग तमाम दाँत गिर चुके थे और वह नक़ली दाँत लगाया करती थी। इस बात पर वह दादा-पोते मिलकर उसका मज़ाक़ उड़ाया करते थे और वह बिचारी रोआँसी हो जाया करती थी। अब अकेले क्या मज़ा आएगा। रामदयी के दाँतों का मज़ाक़ उड़ाने में। यह सोचकर बाबूराम उदास हो गए। पर यह नियमों की लड़ाई थी। कुरुक्षेत्र में रिश्तेदारी नहीं देखी जाती। सबसे बड़ा रिश्ता खून का नहीं कर्त्तव्य का है।–वह लस्सी गटगटा गए और गिलास पहलवान को थमाकर उन्होंने जेब में हाथ डाला।

"ना ना ना ई का कर रहें आप?" पहलवान ने कहा। "कौन कहे कि आप रोजाना लस्सी पीये आइएगा। पैयसा नहीं लेंगे।"

"मगर–"

"ए साहेब, सुनिए हमरी बात।" पहलवान ने बात काटी। "जे को इन्द्रिा गाँधी चाचा पुकारें हम ओसे लस्सी का पैयसा ले सकत हैं भला!"

"मतलब हम कोई चीज़ ही नहीं।" बाबूराम ने मुस्कुराकर कहा।

पहलवान ने ज़ोरदार ठहाका मारा। फिर बंडल से बीड़ी निकालते हुए बोले : "ल्यो। कोई सुने बाबू साहेब की बात। अरे साहेब, आपके कहे से तो हम कांग्रेसी बने। आप ना रहे होते तो हम और हम ही काहे को, सारा कटरा मीर बु–मतलब कटरा श्रीमती गाँधी कमनिश्ट हो गया होता। सन् 35 लगाएत ई चुनाव, का ई कटरे का एक्को ओट काँगरेस के खेलाफ गया है? और भगवान ने चाहा तो जाएगा भी नहीं।"

यह थी बाबूराम की जीत। एक आशाराम हाथ से निकल गया तो क्या हुआ। यह पूरा कटरा उनका परिवार था। पहलवान के भरोसे के नलके तले बैठकर नहाने से उनके मन की उदासी और आत्मा की तनहायी का सारा मैल धुल गया। वह मुस्कुराते हुए उठ खड़े हुए और ठीक उसी वक़्त पतली सड़क से बाबू गौरीशंकर लाल पांडेय, एम.पी. की कार धूल उड़ाती गुज़र गई और बाबूराम खादी के रूमाल से अपने चेहरे की धूल झाड़ने लगे।

"ई साली सड़क में एही खराबी है।" पहलवान ने कहा। "एक ठो मोटर गुजर जाए तो इतनी धूल उड़ाती है जैसे मिलिटरी का पूरा कँवायी गुजर गया है। बाबू साहेब से कहिए ना कि सिरमिट की बनवा दें कि कोई चाहे तो रात को चद्दर बिछा के लेट भी रहे।"

पहलवान ने जब यह बात बाबूराम से कही तो उन्हें यह नहीं मालूम था कि

बाबू गौरीशंकर पांडेय खुद भी इस सड़क के बारे में बड़े-बड़े प्रोग्राम बनाए बैठे हुए हैं–

मोटर वर्कर्ज़ यूनियन की वजह से वह 'आल इंडिया' क़िस्म के आदमी हो चुके थे। उनकी यूनियन को ट्रेड यूनियन ऐक्ट के तहत रिकॉगनिशन भी मिल चुका था। अखिल भारतीय सम्मेलन न होने के बावजूद बाबू साहेब उसकी अखिल भारतीय कमेटी के अध्यक्ष चुने जा चुके थे और उनके नये लेटर-हेड पर 'अध्यक्ष : ए.आई.एम.डब्ल्यु.यू.' भी लिखा हुआ था और पुराने लेटर पैडों पर उनकी पत्नी घर का हिसाब लिखा करती थीं।

जस्टिस जे. सिन्हा के फैसले ने एक दिन के लिए तो उन्हें हिला दिया था और वह यह सोचने भी लग गए थे कि बी. एल. डी. में जाना चाहिए या जनसंघ में—पर फिर दिल्ली से फोन द्वारा सूचना मिल गई कि श्रीमती गाँधी त्यागपत्र नहीं दे रही हैं और बाबू साहब जहाँ थे वहीं जमे बैठे रह गए--बल्कि उन्होंने श्रीमती गाँधी को एक लम्बा-चौड़ा तार भी भेजा कि वह त्यागपत्र न दें क्योंकि जो उन्होंने त्यागपत्र दिया तो भारत की नैया डूब जाएगी। गौरीशंकर पांडेय और उनके साथ-साथ भारतवर्ष की समूची जनता श्रीमती गाँधी के साथ है—और यह तार देने के तीसरे दिन टंडन पार्क में एक पब्लिक मीटिंग में भाषण देते हुए जस्टिस सिन्हा और जयप्रकाश नारायण के बख़िये उधेड़ दिए। उन्होंने एलान कर दिया कि जयप्रकाश नारायण, उनके तमाम चट्टे-बट्टे जनता-विरोधी और फ़ासिस्ट हैं। प्रजातंत्र का बस नाम लेते हैं पर वास्तव में सेना को भड़काकर देश में सेनाशाही चलाना चाहते हैं।—यह लोग तो इस लायक़ हैं कि किसी चौराहे पर इन लोगों को फाँसी दे दी जाए।—इस तक़रीर की कटिंग भी बाबू साहेब ने श्रीमती गाँधी के पास भिजवा दी। फिर उन्होंने ज़िला कांग्रेस कमेटी की एक इमरजेंट मीटिंग बुलवाई और उसमें परस्ताव पास करवाया कि जयप्रकाश नारायण और इस तरह के दूसरे तमाम लोगों को एलाहाबाद का दुश्मन क़रार दिया जाता है और एलाहाबाद के बग़ैर देश रह क्या जाता है। एलाहाबाद तो हिन्दुस्तान का दिल है। तीनों प्रधानमंत्री देश को किसने दिए? एलाहाबाद ने। उन्होंने तो यह भी माँग करवानी चाही कि जस्टिस सिन्हा के ख़िलाफ़ कमीशन बिठलाया जाए। उनके ख़्याल में सिन्हा साहब ने घूस खाकर यह फ़ैसला दिया है। और घूस आई कहाँ से? या तो अमरीका से या चीन से।—अरे साहब, किसी को ज़रा भी राजनीति की समझ होगी तो वह हाई कोर्ट के इस फ़ैसले में सी.आई.ए. का हाथ साफ़ देख सकता है।—चीन का नाम तो वह यूँ ले रहे थे कि सी.पी.आई. के मित्र बुरा न मानें—इस परस्ताव की एक कॉपी भी 1-सफ़दरगंज भेज दी गई।...

नम्बर 1 सफ़दरगंज, नई दिल्ली-110001 के पते पर ऐसे बेशुमार परस्ताव और समाचार-पत्रों की कटिंगें आ रही थीं। और फिर प्रधानमंत्री उन्हीं परस्तावों को देश की आवाज़ समझकर अपने दरवाज़े पर लगी या लगवाई हुई भीड़ों को ऐड्रेस कर रही थीं और पत्र-पत्रिकाओं में उनकी तक़रीरों के साथ-साथ उनकी तस्वीरें भी छप रही थीं।...

और उन तक़रीरों को आकाशवाणी से सुनकर और उन तस्वीरों को पत्र-पत्रिकाओं में देखकर कटरा मीर बुलाक़ी उर्फ़ कटरा श्रीमती गाँधी के लोग ख़ुश हो रहे थे।...

देश टो-टोकर समाचार-पत्र तो पढ़ ही लिया करता था। तो बिल्लो ने उसकी सुबह की डियूटी ही यह बाँध दी थी कि वह उसे अख़बार सुनाया करे। वैसे देश ख़ुद भी सुबह की चाय के साथ अख़बार पढ़ना चाहता था ताकि घर से काम पर जाने के लिए निकले तो पूरी तैयारी से निकले। यह जानकर निकले कि रात वाली आकाशवाणी की न्यूज़ बुलिटीन के बाद देश में कोई भारी और गम्भीर परिवर्तन तो नहीं हुआ।

तमाम सादा लोगों की तरह देश को यक़ीन था कि समाचार-पत्र और रेडियो झूठ नहीं बोलते। भई वह क्यों बोलेंगे झूठ? उन्हें झूठ बोलने की ज़रूरत क्या है?

सबेरे की चाय की प्याली के साथ बिल्लो देश को समाचार-पत्र भी थमा देती और वह समाचार पढ़ने लगता। यदि बिल्लो को समाचार सुनने का शौक न हो गया होता तो भी देश ज़ोर-ज़ोर ही से अख़बार पढ़ता क्योंकि धीरे-धीरे पढ़ना उसे आता ही नहीं था।—एक दिन वह यूँ ही चाय में बोर-बोर के समाचार खा रहा था कि बिल्लो को पहली मतली आई। देश तो घबराकर उठा और चाय की प्याली उछल गई। अपना पेट पकड़े उबकाइयाँ लेती हुई बिल्लो प्याली टूटने पर उबकाई भूल गई और उसकी ख़बर लेने लगी कि चाय की प्याली सामनेवाले नीम के पेड़ में निबौड़ी की तरह तो फलती नहीं कि जाकर तोड़ लाओगे—

"तोरी मतली देखके हम घबरा गए रहे।" देश ने कहा। "हम अभईं बदर के अब्बा से होमोपेथी की दवाई माँग लिआते हैं—" वह जाने के लिए उठा।

"ए भाई कैयसे पागल आदमी से पाला पड़ा है।" बिल्लो ने कहा। "ई दवाई वाली मतली थोड़े है—" यह कहते-कहते जो बिल्लो शरमा न गई होती तो शायद देश की समझ में बात न आई होती। पर उसके शरमाने से वह समझ गया। और बात समझते ही वह वहीं आँगन के कच्चे फ़र्श पर आल्थी-पाल्थी मारके बैठ गया।

"का होगा?" देश ने पूछा।

''का पता।'' बिल्लो ने कहा।

''लड़की होये को चहिए।''

''फिर शुरू कर दिया ओही बात।''

''लड़का पाले में कोई मज़ा ना है बिल्लो। प्रधानमंत्री के नाम पर इन्दरा नाम रख लिया जैयहे। लड़का भया त का पुकारिहो? जयप्रकास कि मुरारजी कि अटल बिहारी वाजपेयी?''

''संजय।'' बिल्लो ने कहा।

''लड़का भया तो हम साले को फेंक आएँगे कोनो घूरे-ऊरे पर। साफ बात है।...''

बस लड़ाई चालू हो गई। यह लड़की पर जमा हुआ था और वह लड़के पर। —और जो इतवारी बाबा न आ गए होते तो यह लड़ाई न जाने कब तक चलती रहती। उनकी तबीअत आजकल कुछ खराब चल रही थी इसलिए उन्होंने तीसरी शिफ़्ट किराये पर उठा रक्खी थी। आराम से गई रात को सोया करते थे और आराम से ज़रा देर में उठा करते थे। 'जनता लांडरी' भी अब मुँहअँधेरे नहीं ख़ुला करती थी। ज़िलाधीश का हुक्म था कि कोई दुकान, यदि वह खाने की नहीं है, नौ बजे से पहले नहीं खुल सकती। एक बजे से दो बजे तक खाने के लिए हर दुकान, यदि वह खाने की न हो तब, खाने के लिए बंद होगी। और आठ बजे रात के बाद कोई दुकान, यदि वह खाने की न हो, बंद हो जाएगी। बिल्लो ने बड़ी गालियाँ दी थीं ज़िलाधीश को। वह कौन होता है उसकी दुकान का वक़्त मुक़र्रर करनेवाला? पर जब पहलवान और इतवारी बाबा ने बहुत समझाया कि हर जगह उसकी ज़बान नहीं चल सकती तो उसे अपनी ज़बान रोकनी पड़ी। पर जभी से वह सोच रही थी कि लांडरी बंद करके खाने की कोई दुकान खोल ली जाए। पर देश इसके लिए राज़ी नहीं हो रहा था और मामा भी समझा रहे थे कि खाने की दुकान में डबल खराबी यह है कि रोज़ की चीज़ रोज़ न बिके तो घाटा लग जाता है। दूसरी बहुत-सी परेशानियाँ भी हैं। अनाज ब्लैक से ख़रीदो। सेल्ज़ टैक्सवाले को रिश्वत दो। राशनिंग इन्स्पेक्टर को दूध-मलाई खिलाव।—बरतन ख़रीदो। गिलास रोज़ टूटेगा। नौकर-चाकर चोरी ज़रूर करेंगे। गाहक लोगों से कहोगी कि मसूर की दाल पकी है तो वह चने की दाल माँगेगा। कोई गोश्त नहीं खाता। कोई सब्ज़ी नहीं खाता। कोई को पियाज़ की महक ना अच्छी लगती। कोई लहसुन को ना हाथ लगाता—लांडरी का काम ठीक है। एक्के ठो इसतिरी है। एक्के ठो कलफ़। किस्सा खतम। कोई झगड़ा-टंटा नहीं।—और पहलवान की इस लॉजिक़ का बिल्लो के पास कोई जवाब नहीं था। और इस पर जब इतवारी बाबा ने यह

तुर्रा बाँधा कि भीख माँगे के बाद लांडरी चलाए से ढेर आसान काम कोई हैये नहीं...कहने का मतलब यह है कि न बिल्लो ने अपना धंधा बदला और न इतवारी बाबा ने अपना। दोनों मज़े में जिंदगी की पुरानी डगर पर चले जा रहे थे। सरकार कोई आ जाए लोग कपड़े ज़रूर धुलवाएँगे और लोग भीख भी ज़रूर माँगेंगे—और कपड़ा धोने-धुलानेवाला तो चाहे भूखा मर भी जाए पर भीख माँगनेवाला तो भूखा रह ही नहीं सकता—नई-नई आज़ादी के दिनों हिन्दू फ़क़ीर और मुसलमान फ़कीर का चक्कर चला था। कुछ दिनों पर भिखमंगों को सेकुलर होने में ज़्यादा दिन नहीं लगे क्योंकि आप मिसाल के तौर पर हिन्दू फ़क़ीर को पैसा देना चाहते हैं और कोई हिन्दू फ़क़ीर सामने नहीं पड़ रहा है। अब आप फँस गए। वह पैसा लेकर आप घर में तो आ नहीं सकते क्योंकि उतनी भीख देने की आपको आदत पड़ी हुई है—चुनाँचे भीख देनेवालों में मानवतावादी विचारधारा ने सर उठाया कि साहेब फ़क़ीर तो फ़क़ीर होता है। हिन्दू क्या और मुसलमान क्या! और मज़े की बात यह कि भिखगंगों की न कोई असोसियेशन न कोई यूनियन। सरकारें यूनियनबाज़ी से घबराती हैं। शायद इसीलिए भीख माँगने के काम में दिन दूनी और रात चौगुनी तरक्क़ी हो रही है। यदि हमारी पर कैपिटा इनकम का हिसाब लगाते समय फ़क़ीरों की आमदनी को भी जोड़ लिया जाए तो पर कैपिटा इनकम जो है उससे दूनी निकलेगी कम-से-कम। और हम भीख माँगे वाले समाज का तउन हिस्सा हैं कि हमरे जिये मरे से कोई फरक नहीं पड़ता। बाजार के भाव पर कोई असर ना पड़ता केह मारे की हम बजार से कोई चीज़ लेवे ना करते। अरे जब बेमाँगे हर चीज़ मिल जाहै तो हम कोई चीज़ खरीदे क्यों जाएँ—

"फजूल बात मत किया करो बाबा।" बिल्लो ने हँसी रोकने की कोशिश करते हुए कहा क्योंकि वह जानती थी कि बाबा यह बातें ज़्यादातर देश को चिढ़ाने के लिए करते हैं। पर उस दिन तो देश का आधा ध्यान अपनी बेटी में लगा हुआ था। उसके पास बाबा की ऊटपटाँग बातें सुनने का समय ही नहीं था। और बाबा तामचीनी के बड़े प्याले में भरी हुई मज़ेदार चाय की चुसकियाँ ले रहे थे। लेकिन इधर-उधर की हाँकते-हाँकते इतवारी बाबा ने एकदम से ऐसी बात कही कि देश भी चौंक पड़ा—वह बोले : "आज हम, उ जो रानी मंडीवाले अकीक (अक़ीक़) अहमद ऐडोकेट हैं न, उनके पास जाके अपना वसीयतनामा लिखवाया—"

देश मियाँ-बीवी उनकी तरफ़ देखने लगे।

"बंक में बारह हजार तीन सौ सत्ताइस रुपया चौबिस पैयसा नकद है। तो हम लिखवा दिया है कि हमरे मरे के बाद हमरा क्रियाकर्म तो चन्दे से किया जाए केह मारे कि अपनी कमाई का कफन पहिने में हम्में सरम आएगी। और हमरी

राख कटरा मीर बुलाक़ी, मतलब कटरा श्रीमती गाँधी की कउनो गन्दी नाली में बहा दी जाए कि ओके गन्दे पानी में मिलके गंगाजी में मिलना चाहता हूँ। साफ-सुथरे गए तो मज़ा ना आएगा। खैर ई तो अलग बात हो गई। ऊ जो बारह हज़ार तीन सौ है ओमें से हजार रुपया फकीरों को बाँटे के वास्ते है। बाकी रुपया हम तोरी श्रीमती गाँधी के नाम कर दिया है कि उनके जमाने में हमरे पैसेवालन की बड़ी तरक्की भई है। लोग कहते हैं कि इंजिनियर और डॉक्टर बहुत बढ़ गए बाकी हम कहित है कि देस में भीख माँगेवालन की आबादी बहुत बढ़ी है...''

इतवारी ने जो यह बात अपनी वसीयत से न शुरू की होती तो शायद देश और बिल्लो ने उसे तिक्काबोटी कर दिया होता। कैसा झूठा है यह आदमी! आकासवानी जो बोले ऊ गलत। पत्र-पत्रिकाओं में जो छपे ऊ गलत। बस एही एक सच्चा हैं...

पर बात इतवारी ने अपनी वसीयत से शुरू की थी। इसलिए उसके चुप होते ही घर में सन्नाटा हो गया। सामने दीवार पर एक कैलेंडर टँगा हुआ था। कभी उससे तारीख़ नहीं पूछी जाती थी क्योंकि उसमें से जनवरी का पन्ना अभी तक नहीं फाड़ा गया था और तारीख़ जून की छब्बीसवीं की थी। कैलेंडर लाल मुहम्मद बीड़ी का था। ऊपर श्रीमती गाँधी की मुस्कुराती हुई तस्वीर थी और नीचे लाल मुहम्मद बीड़ी के बंडल सजे हुए थे—देश को मिसेज़ गाँधी का फ़ोटो अच्छा लगा था और इसीलिए यह कैलेंडर दालान में टाँगा गया था कि घर में सबसे ज़्यादा इस्तेमाल होनेवाला हिस्सा यही था। देश तो ज़्यादातर इसी दालान में फसड़ के चारपाई पर बैठा-बैठा खाना भी खा लिया करता था।—जब देश या बिल्लो ने कुछ नहीं कहा तो इतवारी ने उस कैलेंडर की तरफ़ देखा। मिसेज़ गाँधी का वह फ़ोटो किसी और तरफ़ देख रहा था और चारपाई पर पड़े हुए अख़बार में पहली ख़बर यह थी कि राष्ट्रपति ने कल रात बारह बजे सारे देश पर इमरजेंसी लागू कर दी है।

गूँगी बस्ती गूँगे लोग

इमरजेंसी।
उजाला कहाँ है?
न दिल में,
न घर में,
न इस रास्ते पर,
न उस रहगुज़र में,
उजाला कहाँ है?
उजाला कहाँ है?

मैं अपने को धुँधला नज़र आ रहा हूँ
उजाला कहाँ है?
मैं ख़ुद अपनी परछाईं बनता चला जा रहा हूँ
उजाला कहाँ है?
न गुज़रा हुआ कल नज़र आ रहा है
न फ़र्दा का कोई पता है
यहाँ से वहाँ तक
अँधेरे का एक सिलसिला है
अँधेरा
जो पिछले अँधेरों से बिल्कुल अलग,
तणरबों से जुदा है
अँधेरा
जो शायद बस एक पल है,
लेकिन
यह पल भी

गुज़श्ता सदी से बड़ा है
सलीबों की मानिन्द दिल में गड़ा है
यक़ीं है कि इस दर्दे-तारीक का भी मदावा तो होगा
मदावा किधर है?
मसीहा कहाँ है?
उजाला कहाँ है?
उजाला कहाँ है...

उजाला दूर-दूर कहीं नहीं था। गन्दे बदबूदार कुहरे की एक मोटी तह जैसे हर चीज़ पर जम गई थी। कोई चीज़ साफ़ नहीं दिखाई दे रही थी। विधानसभा, हाई कोर्ट, सुपरीम कोर्ट। गाँधीजी की समाधि, मौलाना आज़ाद की क़ब्र, तिलक और गोखले के स्टैचू, यूनिवर्सिटियाँ, प्रेस...ग़रज कि हर चीज़ पर अँधेरे की एक मोटी तह जमी हुई थी...यह अँधेरा अजीब था मगर। आम तौर से किसी को दिखाई ही नहीं दे रहा था। बहुत-से बुद्धिजीवी भी इसे न देख पाए। ख़्वाजा अहमद अब्बास, अली सरदार जाफ़री, डाँगे, राजेश्वर राव, हिरेन मुखरजी, डॉक्टर नूरुल हसन, कृष्णचन्द्र, कमलेश्वर, चित्रकार हुसैन,...हज़ारों नाम हैं। इन लोगों ने अँधेरे को उजाला कहा और उसका स्वागत किया। यह सर जो अंग्रेज़ के सामने नहीं झुके थे, रास्ते-भर सज्दा करते हुए नम्बर-1 सफ़दरजंग तक जा पहुँचे और जिन सरों ने झुकने से और जिन ज़बानों ने क़सीदा पढ़ने से इनकार किया वह... बहुत बुरी गुज़री उन पर। हमारा देश जिसके बारे में जहाँगीर ने कहा था कि जन्नत यही है, एक खँडर बन गया जिस पर कूड़े की तरह कटे हुए सर और कटी हुई ज़बानों का ढेर लग गया और इस ढेर पर एक कुकुरमुत्ता उगा जिसका नाम संजय गाँधी था। यह ज़माना है वी.सी. शुक्ल, ओम मेहता और बंसीलाल जैसे लोगों के उरूज का। यह ज़माना है बाबू जगजीवनराम, बहुगुणा, चौहाण जैसे लोगों के चुप रह जाने का। यह ज़माना है चन्द्रशेखर, मोहन धारिया जैसे लोगों के सच बोलने का और सच बोलने की सज़ा भुगतने का। मैं इस युग को जयप्रकाश नारायण का युग नहीं मानता।...परन्तु मैं यहाँ यह बहस छेड़ना नहीं चाहता क्योंकि इस वक़्त मैं एक कहानी सुना रहा हूँ। यह कहानी इमरजेंसी से पहले शुरू हुई थी और इमरजेंसी के बाद ख़त्म हुई। और इसीलिए यह चैपटर शुरू करने से पहले मैंने यह ज़रूरी जाना कि इस चैपटर की भूमिका भी लिखी जाए क्योंकि यहाँ से कहानी इमरजेंसी के दिनों में दाख़िल हो रही है।

जो बातें मैंने अभी कही हैं वह आम, साधारण लोगों को फ़ौरन नहीं दिखाई दीं। शुरू में तो लोग बहुत खुश हुए कि चोरबाज़ारिये पकड़ के अन्दर कर दिए

गए। जो चीज़ें खुले बाज़ार में नज़र ही नहीं आती थीं वह तमाम चीज़ें धड़ल्ले से बिकने लगीं। दुकानों पर दुकानदारों ने रेट-कार्ड लटकाना शुरू कर दिया। रेलें ठीक वक़्त पर चलने लगीं। सरकारी कर्मचारी ठीक समय पर आफ़िस आने लगे। लोगों को कुत्ता समझना छोड़कर आदमी समझने लगे।...

लोगों ने इतमीनान का साँस लिया और सोचा कि इमरजेंसी तो बड़ी अच्छी चीज़ है। चीनी का भाव दो रुपये किलो नीचे आ गया। डाल्डा का भाव गिर गया। सूजी मिलने लगी। सिनेमा के टिकटों का ब्लैक बन्द हो गया।...लगभग सवा दो सौ बरस के बाद ज़िन्दगी पहली बार खुले बाज़ार की सैर करने निकल आई। बड़े शहरों में 'विंडो शापिंग' का मज़ा अलबत्ता कम हो गया क्योंकि दुकानों, शो-विंडोज़ में बाहर की चीज़ें बहुत कम हो गई थीं। पर एक और दृष्टिकोण से देखा जाए तो बड़े शहरों की सड़कें ज़्यादा फ़राख़-दिल हो गई थीं। जुलूस नहीं निकल रहे थे। नारों का शोर नहीं था। चाक़ू नहीं चल रहे थे। हड़तालें और घेराव बन्द थे। विद्यार्थी बसें फूँकने की जगह स्कूलों और युनिवर्सिटियों में वापस चले गए थे...

इमरजेंसी की ख़ुशी में बिल्लो ने धुलाई में 10 पैसों और इस्त्री में 20 पैसों की कमी कर दी थी। देश ने भी नया 'इमरजेंसी रेट' चालू कर दिया था। सर्विसिंग, टियुनिंग, और इस तरह के दूसरे कामों की मज़दूरी चौथाई कर दी थी। पहलवान की दुकान पर भीड़ बढ़ गई थी क्योंकि लोगों के पास चाय पीने का पैसा बढ़ गया था और गप लड़ाने का समय भी ज़्यादा हो गया था...यही कारण है कि आम आदमियों ने आकाशवाणी और 'समाचार' की फैलाई हुई सूचनाओं पर शक करने की कोई ज़रूरत महसूस नहीं की...

चुनाँचे जब आकाशवाणी एलाहाबाद ने साधारण लोगों को इमरजेंसी की तारीफ़ के लिए आकाशवाणी बुलाना शुरू किया तो एक भीड़ लग गई वहाँ। कटरा मीर बुलाक़ी से पहलवान, शम्सू मियाँ, देश और बिल्लो बुलाए गए।

इन चारों की रिकार्डिंग एक ही दिन होनेवाली थी।

पहलवान को तो रात-भर नींद नहीं आई। करवटें बदलते रहे। रिकार्डिंग के ख़याल से उन्हें रात-भर पसीना आता रहा जिसे वह बरसात से पहलेवाले हब्स का पसीना समझकर मौसम को गालियाँ देते रहे। पर वह घर में अकेले थे। बिल्लो के लाख कहने और देश की हज़ारों खुशामदों के बावजूद वह उनके नये घर में नहीं गए हालाँकि उनका कमरा बनकर तैयार हो चुका था। उन्हें बेटी के घर जाना अच्छा नहीं लग रहा था। माना कि देश भी बेटे से कम नहीं था पर उनके वहाँ होने से उन दोनों की ज़िन्दगी में फ़र्क़ पड़ सकता है। पता नहीं पति-पत्नी क्या बात करना चाहें। कैसे रहना चाहें। क्या खाना-पीना चाहें...पर मामा सूरत पर सवार हैं...उन्हें

अकेले रहने की आदत नहीं थी। पर बिल्लो और देश के चले जाने के बाद उन्होंने अकेले रहने की आदत भी डाल ही ली किसी-न-किसी तरह। बस खाना खाने के लिए उन्हें बिल्लो के घर जाना पड़ता था और वह दोनों किसी क़ीमत पर यह मानने को तैयार नहीं हो रहे थे कि जब वह बच्चे थे तब भी तो पहलवान ख़ुद ही खाना पकाया करते थे...उन दोनों ने एक न सुनी। दिन का खाना तो बिल्लो दुकान पर पहुँचा जाया करती थी। रात का खाना वह उनके घर खाया करते और सवेरे का नाश्ता बिल्लो पुराने अख़बार के काग़ज़ में लपेटकर साथ कर दिया करती थी। खाना खाने के बाद वह नीम के तिनके से ख़िलाल करते, नाश्ते की पोटली बग़ल में दबाए और बेतकल्लुफ़ सड़क पर ज़ोर-ज़ोर से पादते हुए अपने घर लौट आते। इस इलाक़े में तो किसी की यह हिम्मत थी नहीं कि उनके पादने पर हँस दे...घर आने के बाद वह लेट जाते। बत्ती बुझा देते और रात का अँधेरा ओढ़कर सोने की कोशिश करने लगते। अकेला घर और अकेले घर की अकेली रात उन्हें अजीब लगती तो वह रामायण गुनगुनाने लगते और फिर भूली-भटकी यादें आने लगतीं और चारपाई पर उनके पास बैठ जातीं...यह यादें उनके बारे में कभी न होतीं। बिल्लो की माँ की याद भी न होती। उनकी तमाम यादें देश और बिल्लो के बचपन की होतीं और इन्हीं यादों की कोई कहानी सुनाते-सुनाते या किसी शरारत पर प्यार से डाँटते-डाँटते वह सो जाते।...पर वह रात दूसरी तमाम अकेली रातों से अलग थी। कोई याद भी पास नहीं फटक रही थी। आकाशवाणी का भूत उनके सरहाने खड़ा था...आख़िर जब किसी तरह नींद न आई तो वह बाहर निकल आए। मीर बुलाक़ी का कटरा...नहीं... श्रीमती गाँधी का कटरा मज़े में गहरी नींद सो रहा था। लग रहा था कि इमरजेंसी में कुत्ते बहनचोद लोग भी भूँकना कम कर दिहिन हैं...सामने 'जनता लांडरी' थी और उसके तख़्ते पर इतवारी बाबा आराम से सो रहे थे। पहलवान उसी तख़्ते पर जा बैठे। जेब से टटोलकर उन्होंने बीड़ी निकाली और उसे सुलगाकर लम्बे-लम्बे कश लेने लगे।

"एक ठो और बीड़ी होय तो हमहूँ जाग जाएँ।" इतवारी ने कहा। और यह कहकर इतवारी उठ बैठे। "का बात है?" उन्होंने पूछा। "नींद ना आ रही का?"

"न।" पहलवान ने आधी पी हुई बीड़ी इतवारी बाबा की तरफ़ बढ़ाते हुए कहा।

इतवारी बाबा ने वह बीड़ी ले ली और चुपचाप उसके कश लेने लगे।

"हमरी तो समझ में ना आ रहा कि हम बोलेंगे का कल रेडियो पर!"

"समझे की जरूरते का है।" इतवारी बाबा ने कहा, "इ बेसमझे बोले का जमाना है। आशाराम बहुत समझदार बनते रहे ना। तो पुलिस से कबड्डी चालू

हो गई है। कहाँ तक छिपिहें। आख़िर पकड़े जैयहें एक दिन। ऊ जो मसल है कि बकरे की माँ कै दिन खैर मनाएगी।''

आशाराम।

इमरजेंसी में आशाराम का क्या काम!

हेड कांस्टेबिल जगदम्बाप्रसाद और थानेदार अशफ़ाक़ुल्लाह ख़ाँ के सपने के पूरे होने का मौसम आ गया था। तो इमरजेंसी लगने के दूसरे ही दिन अशफ़ाकुल्लाह ख़ाँ ने रोज़नामचे में लिखा कि उन्हें शक है कि आशाराम यक़ीनन सरकार के ख़िलाफ़ कोई साज़िश कर रहा है और इस साज़िश का मरकज़ कटरा मीर बुलाक़ी है कि जिसका नया नाम कटरा श्रीमती गाँधी रख दिया गया है। हेड कांस्टेबिल जगदम्बाप्रसाद ने इस साज़िश की तफ़्तीश में बड़ी मेहनत और ईमानदारी से काम किया लेकिन यह साज़िश इतनी गहरी है कि अब तक इसका कोई पता नहीं चल सका है। एस.आइ-2 ने जीजान से काम करके एक डोज़ियर तैयार किया है जिससे यह पता चलता है कि आशाराम कटरे के चन्द लोगों से बहुत ज़्यादा मेलजोल रखता है। इन लोगों में पहला नाम देशराज मोटर मिकैनिक का है जिसे प्रधानमंत्री की सिफ़ारिश पर बैंक लोन मिला था और जो आजकल ज़ीरो रोड पर अपनी मोटर वर्कशाप चला रहा है। इसी देशराज ने आशाराम के कहने से बाबू गौरीशंकरलाल पांडेय के नेशनल गैरेज़ में हड़ताल करवाई थी। इस देशराज की नीयत पर भरोसा नहीं किया जा सकता। हुक्कामाने-आला के हुक्म का इनतिज़ार है...

अशफ़ाक़ुल्लाह ख़ाँ ने अभी रोज़नामचे में यह न लिखा होता पर इमरजेंसी से ज़रा वह भी डर गए थे शुरू-शुरू में और उन्हें डर था कि कहीं सी.बी.आइ. वालों ने सूँघ लिया कि कटरा मीर बुलाक़ी में सरकार को उलटने की कोई साज़िश हो रही है और थानेदार इनचार्ज के कानों पर जूँ तक न रेंगी तो लेने के देने पड़ जाएँगे। इसलिए उन्होंने मुनासिब यही जाना कि रोज़नामचा कर देना चाहिए कि जब यह साज़िश बेनक़ाब हो तो सरकार के इल्म में यह बात रहे कि यह ख़बर अशफ़ाक़ुल्लाह ख़ाँ थानेदार ने दी थी। जगदम्बाप्रसाद का नाम तो उसने यूँ ही टाँक दिया था कि वह उसी कटरे का रहनेवाला था और यह ख़बर वास्तव में वही लाया भी था। उन्हें यक़ीन था कि आशाराम के गिरफ़्तार होते ही उन्हें किसी छोटे शहर की कोतवाली का चार्ज तो मिल ही जाएगा।

आलमआरा बेगम तो कोतवालन बनने के ख़्वाब तक देखने लगी थीं क्योंकि अशफ़ाक़ुल्लाह ख़ाँ इस क़िस्म की बातें उन्हें ज़रूर बता दिया करते थे। वह ख़ाँ साहब के कोतवाल होने के बाद लैला की शादी करना चाहती थीं कि कोतवाल की बेटी के लिए शहर के महाजन दहेज बनवाते हैं। एक ही बेटी थी। वह उसका ब्याह

बड़े चाव और हौसले से करना चाहती थीं। किसी को यह कहने का मौक़ा क्यों मिले कि आलमआरा बेगम ने अपनी इकलौती बेटी को उस थानेदार या एस.पी. से कम दहेज दिया। वह तो चाहती थीं कि यू.पी. पुलिस के हलक़ों में धूम मच जाए कि साहब ब्याही तो गई अशफ़ाकुल्लाह ख़ाँ की बेटी। एक सौ दस तो जोड़े दिए। कोई जोड़ा पाँच सौ से कम का नहीं था। पन्दरह सेट गहनों के कि कोई सेट महीने में दोबारा न पहनना पड़े। फिर पुरानी तर्ज़ वाले ख़ानदानी ज़ेवर अलग कि फिर उनका फ़ैशन आ गया है। तो आलमआरा बेगम की ददिया सास वाला नौरत्न-गुलूबन्द, याक़ूत वाला जौशन और दस्त-बन्द, जड़ाऊ पात-बालियाँ और कंगन, मोतियों का सतलड़ा...चाँदी के सब बरतन तो ख़ैर दिए ही जाएँगे। दूल्हा को एक कार और प्लैटीनम का सिग्रेट-केस तो देना ही पड़ेगा। फिर बरात वालों का जोड़ा। बर-बिरादरी, पुराने नौकर-चाकर...सात-आठ लाख से कम ख़र्च नहीं होगा। अब यदि एलाहाबाद कोतवाली का कोई अफ़सर दोएम अपनी बेटी की शादी में, चाहे वह इकलौती ही बेटी क्यों न हो, सात-आठ लाख रुपये ख़र्च करेगा तो भँवें ज़रूर तनेंगी। पर जो यह शादी किसी छोटे शहर के कोतवाल की बेटी की हो तो लखनऊ को ख़बर भी न होगी। अब ग़ाजीपुर, आज़मगढ़ या बलिया की परवा कौन करता है! इसीलिए उन्होंने हज़ारों मन्नतें मान डालीं कि आशाराम पकड़ा जाए और उसके मियाँ का तबादला किसी छोटे शहर में हो जाए।

आशाराम से आलमआरा बेगम को कोई ज़ाती शिकायत नहीं थी। वह तो उसे जानती भी नहीं थीं। बस एक बार देखा ज़रूर था। वह किसी की गिरफ़तारी पर शोर मचाने उनके घर आ गया था। उसका कहना था कि ख़ाँ साहब ने रिश्वत खाकर उस आदमी को किसी और के जुर्मों पर पर्दा डालने के लिए पकड़ लिया है। उस वक्त वह 'निरंजन' में कोई फ़िल्म देखने जा रही थीं। यह तो उन्हें लैला ने बताया था कि वह आशाराम है।

और लैला ही की वजह से आशाराम काफ़ी दिनों तक पुलिस के पंजे से बचा रहा।

हुआ यह कि जब कोतवाल ने रोज़नामचा देखा तो उसने फ़ौरन डी.आइ.जी. को रिपोर्ट की कि उसने पता चलाया है कि आशाराम सरकार का तख़्ता उलटने का कोई प्रोग्राम बना रहा है और उस साज़िश का कोड नाम 'कटरा बी आर्ज़ू' है।

चक्कर यह था कि पुलिस के लोग सरकार को खुश करने में लगे हुए थे। और सबके सब एक-दूसरे से बाज़ी मार ले जाने की फ़िक्र में थे। कोतवाल श्री बाँके बेहारी लाल गुप्ता आइ.पी.एस. के आदमी थे। तोड़-जोड़ के आदमी भी थे। वह इस कोशिश में थे कि इमरजेंसी में जब सुप्रीम कोर्ट के जजों की सीनियरी

नहीं चलती तो यू.पी. पुलिस किस खेत की मूली है। वह क्यों सीनियर आफ़िसरों को काटकर डी.आइ.जी. बनने के चक्कर चलाए हुए थे और जब उन्हें ही 'कटरा बी आर्ज़ू' की भनक पड़ी तो उन्होंने उसे लपक लिया। इस साज़िश का पर्दा यदि वह फ़ाश कर सकें तो उन्हें डी.आइ.जी. बनने से रोक कोई नहीं सकता। पर वह यह भी नहीं चाहते थे कि डी.आइ.जी. को बताए बिना कुछ करें क्योंकि राजनीति को कुछ नहीं है। क्या पता कौन किसका रिश्तेदार निकल आए? इसलिए उन्होंने रिपोर्ट तो कर दी पर चुपके से एक खुफ़िया ख़त लेकर अशफ़ाकुल्लाह ख़ाँ को लखनऊ रवाना कर दिया कि वह खत मुख्यमंत्री को दिया जाए।

ख़ाँ साहब ने इस मौक़े को ग़नीमत जाना। मुख्यमंत्री उन्हीं के गाँव के थे। उनकी रिआया रह चुके थे और अब भी बहुत ख़याल करते थे। चुनाँचे उन्होंने मुख्यमंत्री को खूब नमक-मिर्च लगाकर अपनी रिपोर्ट दी और आख़िर में उन्हें गुप्ताजी का ख़त भी दे दिया। मुख्यमंत्री दिल ही दिल में गुप्ताजी से नाराज़ थे कि सात-आठ साल पहले, जब कि मुख्यमंत्री मुख्यमंत्री नहीं थे बल्कि अपोज़ीशन के एक एम.एल.ए. थे, गुप्ताजी ने उनके एक आदमी को फ़ाँसी की सज़ा दिलवाई थी। गुप्ताजी इस बात को भूल चुके थे। पर मुख्यमंत्री को यह बात याद थी। और जब वह फ़्लोर क्रास करके सरकार से मिल गए तो उन्होंने गुप्ताजी से खूब दोस्ती की। वह गुप्ताजी को ऐसी जगह मारना चाहते थे कि जहाँ माँगे पानी न मिले और इमरजेंसी के शुरू में उन्हें यह मौक़ा मिल गया। उन्होंने ख़ाँ साहब से कहा कि वह गुप्ताजी को इस साज़िश में लपेट लें तो वह उन्हें एलाहाबाद कोतवाली का इनचार्ज बना देंगे।...अशफ़ाक़ुल्लाह खाँ ख़ुश-ख़ुश एलाहाबाद लौट आए कि जब मुख्यमंत्री ने ज़बान दे दी है तो भला अब उन्हें कोतवाल एलाहाबाद होने से कौन रोक सकता है...एलाहाबाद का कोतवाल होने का मतलब यह था कि वह सब-इन्स्पेक्टर से सीधे एस.पी. हो जाएँगे। इमरजेंसी में कुछ भी हो सकता है...पर वहाँ लखनऊ में मुख्यमंत्री को अपनी परेशानियाँ थीं। वह जानते थे कि और कितने लोग उत्तरप्रदेश के मुख्यमंत्री बनना चाहते हैं। तो यदि उनमें से किसी को इस 'कटरा बी आर्ज़ू' साज़िश की भनक पड़ गई और उसने भुनुक दिया श्रीमती गाँधी या संजय गाँधी से तो उनका पत्ता साफ़ हो जाएगा। इसलिए वह पहली फ़्लाइट से दिल्ली के लिए रवाना हो गए। उन दिनों कांग्रेसी मुख्यमंत्रियों का ज़्यादा वक़्त यूँ भी दिल्ली में गुज़रा करता था।

...और यूँ मिसेज़ गाँधी की निजी इंटेलिजेंस को 'कटरा बी आर्ज़ू साज़िश' का फ़ाइल मिल गया। पर मुख्यमंत्री ने अब भी इतमीनान का साँस नहीं लिया। उनके धड़ के लिए यही बात काफ़ी थी कि श्रीमती गाँधी की सरकार उलटने का

नक़्शा उनके प्रदेश में बनाया जा रहा था इसलिए संजय गाँधी को ख़ुश करने के लिए उन्होंने अपने प्रान्त में नसबन्दी का कोटा ख़ुद ही दुगना कर दिया। इस पर नम्बर एक सफ़दरजंग ने उनकी पीठ थपथपाई और वह ख़ुश-ख़ुश लखनऊ लौट आए। और 'के.बी.ए. फ़ाइल' सी.बी.आई. के हवाले कर दिया गया। अब चूँकि यह फ़ाइल सी.बी.आई. को नम्बर-1 सफ़दरजंग से मिला था इसलिए यह तो साबित करना ही पड़ेगा कि 'कटरा बी आर्ज़ू' के कोड नाम से एलाहाबाद में कोई आशाराम दिल्ली सरकार का तख़्ता उलटने की कोशिश कर रहा है। चुनाँचे सी.बी.आई. यह साबित करने के लिए एलाहाबाद में आ गया।

इस बात की ख़बर एलाहाबादियों को नहीं हुई कि उनका ऊँघता-मेल्हता शहर इतनी बड़ी साज़िश का मरकज़ बना हुआ है। लेकिन अशफ़ाक़ुल्लाह ख़ाँ के एक साले सी.बी.आई. में थे। इसलिए उनके घर में यह ख़बर आ गई।

ख़ुर्शीद आलम ख़ाँ को अपनी भांजी लैला से बड़ा प्यार था और लैला को क्राइम फ़िक्शन पढ़ने का बड़ा शौक़ था। कई बार ऐसा हो चुका था कि लैला से गप लड़ाने में लैला अपनी सादगी में कोई ऐसी बात कह गई कि खुर्शीद आलम ख़ाँ को सुराग़ मिल गया। परन्तु क्या 'के.बी.ए.' केस में भी वह लैला से राय लें? वह अपने बहनोई अशफ़ाक़ुल्लाह ख़ाँ से ख़ुश नहीं थे क्योंकि उन्हें मालूम था कि उनकी बहन आलमआरा ख़ुश नहीं है। उन्हें हीराबाई की बात भी मालूम थी इसलिए वह नहीं चाहते थे कि के.बी.ए. केस में अशफ़ाक़ुल्लाह ख़ाँ को कोई फ़ायदा हो। तो उन्होंने आख़िर लैला की मदद लेने का फ़ैसला कर ही लिया। और यह फ़ैसला उन्होंने उस दिन किया जिस दिन उन्हें पता चला कि लैला के कपड़े 'जनता लांडरी' में धुलते हैं और यह जनता लांडरी उसी कटरा मीर बुलाक़ी में है जहाँ आशाराम के.बी.ए. साज़िश कर रहा है। उनका ख़याल था कि बम की कोई फ़ैक्ट्री तो निकलेगी ही। हो सकता है नोट छापने का कोई प्रेस भी निकल आए क्योंकि पैसे के इस युग में बग़ावत के लिए भी केवल सरफ़रोशों से काम नहीं चलता। बग़ावत भी एक 'बिग-बिज़िनेस' बन चुकी है और टिकिये चोट्टे बग़ावत नहीं कर सकते। आशाराम चूँकि कम्युनिस्ट है इसलिए उसे यक़ीनन पाकिस्तान और चीन से मदद मिल रही होगी। यदि यह क्ल्यु हाथ लग जाए तो हो सकता है कि वह 'रा' के चीफ़ भी बना दिए जाएँ।...

लैला को चूँकि जासूसी उपन्यास पढ़ने की लत थी इसलिए वह एक जवान 'मिस मार्पुल'[1] के ख्वाब भी देखा करती थी। खुर्शीद आलम ख़ाँ को लैला की यह

1. आगाथा क्रिस्टी का एक कैरेक्टर। यह बुढ़िया घरेलू बातें और मिसालों से बड़े-बड़े जुर्मों का पता चला लिया करती है और अस्ली मुजरिम की तरफ़ इशारा कर देती है जिस पर कभी पुलिस की आँख ही नहीं पड़ती।

कमज़ोरी मालूम थी। तो उन्होंने लैला को अपने राज़ में शरीक कर लिया और चूँकि लैला मिसेज़ गाँधी की फैन भी थी इसलिए उन्होंने लैला से यह भी कहा कि मिसेज़ गाँधी उसे शुक्रिये का ख़त भी लिखेंगी। फिर क्या था! लैला नशे में आ गई। इतना तो उसे जासूसी उपन्यासों के पढ़ने से ही पता चल चुका था कि यह काम राज़दारी के होते हैं और किसी को कानोंकान ख़बर नहीं लगनी चाहिए पर बंटू कोई ऐसा-वैसा नहीं है।

यह बंटू लैला का ब्वाय फ्रेंड रहा था। दोनों शादी-वादी नहीं करना चाहते थे। बस यूँ ही एक सिलसिला-सा चल रहा था। बंटू का पूरा नाम बनवारी लाल था। पेंटर था। लैला चुपके-चुपके उसके लिए मॉडलिंग किया करती थी कि कला की सेवा करने का भी लैला को बड़ा शौक़ था। वह इधर-उधर मिला करते थे। लैला एक अबॉर्शन भी करवा चुकी थी। बंटू एक बोहीमियन था। रिश्तों को नहीं मानता था। हर बात भड़ से कह दिया करता था और यही लैला को अच्छा लगता था। और इसीलिए वह पहली बार उसके लिए मॉडलिंग करने पर तैयार हुई थी।—धीरे-धीरे बंटू ने उससे कहा कि तमाम ओल्ड मास्टर्ज़ ने 'न्यूड' बनाए हैं। उसके बिना चित्रकला सम्पूर्ण नहीं होती। और वह 'न्यूड' की मॉडलिंग के लिए कहाँ से लड़की लाए। उस वक़्त तक लैला उसकी महानता की क़ायल हो चुकी थी इसलिए राज़ी हो गई। और जब एक बार कपड़े उतर गए तो उतर गए। एक ग्रेट आर्टिस्ट की कीप बनने में वह किसी की पत्नी बनने से ज़्यादा ख़ुशी महसूस करने लगी। पत्नी बनने में क्या धरा है!—अब जिस आदमी से उसने अपना बदन नहीं छिपाया था उससे के.बी.ए. की बात क्या छिपाती?—तो उसने बंटू को बता दिया कि वह सी.बी.आई. की मदद कर रही है के.बी.ए. साज़िश का पता चलाने में। और यह काम इतनी राज़दारी से हो रहा है कि लोकल सी.बी.आई. क्या, यू.पी. की सी.बी.आई. को इसका पता नहीं है।...

लैला को बंटू के बारे में और सबकुछ मालूम था पर यह नहीं मालूम था कि वह उत्तर प्रदेश में सी.बी.आई. का इनचार्ज है। बंटू ने उसे यह बात इसलिए नहीं बताई थी कि यह बताने से उसके आर्टिस्ट होने का 'इमेज' बिगड़ता था। और वह ख़ुद भी इमरजेंसी लगने के बाद से युनिवर्सिटी के विद्यार्थियों और टीचरों के ख़िलाफ़ जासूसी करने का काम कर रहा था और उसी के इशारे पर युनिवर्सिटी के कई विद्यार्थी और टीचर 'मीसा' के चंगुल में आ चुके थे।

लैला तो फुलझड़ी छोड़कर चली गई। पर बंटू चकरा गया। यह कैसे हो सकता है कि आशाराम कोई इतनी बड़ी कांसप्रेसी करे और उसे हवा तक न लगे! पर यदि दिल्ली से ख़ुर्शीद आलम साहब आ गए हैं तो यक़ीनन कोई ख़ास बात

होगी और यदि उन्होंने इस साज़िश का पर्दाफ़ाश कर दिया तो उसका और उसके पिता का क्या होगा! उसे तो यह भी नहीं मालूम था कि ख़ुर्शीद आलम कितना जानते हैं। लैला को उन्होंने सारी बातें थोड़ी बताई होंगी। हो सकता है कि वह आज-कल में आशाराम को पकड़ ही लें। मतलब कि शायद इतना समय भी नहीं कि वह अपने पिता से राय ले सके। ऐसी बातें फ़ोन पर तो नहीं हो सकतीं—इसलिए उसने वह किया जो आम तौर पर पुलिस के लोग या पुलिस के एजेंट नहीं करते। आशाराम को खुर्शीद आलम खाँ तो नहीं पकड़ेंगे। इसलिए उसने उसी वक़्त उस अख़बार के आफ़िस का फ़ोन घुमाया जिसमें आशाराम काम करता था। आशाराम से उसकी हल्की-सी मुलाक़ात भी थी कि अपनी विचारधारा में वह 'लेफ़्टिस्ट' था।

"मैं बंटू बोल रहा हूँ।" उसने आशाराम के फ़ोन पर आने के बाद कहा।

"क्या हाल है?" आशाराम ने पूछा।

"वह जो कल कहीं बाहर जानेवाले हैं ना?" उसने कहा।

"मैं? नहीं तो।" आशाराम ने कहा।

"मुझसे क्या छिपाना।" बंटू ने कहा। "हो सकता है कि कुछ अनवांटेड लोग आपसे आज ही मिलने आ जाएँ। इसलिए कल की जगह आज ही चले जाइए।" उसने यह कहकर फ़ोन बन्द कर दिया। किसी स्विच बोर्ड से गुज़रनेवाली बातचीत में वह इससे ज़्यादा कह भी नहीं सकता था।

पर आशाराम सिलसिले के कट जाने के बाद रिसीवर की तरफ़ देखता रह गया। उसकी समझ में उस बातचीत का मतलब ही नहीं आ रहा था।—और फिर उसकी समझ में बात आ गई।

दो दिन के बाद ख़ुर्शीद आलम ख़ाँ ने आशाराम से बात करने का फ़ैसला किया। पर जब तक तो आशाराम कहाँ का कहाँ पहुँच चुका था। पता चला कि दो दिन से वह आफ़िस ही नहीं आया है। यह सुनकर ख़ुर्शीद आलम ख़ाँ के हाथों के तोते उड़ गए। वह अपनी भेजी हुई वह रिपोर्ट तो अब वापस ले नहीं सकते थे जिसमें उन्होंने यह लिखा था कि कटरा मीर बुलाक़ी सचमुच एक गहरी साज़िश का गढ़ है और उन्हें यक़ीन है कि वहाँ बमों का कोई कारख़ाना ज़रूर है। हो सकता है कि नोट भी छापे जाते हों। आशाराम ही के.बी.ए. साज़िश का सरग़ना है इसलिए उन्होंने उसे गिरफ़्तार करने का फ़ैसला कर लिया है—और उन्हें यक़ीन है कि वह आशाराम से उसके साथियों के नाम और बमों के कारख़ाने का पता पूछने में कामयाब हो जाएँगे।—बमों के कारख़ाने की तरफ़ से वह ज़रा फ़िक्रमन्द नहीं थे क्योंकि, कहीं से बमों का कारखाना बरआमद कर लेना कोई मुश्किल

काम नहीं था। सवाल तो यह था कि अब वह आशाराम को कहाँ से बर-आमद करें।

इसलिए एक पुरानी मस्जिद से खँडर से उन्होंने बमों का एक कारख़ाना तो बर-आमद कर ही लिया कि दिल्ली से कुछ तो कह सकें। जिस दिन पुलिस ने मस्जिद के खँडर पर छापा मारा उस दिन सारे कटरे में खलबली पड़ गई। हिन्दुओं और मुसलमानों दोनों ही ने बुरा माना और तब फ़ैसला किया गया कि आकाशवाणी से कटरे ही के लोगों की ज़बान से इमरजेंसी की तारीफ़ करवाई जाए। और यूँ शम्सू मियाँ का इन्तिख़ाब किया गया। शम्सू मियाँ में, मौक़े के लिहाज़ से, दो ख़ूबियाँ थीं। एक तो यह कि वह मुसलमान थे और दूसरी यह कि कटरेवाले उनकी बड़ी इज़्ज़त करते थे। परन्तु जो सिर्फ़ शम्सू मियाँ का बयान आकाशवाणी से सुनवाया जाता तो मुमकिन है एलाहाबाद वाले यह सोचते कि सरकार लीपापोती कर रही है क्योंकि शम्सू मियाँ तो बाबू गौरीशंकर पांडेय के आदमी मशहूर ही थे इसलिए पहलवान, देश और बिल्लो को भी चुना गया कि इन लोगों की भी कटरे में बड़ी इज़्ज़त थी और यूँ भी सरकार आम लोगों से इमरजेंसी की तारीफ़ करवा-करवाके देश के तमाम लोगों को यह यकीन दिलाना चाहती थी कि इमरजेंसी वाक़ई बड़ी अच्छी चीज़ है और जो लोग इमरजेंसी के विरोधी हैं वह वास्तव में देश-द्रोही हैं—सरकार आम लोगों को बड़ी हद तक यह बात समझाने में सफल भी हो गई थी। इसीलिए देश ने तो आकाशवाणी वालों से साफ़ कह दिया था कि सच बोलने का पैसा तो वह ले नहीं सकता। उसके यह कहने से आकाशवाणी वाले चपलक़श में पड़ गए कि अब क्या करें। कोई झूठ बोले या सच पर आकाशवाणी वाले पैसा दिए बिना तो बुलवा नहीं सकते।...

''बड़ी मुसकिल देस ए पर तैयार भया कि ठीक है तो हमरी बुलवायी पराइम मिनिश्टर फंड में दे दी जाए।'' पहलवान ने कहा और बीड़ी का बंडल इतवारी बाबा की तरफ़ बढ़ा दिया। इतवारी बाबा ने चुनके एक बीड़ी निकाली और अँधेरे में उसे देखने के बाद बोले :

''लाल महम्मद बीड़ी में अब ऊ पहिले वाली बात नहीं रह गई है।''

पहलवान अपनी बीड़ी सुलगाने में लगे हुए थे इसलिए कुछ न बोले।

''एहू के बारे में दू लफज काहे न बोल देते रेडियो पर कि इमरजेंसी साहेब लाल महम्मद से कहें कि पहिले जयसी बीड़ी बनाना शुरू कर दें नहीं तो मीसा में पकड़ के बन्द कर दिए जाएँगे।''

''चूतियापन्ती की बात मत किया करो।'' पहलवान ने दियासलाई का शोला

इतवारी की तरफ़ बढ़ाते हुए कहा। "रेडियो पर ऐयसी छोटी-छोटी बात ना कही जाती।"

"बीड़ी छोटी बात ना है।" इतवारी ने कहा। "आजादी के पहले दाम का रहा एक बंडल का?..."

"अँह।" पहलवान खड़े हो गए। "माँ चुदाव अपनी।" अँधेरी ज़मीन पर पच से थूककर वह आगे बढ़ गए और इतवारी बाबा अपनी सुलगी हुई बीड़ी के साथ जनता लांडरी के अँधेरे तख़्ते पर अकेले रह गए और बड़ी संजीदगी से यह सोचने लगे कि पत्ता वही है, सुर्ती वही है, धागा वही है। फिर तीस बरस में बीड़ी का दाम ज़मीन से आसमान पर क्यों चला गया?...

इतवारी बाबा यह सोचते हुए लेट गए कि यदि उन्हें भी आम लोगों की तरह कपड़ा-लत्ता ख़रीदना पड़ता और घर-गृहस्थी का बोझ उठाना होता तो हुलिए 'टैट' हो चुका होता अब तक।—उनके ठीक सामने अँधेरे रास्ते पर पहलवान चले जा रहे थे अपनी बीड़ी पीते।

पहलवान ने बीड़ी फेंक दी। इतवारी के कहने के बाद से उस बीड़ी का मज़ा वाक़ई अजीब सीठा-सीठा-सा लगने लगा था। और पता नहीं बिल्लो ने कुरते और लुंगी पर ठीक से इस्त्री की कि नहीं। ए भायी कहीं ऐयसा न होय कि उहाँ ठीक समय पर न पहुँच सकें। सरकारी मामला है। ज़रा देर हुई और पता चला कि नैनी[1] में बैयठे चक्की पीस रहे हैं।

यह डर बिल्कुल नया था। अंग्रेज़ों के ज़माने में भी हज़ार तरह के डर थे पर यह नहीं था। एक अनदेखी हथकड़ी वातावरण में झूल रही थी और किसी को पता नहीं था कि वह कब किसके हाथ में पड़ जाएगी।...

पहलवान को इस डर की पूरी चेतना नहीं थी फिर भी एक बेचैनी-सी तो थी ही। उन्होंने बंडल से बीड़ी निकाली। फिर इरादा बदल गया। वही बीड़ी है ना। बीड़ी को उन्होंने बंडल में वापस रख दिया। कहीं दूर से किसी मुर्ग़े के बाँग देने की आवाज़ आ रही थी।

"साला।" पहलवान ने कहा। "इमरजेंसी लग गई है तो साला बखत से पहले ही बाँग देवे लगा।" एक रिक्शे की घंटी की आवाज़ पर वह मुड़े। सामने अँधेरा था। उस अँधेरे से घंटी की आवाज़ आ रही थी। फिर रिक्शे की परछाईं उभरी। पहलवान एक तरफ़ हो गए। जब रिक्शा पास से गुज़रने लगा तो बदर की आवाज़ आई : "अरे आप एतनी रात गए यहाँ क्या कर रहे हैं साहब?"

---

1. नैनी सेंट्रल जेल, इलाहाबाद।

"तू कहाँ जा रहे हो?" पहलवान ने पूछा।

"एक दोस्त की शादी है। पानीपत बरात जा रही है।"

"तोहरियो सादी होगी कि दोस्तने सादी में सरीक हो-होके जिन्दगी गुजार दोगे?"

रिक्शेवाला हँस पड़ा।

"चुप। भोसड़ी के।" पहलवान ने उसे डाँट पिलाई। "इमरजेंसी में भी बेबत्ती के रिक्सा चला रहा।" रिक्शेवाला सर खुजलाने लगा और पहलवान बदर से मुख़ातिब हो गए : "हम देख रहें कि अब हम्में तोरी सादी के बारे में कुछ करे को पड़ेगा। तोरे अब्बा से कुछ होय वाला ना है।"

"नहीं चा, यह बात नहीं है।" बदर ने कहा। "शम्सू चा और अब्बा में आज बात हो गई। अगले चोद की बारह को निकाह हो जाएगा इंशाअल्लाह।"

"चलो, भगवान तुम दोनों को खुस रक्खे।" पहलवान ने कहा। "तोरी गाड़ी का बखत हो गया कि दू मिनट है?"

"काफ़ी वक़्त है अभी।"

पहलवान ने जी कड़ा करके बीड़ी सुलगा ही ली।

"भाई हम्में इ बताव कि रेडियो पर बोला कैयसे जाता है। तूँ तो कानी कै बेरी मुसहरा पढ़ चुके हो। मतलब कि बहुत जोर-जोर से बोलना पड़ता होगा न?"

"नहीं साहब। न ज़ोर से बोलना चाहिए न धीरे से। बस जैसे आप बोलते हैं वैसे ही बोल दीजिएगा।"

"ए भाई आदमी दूर होता है त हम चिल्ला के बोलते हैं। करीब होता है तो धीरे-धीरे बोलते हैं।"

"जैसे आप इस वक़्त मुझसे बातें कर रहे हैं।"

"अच्छा–" और ज़रा-सा चूतड़ उठाकर उन्होंने पादना शुरू किया। रात के सन्नाटे में यह आवाज़ जो एकदम से आई तो रिक्शेवाला चौंक पड़ा और उसके चौंकने पर बदर को हँसी आ गई और वह हँसते हुए बोला : "वहाँ, रेडियो स्टेशन पर यह मत कीजिएगा।"

"ल्यो।" पहलवान ने कहा, "हम्में एक दम्मे से चूतिया समझ लिए हो का?"

रिक्शा आगे बढ़ गया। और पहलवान को फिर लुंगी-कुरते की समस्या ने आ दबोचा। तो उन्होंने सोचा कि चलके बिल्लो से पूछ ही लेना चाहिए। बीड़ी फेंककर वह लम्बे-लम्बे डग भरते बिल्लो के घर की तरफ़ चल पड़े।

'पंडित शिवशंकर पांडेय मार्ग' पर रात उतनी अँधेरी नहीं थी। न्यान की बत्तियाँ जल रही थीं। बस कहीं-कहीं, जहाँ बल्ब फ़्यूज हो गए थे वहाँ रात के

धब्बे-से ज़रूर थे। उनकी आहट पर एक आवारा कुत्ते ने सर उठा उनकी तरफ़ देखा फिर कुछ सोचकर उसने भोंकने का इरादा ख़त्म कर दिया। पहलवान उसकी तरफ़ देखते हुए बिल्लो के घर की तरफ़ बढ़ गए।

दरवाज़े पर रुककर वह ज़रा हिचकिचाए कि इतनी रात गए कुंडी बजाएँ या न बजाएँ। और हो सकता है कि वह कुंडी बजाए बिना लौट आए होते। पर अंदर से बिल्लो और देश की बातों की आवाज़ आने लगी और उन्होंने कुंडी बजा दी।

दरवाज़ा खुलने में देर नहीं लगी। देश ने दरवाज़ा खोला। वह पहलवान को देखकर चौंक पड़ा।

"ऐयसे बकर-बकर हमरा मुँह देखे की ज़रूरत ना है।" पहलवान यह कहते हुए घर में आ गए। देश ने किवाड़ फिर अन्दर से लगा दिया। पहलवान ने देखा कि सामने दालान में बिल्लो हाथ में चाय का प्याला लिए खड़ी है।

मामा को देखकर बिल्लो भी चकरा गई। पर मामा आराम से चारपाई पर आल्थी-पाल्थी मारकर बैठ गए।

देश बावरचीख़ाने से एक प्याली लेता हुआ आया। बिल्लो और देश में से किसी ने यह पूछना मुनासिब न जाना कि इस वक़्त क्यों आए हैं। हालाँकि दोनों सोच यही रहे थे और थोड़े परेशान भी थे। पर लगता था कि जैसे पहलवान किसी जल्दी में नहीं हैं। बात यह है कि उन दोनों को जागता पाकर ख़ुद पहलवान इस सोच में पड़ गए थे कि यह दोनों इतनी गई रात तक जाग क्यों रहे हैं। कहीं दोनों में किसी बात पर झगड़ा तो नहीं हो गया? तो वह इस बात पर झेंपे-झेंपे से बैठे थे कि शायद बे-मौक़ा आ गए हैं। पर आ गए हैं तो एकदम से उठ के चले भी नहीं जा सकते। थोड़ी देर तो बैठना ही पड़ेगा। तो यह दिखाने के लिए वह लेट गए कि इधर से गुज़र रहे थे इसलिए वहाँ भी आ गए।

बिल्लो ने केतली से प्याली में चाय उँड़ेली और प्याली उनकी तरफ बढ़ाई। चाय की प्याली लेने के लिए वह फिर उठ बैठे और सॉसर में चाय उँडेलने लगे। फिर दो-एक बार फूँक मारकर उन्होंने पहला शड़ाका भरा और देश को लगा जैसे उनके शड़ाके की आवाज़ कोस दो कोस तो ज़रूर गई होगी।

"आज साली नींदे ना आती रही कोई तरह।" पहलवान ने सॉसर को बड़ी एहतियात से चारपाई की पट्टी पर टिकाते हुए कहा। फिर बीड़ी के बंडल के लिए उन्होंने जेब में हाथ डाला। चारपाई हिली। चारपाई हिली तो सॉसर भी हिला और देश ने जल्दी से झुककर हाथ लगा दिया। पहलवान ने बीड़ी सुलगाई और एक लम्बा कश मारने के बाद बोले : "तो हम चले गए इतवरिया कि हाँ। ऊ ससुर लगे ओ ही ईर घाट मीर घाट की हाँके। तो हम अपनी जान बचा के भागे उहाँ से।" वह

देश की तरफ़ मुड़े जो सॉसर सँभाले बैठा हुआ था और बोले : रस्ते में का देखते हैं कि तोरे मास्टर बदर बोरिया-बिस्तर सँभाले रक्से पर बैयठे चले जा रहें। हम पूछा। भयी किधिर चल्यो। तो बोले कि कोयी दोस्त की सादी में—हाँ, पानीपत जा रहें। तो हम कहा कि जाते-जाते ई बताते जाव कि रेडियो पर कैसे बोला जाता है। बस ऊ सुरू हो गए कि न धीरे न तेज। ई तो बहुत चक्कर में फँस गए हमरे लोग।''

''चक्कर क्या है...'' देश ने कहना शुरू किया।

''चक्कर है कैयसे नहीं।'' बिल्लो ने बात काटी। ''ई बखत हो गया एही बात पर सोचते-सोचते।''

पहलवान ने इतमीनान का साँस लिया कि दोनों में झगड़ा नहीं हुआ है।

''हमरे कुरते-लुंगी पर इसतिरी कर दिए हो कि ना?'' पहलवान ने पूछ ही लिया।

''सामे को कर दिया रहा।''

''हमरे खयाल में तो नहाना-धोना सुरू कर देना चाहिए।'' देश ने कहा।

''उहाँ साढ़े दस बजे पहुँचे को है न।'' बिल्लो ने कहा। ''तो आधी रात से तैयारी सुरू करे की का ज़रूरत है?''

''खैर आधी रात तो तुम गलत कह रही हो।'' देश ने अपनी कलाई पर बँधी घड़ी देखते हुए कहा। ''साढ़े चार बज रहा। हम तो कहते हैं मामा,'' वह मामा की तरफ़ मुड़ गया, ''कि सरकारी मामला है। घंटा-भर पहिले पहुँचे में कोयी नुकसान नहीं है।''

''और का!'' पहलवान ने कहा। ''आकाशवाणी की घड़ी तेजो हो सकती है। ऐयसा न होय कि हम तो पहुँचे उहाँ अपनी घड़ी देख के और पता चले कि उहाँ की घड़ी तो साढ़े बारह बजा रही। पता चला उहयों से भीतर कर दिए गए।''

''हाँ तो अभयीं काहे ना चल चलें।'' बिल्लो ने जलकर कहा। ''घड़ी तेज हो जाएगी।'' वह बरतन समेटती बावरचीख़ाने की तरफ़ चली गई। पहलवान ने अपने सॉसर की तरफ़ देखा। देश अब तक उसे सँभाले हुए था। उन्होंने बीड़ी देश को थमाते हुए सॉसर उठा लिया और दूसरे शड़ाके में सॉसर की चाय नीचे उतर गई। और वह खड़े हो गए और ज़रा ज़ोर से बोले : ''हमरा लुंगी-कुरता दे द्यो कि हम चल के तैयार होना सुरू करें। तूँ बैयठ के घड़ी देखो।''

बिल्लो बरतन खँगालने बैठ चुकी थी। कलाई से माथे पर आए हुए बाल हटाती हुई बोली : ''हमरा हाथ बझा है। मामा का कपड़ा निकाल द्यो। अरजंट धोया है। डेढ़ रुपया धोलाई। एक रुपया इसतिरी कराई। अढ़ाई रुपया ले लीहो।''

"हम घर से पैयसा लेके ना आए हैं।" मामा ने फ़रयाद की।

"अच्छा कल दे दीहो बाबा।"

"पैयसा ना छोड़ेवाली है।" देश ने भुनका। "हमसे तो पेसगी धरवाए लगी है।"

"एही मारे हम बिआहे ना किया।" मामा ने कहा।

"का खुसुर-फुसुर हो रही?" बिल्लो ने पूछा।

"अरे नाही ने।" मामा ने कहा, "दुसरी बात है।"

"का हे दुसरी बात?" बिल्लो ने पूछा।

"तोको कैयसे बताएँ!" मामा ने बेचारगी से कहा, "मर्दानी बात है।"

इस बीच में देश ने उनके कपड़े उन्हें थमा दिए और वह सर खुजलाते चले गए। देश बावरचीख़ाने में जाकर बिल्लो के पास बैठ गया और बरतन धोने में उसका हाथ बँटाने लगा।

"अब जमीन पर ऐयसे बैठे में तकलीफ हो है।" बिल्लो ने कहा।

उसका पेट काफ़ी निकल आया था। देश ने उस निकले हुए पेट की तरफ़ बड़े प्यार से देखते हुए कहा : "हम्में तो लग रहा कि भगवान हमरी और तोरी अपलिकेसन एक साथे मंजूर कर दिहिन हैं।"

"का?"

"एतने डबल पेट में खाली एक बच्चा तो हो ना सकता।"

बिल्लो ने जल्दी से पेट को साड़ी से छिपा लिया। और पेट को यूँ साड़ी से छिपाती हुई बिल्लो उसे तमाम हेमामालनियों, तमाम रेखाओं, तमाम राखियों और तमाम ज़ीनत अमानों से कहीं ज़्यादा खूबसूरत दिखाई दी और उसे इतना प्यार आया कि उसने उसे गोद में उठा लिया और उसकी फ़रयादों के बावजूद आँगन पार करके दालान तक ले गया और फिर उसने इसे इतनी आहिस्तगी से चारपाई पर रक्खा जैसे बुढ़िया के काते की बनी हुई औरत हो...

वह दोनों यह भूल गए कि उन्हें साढ़े दस बजे रेडियो स्टेशन पहुँचना है।

"हम सोच रहें कि एको भी तो एक ठो कमरा चाहिए।" देश ने कहा।

"कमरा का होगा!"

"क्यों?" देश ने कहा। "लड़की बड़ी होगी तो माँ-बाप के साथ रहेगी का?"

"लड़की होबे ना करिहे।" बिल्लो बोली।

"तूँ जिद बहुत करे लगी हौ।"

"काहें ना करें जिद?"

देश के पास इस सवाल का क्या जवाब हो सकता था? कुछ नहीं। तो वह

चुप रह गया और बिल्लो के निकले हुए पेट की तरफ़ देखने लगा और बिल्लो ने बड़े प्यार से उसके मुँह को दूसरी तरफ़ फेर दिया।

"आज महनाज बाजी आई रहीं।"

"ऊ कैसे रस्ता भूल पड़ीं इधिर का?"

"समझाए आई रहीं कि अब तोरी नसबन्दी हो जाए को चाहिए। जोखन चाचा तो ऊथ कांग्रेस की महल्ला कमेटी के सदर हो गए हैं। महनाज बाजी इहो बताती रहीं कि बाबू साहेब के पिता पंडित कानी कौन की पचीसवीं बरसी में संजेय गाँधीयो आयेवाले हैं। शम्सू चचा ऊ जसन कमेटी के कानी का हो गए हैं। टेलिबीजन वाले आके फोटो उतरिहें ऊ जसन का। लता मंगेसकर बुलाई जा रहीं गाए के वास्ते और दलीपकुमार आएवाले हैं पंडितजी की फोटो को फूलमाला पहिनाए के वास्ते..."

"हम तो सुना रहा कि संजय गाँधी आ रहें।"

"ऊ तो आ ही रहें।" बिल्लो ने कहा, "उनका बहुत बड़ा जलूस निकले वाला है। महराज रीवा का हाथी आ रहा उनकी सवारी के वास्ते। रेडियो वाले ऊ जलूस और आम सभा का आँखोंदेखा हाल सुनैयहें देस-भर को..."

रेडियो की बात निकली तो उन्हें अपनी रिकार्डिंग याद आ गई और वह फिर परेशान हो गए।

"चले की तैयारी करे को चहिए अब।" बिल्लो ने कहा।

"अभइँए से?" देश ने पूछा।

"मामा ठीके कहते रहे।" बिल्लो बोली, "थोड़ी देर पहिले पहुँचे में कौनो शान थोड़े घट जैयहे।"

देश का मूड तैयारी करने का नहीं था। वह तो अभी बहुत देर तक फूले हुए पेटवाली इस बिल्लो को चुपचाप देखते रहना चाहता था जो उसे आज भी और इस आलम में भी दुनिया की सबसे ख़ूबसूरत औरत दिखाई दे रही थी। पर वह यह भी जानता था कि बिल्लो की बात टाली भी नहीं जा सकती।

"पहिले तूँ नहा ल्यो।" देश ने कहा, "हम तो मरद जात हैं। दुइ मिनट में तैयार हो जाँगे।"

बिल्लो यह बात मान गई।

उसके चले जाने के बाद भी देश देर तक उस चारपाई पर प्यार से हाथ फेरता रहा जैसे बिल्लो लेटी हुई हो। उसे ज़िन्दगी से कोई शिकायत नहीं थी। उसका गैरेज़ मज़े में चल रहा था। बैंक का क़र्ज़ उतरता जा रहा था। जनता लांडरी भी धूम मचाए हुए थी। बस एक बेटी हो जाए तो उसकी ज़िन्दगी भरपूर हो जाए।

किसी चीज़ की कमी ही न रह जाए।...बेछत वाले गुस्लख़ाने से बिल्लो के गुनगुनाने की आवाज़ आ रही थी। गीत के बोल साफ़ नहीं सुनाई दे रहे थे। पर यह ज़रूर पता चल रहा था कि बिल्लो बहुत ख़ुश है। और बिल्लो की ख़ुशी के सिवा देश को चाहिए क्या था! वह उठा और पंजों के बल चलता हुआ गुस्लखाने की नीचे पर्दे की दीवार के पास रुका। बिल्लो की गुनगुनाहट बन्द हो गई थी और चूड़ियाँ तेज़ी से बजने लगी थीं। शायद वह साबुन लगा रही थी। क्युटीकोरा साबुन की खुशबू उसके नथनों को छूने लगी। वह पंजों के बल उठकर गुस्लख़ाने में झाँकने लगा।

बिल्लो अपने नंगे बदन में साबुन लगा रही थी। उसके नंगे बदन के साथ उसका फूला हुआ पेट बड़ा अजीब लग रहा था। वह बैठी भी कुछ अजब तरह से थी। फ़सकड़ी मारके क्योंकि अब नीचे बैठने में उसे परेशानी होती थी।

बिल्लो देश की आँखों से बेखबर बदन पर साबुन लगाती रही। फिर ज़रा ज़ोर से बोली, "चूल्हे पर चाय का पानी चढ़ा दो। हम दु मिनट में निकल रहें।"

"अच्छा।" देश ने कहा।

इस क़दर पास से जो उसकी आवाज़ आई तो बिल्लो ने चौंककर देखा और उसे सामने से झाँकता पाकर घबरा गई और उसने अपने बदन को दोनों हाथों से छिपाने की नाकाम कोशिश की। प्यार से शर्मायी हुई आवाज़ में बोली, "बेसरम कहीं के!"

देश हँसता हुआ बावरचीख़ाने में चला गया और चूल्हा जलाने लगा। कोई मिनट-भर के बाद बिल्लो तौलिए से अपने लम्बे बालों को झटकती हुई निकली और आँगन में पड़े हुए बँसखट पर बैठकर बाल सुखाने लगी।

"तुहें ऊ दिन याद है जे दिन तूँसे कानी केकी साड़ी जल गई रही जेका दाम भरे को पड़ा रहा?"

"क्यों?"

"ओ दिन हम तोसे झूठ बोले रहे।" देश ने कहा। "हमसे कोयी की गाड़ी का पुर्जा-उर्जा ना टूटा रहा। हम महनाज के मियाँ के वास्ते रिस्टवाच खरीदे के वास्ते झूठ बोले रहे कि तैं ऐयसे तो खरीदे ना देबे..."

देश समझ रहा था कि इतने बरसों बाद भी यह बात सुनकर बिल्लो दर गुज़र करनेवाली नहीं है। पर यह कहकर वह अपनी छाती से एक बोझ हटाना चाहता था। उसने बोझ हटा दिया। पर बिल्लो के क़हक़हे के लिए तो वह तैयार ही नहीं था। वह घबरा गया। उसने बिल्लो की तरफ़ देखा। वह हँसते-हँसते बेहाल हुई जा रही थी।

"ए में हँस्से की का बात है?" देश ज़रा-सा बुरा मान गया।

"ओ दिन हमहूँ झूठ बोले रहे। साड़ी-ओड़ी ना जल्ली रही। महनाज के मियाँ के वास्ते साइकिल खरीदना रहा कि तूँ तो साइकिल के नाम पर चिलपों मचाए लगिहो।"

"ऐं!"

और फिर देश भी हँसने लगा।

"हम कै दिन से ई सोच रहें कि अब अकेले काम ना होता। उस्ताद को भी साथ लगा लें। बाबू साहब को तो लीडर बनना रहा। बन गए। उस्ताद बिचारे वैसे ही गलत नम्बर की ऐनक लगाए घूम रहें। एक दिन महनाज मिल गईं तो हम बहुत डाँट पिलाया कि फैसन करके नसबंदिए कराती फिरिहो कि उस्तादो की तरफ़ देखिहो कभी। एक ठो ऐनके बनवा दो। तो महनाज कहे लगीं कि हम तो ऐनक की दुकान खुलवा दें अब्बा को पर वह मानें भी।"

"काहे ना मानते?"

"दमाद के पैयसे से ऐनक ना लगा सकते ऊ।" देश ने कहा, "और अब्दुलहक ससुर पाकिस्तान में जमे बैयठे हैं। और अपने को हम का कहें..."

बिल्लो समझ गई कि देश से शम्सू मियाँ के बिना जिया नहीं जा रहा है। तो उसने बात बदल दी। बोली, "जब तक पानी खौले-खौले तुम नहा ल्यो।"

देश नहाने चला गया।

ओलती से उजाला आँगन में बरसने लगा और ज़मीन से आसमान तक एक दूधिया रोशनी फैल गई। चिड़ियाँ घोंसलों से निकलकर आँगन में उतर आईं और एक कव्वा रोज़ की तरह न जाने कहाँ से उड़ता हुआ आया और तार की अलगनी पर बैठकर पहले तो तार पर चोंच घिसता रहा और फिर न जाने क्यों आवाज़ें देने लगा।

बिल्लो ने नई साड़ी बाँध ली जो ख़ास रेडियो स्टेशन जाने के लिए बड़ी और छोटी तमाम दुकानों के चक्कर लगाकर ख़रीदी गई थी। फिर वह चप्पल पहनी गई जो साड़ी के रंग से मैच करने के लिए शहनाज़ के कहने से ख़रीदी गई थी। शहनाज़ खुद साथ गई थी और चप्पलों को साड़ी के साथ लगा-लगाकर उसने बड़ी मुश्किल से एक चप्पल पसन्द की थी। फिर उसने पहली बार लिपस्टिक लगाई। यह लिपस्टिक और इसके साथ की कई चीज़ें आशाराम ने उसे शादी पर दी थीं। लिपस्टिक लगाते-लगाते वह आशाराम को याद करके उदास हो गई। उसे यक़ीन नहीं आ रहा था कि आशाराम जैसा शरीफ़ लड़का ऐसी अच्छी सरकार का तख़्ता उलटने के लिए मस्जिद में बम बनाएगा। पर लैला के मामूँ को झूठ बोलने की क्या ज़रूरत है? कौन

कहे कि आशाराम से उनकी कोई ज़ाती लड़ाई है...उसने आईने में अपना मुँह देखा। चेहरे पर थोड़ी सूजन थी। सूजन तो थोड़ी-थोड़ी सारे बदन पर थी। पर सकीना ममानी कह रही थीं कि बच्चा होये में ऐयसा हो जाता है...

देश चाय लेकर आ गया। वह उसकी तरफ़ देखके मुस्कुराई। वह अपनी आँखें मलने लगा और फिर उसे देखकर उसी से पूछने लगा, ''मेम साहब, इहाँ हमरी घरवाली बैयठी रही। ऊ कहाँ चली गई?''

''हम नहीं जानटा।'' मेम साहब ने गरदन अकड़ाकर कहा और फिर दोनों हँसने लगे। और अभी अपनी हँसी के बीच में थे कि कुंडी बजी और देश चाय की प्याली बिल्लो को थमाकर दरवाज़ा खोलने चला गया।

दरवाज़े पर बुरक़ा पहने शहनाज़ खड़ी थी। नक़ाब उठा हुआ था।

''अरे अम्माँ।'' देश ने कहा।

''कीड़ा पड़े आपकी ज़बान में। बोहार जाएँ आपकी अम्माँ...'' शहनाज़ दुआएँ देती हुई अन्दर आ गई और बुरक़ा उतारती हुई बिल्लो से बोली, ''अब्बा भेजिन हैं कि जाके बिल्लो को तैयार करवा दो। रेडियो स्टेशन का मामला है। देर नहीं होनी चाहिए...पर आप तो तैयार बैठी हैं।''

''उस्ताद भेजिन हैं?'' देश को यक़ीन न आया।

''नहीं तो क्या मुझको पागल कुत्ते ने काटा था कि मुँह अँधेरे आ जाती!''

देश मुस्कुरा दिया। मास्टर बद्रुलहसन नायाब मछलीशहरी के इश्क़ ने और कुछ सिखाया हो न सिखाया हो पर शहनाज़ को खड़ी बोली बोलना ज़रूर सिखा दिया था। और इस नई भाषा के साथ शहनाज़ उसे कुछ अजीब-सी लगने लगी थी। यह नई भाषा सुनने में अच्छी ज़रूर लगती है पर सुनने में जैसे अपनी नहीं लगती। बोलनेवाला भी जैसे कोई और हो जाता है। महनाज़ ने भी यूथ कांग्रेस और नसबन्दी का मोर्चा सँभालने के बाद यही भाषा बोलना शुरू कर दिया था पर उसके बोलने में शहनाज़ के लहजे की सफ़ाई नहीं थी। वह बोलती थी तो ऐसा लगता था जैसे हेमामालिनी का गाना लता मंगेश्कर गा रही हैं।

''मामा की दुकान खुली कि नहीं?'' देश ने पूछा।

''आज कैसी दुकान!'' शहनाज़ ने कहा, ''उन्हें बाजी सिखला रही हैं कि कैसे बोला जाता है रेडियो पर।''

बात यह है कि महनाज़ 'कटरा मीर बुलाक़ी' में रेडियो की एक्सपर्ट थी। महिलाओं के प्रोग्राम में कई बार 'नसबन्दी' के बारे में होनेवाली बातचीत में हिस्सा ले चुकी थी। वैसे मास्टर बदर भी कई बार रेडियो पर शेर सुना चुके थे पर महनाज़ यूथ कांग्रेस की 'लीडर' थी। उसने कटरे की तमाम जवान लड़कियों और औरतों

को यूथ कांग्रेस में भरती कर लिया था। एक दिन तो कटरे की औरतें बुरक़ा पहन-पहनकर और घूँघट निकाल-निकालकर कटरे की सफ़ाई पर उतर आईं। बाबू साहब ने प्रेस को बुला रक्खा था और देश-भर में महल्ले की सफ़ाई करनेवाली औरतों की तस्वीर छपी थी। औरतें तो नज़र नहीं आ रही थीं, हाँ बुरक़े और घूँघट ज़रूर थे। महनाज़ की तस्वीरें उनके इन्टरव्यू समेत उन्हीं पत्र-पत्रिकाओं में 'समाचार' के शुक्रिये के साथ अलग छपी थीं। यह तस्वीरें छपने के बाद महनाज़ अपने-आपको कटरा मीर बुलाक़ी की 'मिसेज़ गाँधी' समझने लगी थी और वह चाहती थी कि महल्ले के लोग उसे यही कहकर छेड़ा करें।

महनाज़ की रोशनी में जोखन मियाँ दुकानदार भी नहाए खड़े थे। दुकान पर बैठने का उन्हें मौक़ा ही नहीं मिलता था। वह नसबन्दी के लिए दौरे किया करते...महनाज़ के साथ कभी लखनऊ, कभी रायबरेली, कभी बनारस...

महनाज़ के असर के साथ-साथ उनका असर भी बढ़ रहा था। और महनाज़ तो अफ़सरों के तबादले के लिए सीधे मुख्यमंत्री को फ़ोन घुमा दिया करती थी। शहर में उसका तूती बोल रहा था। लोग उससे डरते थे। हुक्काम उससे राय लेने आते थे। सुबह से उसका दरबार शुरू होता तो गई रात चलता रहता। कइयों की तक़दीर बिगाड़ी जाती। कइयों की नई तक़दीर लिखी जाती...

उस लगभग अनपढ़ महनाज़ का यह रुतबा न होता। पर हुआ यह कि अपनी एक तक़रीर में संजय गाँधी ने उसका ज़िक्र कर दिया था। मिसाल देते-देते कह दिया था कि उत्तर प्रदेश की मुख्यमंत्री कटरा मीर बुलाक़ी की महनाज़ जी भी हो सकती हैं...संजय गाँधी का यह मतलब हरगिज़ नहीं था पर यह 'खबर' समाचारवाले ले उड़े। आकाशवाणी ने इसे उछाला। लखनऊ टी-वी पर समाचार के बीच महनाज़ की तस्वीर का इंसर्शन आया और लोग समझ बैठे कि संजय गाँधी कह रहे हैं तो इसका मतलब यह है कि उत्तर प्रदेश की मुख्यमंत्री तो वह होने ही वाली है। तो सरकारी एम.एल.ए. और एम.पी. लोग उसके गिर्द चक्कर काटने लगे और मुख्यमंत्री की नींद हराम हो गई। यह बात उसे बाबू गौरीशंकर पांडेय एम.पी. ने बताई कि उत्तर प्रदेश में इस वक्त सबसे ज़्यादा ताक़तवर वही है। वह नहीं मानी, तो बाबू साहब ने कहा कि हाथ कंगन को आरसी क्या है। घुमाव एक फ़ोन मुख्यमंत्री को। उन दिनों बाबू साहब डिस्ट्रिक्ट मैजिस्ट्रेट से बिगड़े हुए थे इसलिए उन्होंने फ़ोन यह करवाया कि डिस्ट्रिक्ट मैजिस्ट्रेट नालायक़ है। यूथ कांग्रेस के प्रोग्राम में सरकारी सहायता नहीं देता इसलिए उसका तबादला किसी छोटे ज़िले में कर दिया जाए।...शाम तक तार से तबादले का हुक्म आ गया और वह बिचारा दूयोरिया हँका दिया गया।

परन्तु उस दिन के बाद से महनाज़ बाबू साहब के क़ाबू में भी नहीं आई। अब वह बाबू साहब से पूछे बिना मुख्यमंत्री को फ़ोन करने लगी और पत्र-पत्रिकाओं में आए दिन उसके बयान और इन्टरव्यू प्रकाशित होने लगे तो दिल्ली ने भी उसके सर पर हाथ रख दिया और यूथ कांग्रेस के बड़े-बड़े लीडरों से उसकी सतबाज़ी शुरू हो गई...बम्बई के एक प्रोड्युसर ने उसे अपनी एक फ़िल्म में हीरोइन का रोल भी ऑफ़र किया पर जोखन मियाँ इसके लिए तैयार न हुए क्योंकि फ़िल्म में इतनी आमदनी कैसे हो सकती है। पर उस दिन एलाहाबाद के 'निरंजन' सिनेमा में बीस मिनट तक तालियाँ बजती रहीं जिस दिन एक सरकारी डाक्यूमेंटरी में पहली बार महनाज़ दिखाई दी। ड्यूक आफ़ विंड्सर की तरह जोखन मियाँ पीछे-पीछे थे।...

देखते-देखते महनाज़ में एक स्यासी समझ भी आ गई और बाबू साहब डरे कि कहीं वह आनेवाले चुनाव में उनकी जगह पर पार्टी का टिकट न पा जाए। पर बिचारे मजबूर थे। कर ही क्या सकते थे। दरबारदारी करते रहते थे।

और यूँ देखते-देखते कटरा मीर बुलाक़ी में पहली दो मंज़िलोंवाली कोठी बनी जिसका नाम 'जोखन भवन' रक्खा गया जो थोड़े ही दिनों में 'आनंद भवन' से ज़्यादा मशहूर हो गया। इसमें महनाज़ के आफ़िस का एक बड़ा कमरा था। मोटे गद्दों वाले सोफ़े, भदोयी की एक फ़ैक्ट्री का दिया हुआ दबीज़ और मुलायम रेशोंवाला क़ालीन, दीवार पर संजय गाँधी और मिसेज़ गाँधी की तस्वीरें, एक बड़ा मेज़ जिस पर दो इंच मोटे काँच का टॉप, एक चाँदी का क़लमदान जिसकी दवातों में रोशनाई कभी डाली ही नहीं गई क्योंकि वह 'माँब्लाँ' क़लम से दस्तख़त किया करती थी।

उसके मेज़ से ज़रा हटकर उसकी सेकरेट्री का मेज़ था। अपनी घूमनेवाली कुरसी पर बैठी हुई लैला महनाज़ को नये फ़ैशनों के बारे में बताती रहती थी। महनाज़ ने उसी से मेक-अप करने की कला सीखी थी। बालों में तेल डालना उसने छोड़ दिया था। नाखून लम्बे हो गए थे और उस पर नाखूनों के रंग की नेल-पालिश हर वक़्त चमकती रहती थी। हफ़्ते में एक रात मड-पैक लगता। बाल शैम्पू से धोये जाते। बिजली के ड्रायर से सुखाए जाते। कर्लर्ज़ लगाए जाते। रात को पहले क्लेंज़िग मिल्क से मेक-अप उतारा जाता, फिर चेहरे पर कोल्ड क्रीम लगाई जाती, चेहरे का मसाज किया जाता और तब लेटने की नौबत आती। सुबह को सिट-अप्स, गहरी साँसों के पाँच मिनट और फिर शीश आसन। भवें टुईज़र से उखाड़ी जातीं। फ़ाउनडेशन लगता। मेकअप शुरू होता। फिर साड़ी लपेटी जाती। मैचिंग ब्लाउज, मैचिंग चप्पल, मैचिंग रूमाल, मैचिंग नेल-पेंट, मैचिंग

बिंदिया, मैचिंग बैग...दूसरा दिन शुरू हो जाता। इसकी सिफ़ारिश करनी है। उसे तरक़्क़ी दिलवानी है। उसे डिसमिस करवाना है। इस अख़बार को इन्टरव्यू देना है। उस साप्ताहिक को अपना लेख भेजना है।

पर मस्जिद से बरआमद होनेवाले बमों के कारखाने के बारे में बोलना उसने मुनासिब न जाना। लैला ने भी मना किया। पर वह सिर्फ़ तमाशायी बनी बैठी भी नहीं रह सकती थी इसलिए उसने आकाशवाणी को हुक्म दिया कि कटरा मीर बुलाक़ी के लोगों से इमरजेंसी की तारीफ़ करवाई जाए और यूँ शम्सू मियाँ, बिल्लो और देश के नाम आकाशवाणी से बुलव्वा आ गया। बाद में महनाज़ ने मुनासिब जाना कि पहलवान को भी बुलवा लिया जाए। तो पहलवान भी बुलवा लिए गए।

"अरे आप घबराते क्यों हैं?" महनाज़ ने पहलवान से शायद पचासवीं बार कहा, और यह कहने में उसने शायद पचासवीं बार ही 'अरे' और 'घबराते' के 'र' को रोटी की फ़ोंपी की तरह रेल किया कि लैला अपने 'र' की यूँ ही फोंकी बनाया करती थी। "आई मीन कि डोंच यू वरी" उसने अंग्रेज़ी में भी समझा दिया और लैला ने बड़ी मुश्किल से हँसी रोकी।

शम्सू मियाँ भी आ गए। महनाज़ के आफ़िस के वातावरण में शम्सू मियाँ कुछ ज़्यादा ही ग़रीब नज़र आए। महनाज़ जल गई। वह अपने इस बेवकूफ़ बाप से झल्लाई-झल्लाई-सी रहने लगी थी। आदमी को कुछ तो दूसरों का ख़याल करना चाहिए। इन्हें किस चीज़ की कमी है? पर यह बेटी की चीज़ को हाथ नहीं लगा सकते। वह एक जुडिशल मैजिस्ट्रेट से शहनाज़ की शादी लगा रही थी। तो न वह मानी और न यह माने।

सच्ची बात यह है कि शम्सू मियाँ को महनाज़ की यह तरक़्क़ी अच्छी नहीं लगती थी। बैयमानी का पैयसा कै दिन चलिहे तो उन्होंने महनाज़ से मिलना-जुलना भी कम कर दिया था क्योंकि उसके आफ़िस का चपरासी उन्हें अजीब निगाहों से देखा करता था। वह तो पाँचों वक़्त की नमाज़ में यह दुआ माँगा करते थे कि सिविल लाइन वाला बँगला जल्दी से बन जाए और महनाज़ अपने बँगले में उठ जाए। पर हुआ क्या था कि बँगला आधा बन चुका था कि ज़मीन के किसी वारिस ने दावा ठोंक दिया कि ज़मीन सरकार की थी ही नहीं तो उसने महनाज़ बेगम के हाथ रुपये गज़ के हिसाब से बेच कैसे दी। ज़मीन का वारिस वह है और वह प्रार्थना करता है कि महनाज़ बेगम को बेदख़्ल किया जाए...वह आदमी तो 'मीसा' में अन्दर कर दिया गया लेकिन वह यूथ कांग्रेस के किसी और नेता का रिश्तेदार था इसलिए पगड़ी उलझ गई। वह छूट गया और महनाज़ ने उस मैजिस्ट्रेट का तबादला करवा दिया जिसने उसे ख़ुश करने के लिए

उस आदमी को 'मीसा' में अन्दर कर दिया था। महनाज़ उस आदमी से मिलने उसके घर भी गई। बाबू गौरीशंकर पांडेय साथ गए और उस आदमी को महनाज़ ने यक़ीन दिलाया कि उसकी गिरफ़्तारी में उसका हाथ नहीं था। उस आदमी ने शायद यक़ीन भी कर लिया। पर वह ज़मीन छोड़ने पर तैयार न हुआ इसलिए मुक़दमा चलता रहा। एक अदालत से वह हारा। दूसरी अदालत से वह जीत गया और अब केस हाई कोर्ट में था और बँगले की तामीर का काम रुका हुआ था और महनाज़ को मजबूरन उस गन्दे महल्ले में रहना पड़ रहा था। वह तो बाबू साहब के कहने से किसी किराये के बँगले में उठ गई होती पर लैला ने उसे समझाया कि यदि वह किसी किराये के बँगले में उठी तो उसकी 'पोलिटिकल इमेज' पर बुरा असर पड़ेगा। लोग चुनाव के दिनों में कह सकते हैं कि वह ग़रीबों से भागती है। अपने बँगले में उठने की बात और है। वह लैला की बात मानकर रुक गई। पर कटरा मीर बुलाक़ी उर्फ़ कटरा श्रीमती गाँधी में उसका जी नहीं लग रहा था। हर तरफ़ बदबू, हर तरफ़ गन्दगी, जाहिलों का पड़ोस, विदेशी मेहमानों को वह इस महल्ले में बुला नहीं सकती थी। अब बाबू शिवशंकर पांडेय की पच्चीसवीं में संजय गाँधी आ रहे हैं। जो उसका बँगला तैयार हो चुका होता तो वह उन्हें डिनर पर बुलाती, पर यहाँ क्या बुलाए, बाँसमती चावल डोलों की तरह दिखाई देंगे प्लेटों में...

"आदाब अब्बा।" उसने शम्सू मियाँ को सलाम किया।

"जीती रहो।" शम्सू मियाँ ने दुआ दी।

"क्या कोई और कोट नहीं है आपके पास कि यह पहनकर आप आल इंडिया रेडियो जा रहे हैं?"

"का खराबी है ई कोट में?" शम्सू मियाँ ने अपने कोट की तरफ़ देखते हुए कहा, एक बटन ग़ायब था। उस पर उन्होंने जल्दी से हाथ रख लिया, "चलो पहलवान, अब चला जाए नहीं तो देर हो जैयहे।"

पहलवान उठ खडे हुए। शम्सू और पहलवान दरवाज़े की तरफ़ मुड़े और ठीक उसी वक़्त बिल्लो के साथ-साथ देश दाख़िल हुआ।

बाबू गौरीशंकर लाल पांडेय एम.पी. के घरवाले डिनर की रात के बाद अब देश और शम्सू मियाँ का आमना-सामना हुआ। इतने पास से कि दोनों ने एक-दूसरे की आँखों की घबराहट देख ली।

"सलाम उस्ताद।" देश ने कहा।

"जीते रहो।" उस्ताद ने जवाब दिया।

बर्फ़ नहीं पिघली।

पहलवान ने दोनों की तरफ़ देखा। बोले, ''बस अब दूनो जने ई चूतिया चक्कर खतम करत जा।''

और वह दोनों शायद इसी इन्तिज़ार में थे कि कोई कहे तो वह यह 'चूतिया चक्कर' खत्म कर दें। दोनों ने वह 'चूतिया चक्कर' ख़त्म कर दिया।

शम्सू मियाँ की आँखें भीग गईं। देश झेंपकर इधर-उधर देखने लगा।

उन दोनों ने एक-दूसरे को सामने पाकर पूरी तरह यह महसूस किया कि वह एक-दूसरे के बग़ैर अधूरे थे। दोनों को अब्दुलहक़ याद आ गया। देश आँसू पी गया पर शम्सू मियाँ उसे लिपटाकर बच्चों की तरह रोने लगे।

सबने उन्हें रोने दिया। फिर वह ख़ुद ही चुप हुए और आँसू पोंछते हुए पहलवान से बोले, ''हमरे खयाल में अब चलना चाहिए।''

किसी ने जवाब नहीं दिया। लैला अपने नाख़ून को रेती से घिस रही थी। महनाज़ सामने रक्खे हुए एक सर्कुलर को 'पढ़' रही थी। पहलवान, शम्सू मियाँ और बिल्लो को लेकर देश महनाज़ के आफ़िस से निकल गया।

कमरे में फिर भी सन्नाटा रहा। लैला नाख़ून घिसती रही और महनाज़ सर्कुलर को 'पढ़ती' रही।

आकाशवाणी

"आपका नाम?" प्रेमानारायण ने पूछा।

प्रेमा का तबादला एलाहाबाद कर दिया गया था क्योंकि ख़ुर्शीद आलम ख़ाँ का ख़याल था कि आशाराम कभी-न-कभी उससे मिलने की कोशिश ज़रूर करेगा। दिल्ली से उन पर दबाव पड़ रहा था कि आशाराम को गिरफ़तार करना ज़रूरी है। पर आशाराम मिले तब तो वह उसे गिरफ़तार करें! उन्होंने देश, पहलवान और महनाज़ के बावजूद शम्सू मियाँ पर कड़ी निगाह रख छोड़ी थी। पर देश किसी से मिल नहीं रहा था और उनकी समझ में नहीं आ रहा था कि वह दिल्ली को क्या जवाब दें। तो उन्होंने यह तै किया कि सीधी उँगलियों घी नहीं निकलेगा। आकाशवाणीवालों को उनके इस प्रोग्राम की ख़बर नहीं थी इसीलिए बिल्लो से अपनी बातचीत रिकार्ड करते समय प्रेमानारायण की आवाज़ में कोई तनाव नहीं था।

"बिल्लो।" बिल्लो ने कहा।

"पूरा नाम क्या है?" प्रेमा ने पूछा।

"पता नहीं। हम तो जब से होस सँभाला है इहे नाम सुन रहें और एही पर बोलते चले आ रहें।"

प्रेमा जवाब की इस सादगी पर मुस्कुरा दी।

"आप करती क्या हैं बिल्लो देवी?"

"कटरा श्रीमती गाँधी में हमरी जनता लांडरी है। हमरे पति को प्रधानमंत्री बंक से करजा दिलवा दिहिन हैं। तो उनकी इन्दिरा मोटर वर्कसाप चल रही जीरो रोड पर।"

'इमरजेंसी के बारे में आपका क्या ख़याल है बिल्लो देवी?"

"बहुत अच्छा ख़याल है। जब से इन्दिराजी इमरजंसी लिआई हैं देस में बहुत तरक्की हुई है। पुलिसवाले कपड़े की धोलाई देवे लगे हैं। चीनी और सोने के भाव में फरक हो गया है। हमरी तो भगवान से एही परार्थना है कि भगवान इन्दिराजी को जिन्दा रक्खे कि ऊ इमरजंसी बनाए रहें।"

रिकार्डिंग रूम की लाल बत्ती प्रेमा के इशारे पर बुझ गई।

प्रेमा यही सवाल पूछते-पूछते बोर हो गई थी। आज यह आठवाँ बयान था। उसने मुश्किल से आती हुई जमाही रोकी। अब बस एक देशराज मिकैनिक रह गया है। उसका इन्टरव्यू रिकार्ड हो जाए तो वह कैंटीन में बैठकर कॉफ़ी की दो प्यालियाँ पिए कम-से-कम।

दरवाज़ा खुला। आकाशवाणी के प्रचार विभाग का एक आदमी देश को लेकर आया और बिल्लो को लेकर चला गया। प्रेमा ने उस आदमी की तरफ़ किसी दिलचस्पी से नहीं देखा। वह तो बस यह जानती थी कि उसे उस आदमी से वही सवाल करने हैं जो दूसरों से कर चुकी है और उसे यह भी मालूम था कि यह आदमी भी वही जवाब देगा जो दूसरे दे चुके हैं। फिर भी आनेवाले पर उसकी एक निगाह तो पड़ ही गई थी। वह यह देखकर मुस्कुरा दी कि आनेवाले ने बिल्कुल नया जोड़ा पहन रक्खा है। जूते भी नये हैं और उसके बदन से किसी सस्ते सेंट की महक भी आ रही है। कान में दबा हुआ इत्र का फाया भी उसने देख लिया। फिर वह आदमी बैठ गया और वह उससे बे-तअल्लुक़ बैठी बत्ती के लाल होने की राह देखती रही।

उसने रिकार्डिंग रूम की तरफ़ देखा। साउंडवाले ने तैयार रहने का इशारा किया। प्रेमा ने गला साफ़ किया। देश ने बहुत-सा थूक घोंट के अपना गला तर किया। बत्ती लाल हो गई।

''आपका नाम?'' प्रेमा ग्रामोफ़ोन रिकार्ड की तरह बजी।

''देशराज।'' देश की आवाज़ काफ़ी ऊँचे सुरों में निकली। फिर वह ख़ुद ही झेंप भी गया।

''इतना ज़ोर से बोलने की ज़रूरत नहीं है।'' प्रेमा ने कहा।

''क्या बताएँ साहेब...'' देश सर खुजलाने लगा।

''हाँ तो देशराजजी, यह बताइए कि आप करते क्या हैं?''

''साहेब हम पहिले नौकरी करते रहे। फिर इमरजंसी आ गई और हम्में बंक से कर्जा मिल गया। अब हमरी अपनी बर्कसाप है।''

''तब तो आपको इमरजेंसी से बड़ा फ़ायदा हुआ?''

''हम्में ही थोड़ा फायदा हुआ? सब गरीब जनता को फ़ायदा हुआ। एक ठो हमरे दोस्त रहे आशाराम...'' देश बताए हुए जवाबों से बहक गया। प्रेमा ने उसकी तरफ़ देखा। तो यह आशाराम का दोस्त है। यह नये कपड़े पहनकर रेडियो स्टेशन आनेवाला जाहिल गँवार आशाराम का दोस्त है। उसका जी चाहा कि वह देश से उसके दोस्त 'आशाराम' की बात करे। पर वह ड्यूटी पर थी। यहाँ उसे इस

आदमी से इमरजेंसी की तारीफ़ करवानी थी। अभी उसके पास आशाराम के बारे में सोचने का वक़्त नहीं था।...उसने अपनी बड़ी-बड़ी उदास आँखों से देश की तरफ़ देखा। वह उसी की तरफ़ देख रहा था। बे-बाक आँखों से लेकिन उन आँखों में कोई पयाम नहीं था।

"आशाराम को अभी छोड़िए देशराजजी, मैं..."

"छोड़ें कैयसे साहब?" देश ने उसकी बात काटी, "ई बात ठीक है कि ए बखत उनके नाम वारंट है। पुलिस उनन्हें खोज रही। इमरजेंसी का फायदा उन्हें देखाई ना दे रहा। पर हम लोग की दोस्ती बहुत पुरानी है साहब। सच पूछिए तो राजनीति का सौक हम्में उन्हींने सिखाया।"

प्रेमा को याद आ गया।

तो यह वह देश हैं और वह गर्भवती औरत जो अभी-अभी बाहर गई है वह उसकी घरवाली बिल्लो है।

लाल बत्ती बुझ गई। प्रेमा चौंक पड़ी। अभी तो बात ख़त्म नहीं हुई थी। फिर बत्ती बुझ क्यों गई? रिकार्डिंग रूम से एक आदमी उसे इशारा कर रहा था।

"मैं अभी आई देशजी।" यह कहती हुई वह देश को उस कमरे में माइक्रोफ़ोन के साथ अकेला छोड़कर बाहर चली गई। कॉरिडॉर में एक आदमी खड़ा था।

"मेरा नाम ख़ुर्शीद आलम है।" उसने अपना परिचय करवाया।

"कटरा मीर बुलाक़ी बम केसवाले ख़ुर्शीद आलम साहब?" प्रेमा ने पूछा।

"जी हाँ।"

प्रेमा ने इस डर से अपनी निगाहें झुका लीं कि कहीं ख़ुर्शीद आलम ख़ाँ उसकी आँखों में अपने लिए भरी हुई नफ़रत देख न लें।

"यह जो आदमी है आपके साथ, देश, यह आशाराम का दोस्त है। रिकार्डिंग की फ़िकर न कीजिए। ज़रा टोह लेने की कोशिश कीजिए, आशाराम के बारे में।"

"जी?"

"देखिए मिस नारायण," आलम साहब ने कहा, "हमें मालूम है कि आप आशाराम से शादी करनेवाली थीं। हमें यह भी मालूम है कि पोलिटिकल डिफ़रेंसेज़ की वजह से आपने उन्हें अपने जीवन से निकाल दिया। मैं इस फ़ैसले पर आपको मुबारकबाद देता हूँ। आशाराम प्रधानमंत्री का दुश्मन है यानी वतन का दुश्मन है। उसकी गिरफ़तारी में मदद करना आपका फ़र्ज़ है..."

फ़र्ज़।

हर ज़माने में सरकारें इस शब्द का मतलब बदलती रहती हैं। कभी फ़र्ज़ यह भी हो जाता है कि प्रेमिका अपने बेगुनाह प्रेमी के ख़िलाफ़ जासूसी करे। राजनीतिक मतभेद और मुख़बिरी में कुछ तो फ़र्क़ होना चाहिए। जो आदमी रिकार्डिंग रूम में बैठा उसका इन्तिज़ार कर रहा होगा उससे वह पहली बार मिली है। पर वह रेडियो स्टेशन और पुलिस स्टेशन में फ़र्क़ करता होगा। उसे यह कौन बताए कि रेडियो भी पुलिस स्टेशन हो गया है और उसका बयान लिया जा रहा है...

प्रेमा ज़िन्दगी में पहली बार अपनी निगाहों से गिरी। उसने सोचा कि उसे मिसेज़ गाँधी के नाम एक बेनाम ख़त तो लिखना ही चाहिए कि ख़ुर्शीद आलम जैसे पुलिस आफ़िसर्ज़ उन्हें जनता से दूर ले जा रहे हैं।

एकदम से उसने महसूस किया कि ख़ुर्शीद आलम ख़ाँ, बग़ैर आँखें झपकाए उसकी तरफ़ देख रहे हैं। और वह डर गई। मिसेज़ गाँधी को बानाम ख़त लिखने का ख़याल भी उसके दिल से निकल गया क्योंकि उसने उड़ती-पड़ती सुनी थी कि यह राजनीतिक बन्दियों से बदसुलूकी करने का मौसम है। गायत्री देवी, राजमाता ग्वालियर, मृणाल गोरे...नकसलिए...प्रेमा काँप गई। वह जानती थी कि वह आशाराम से बिछड़ने के दर्द के सिवा कोई दर्द झेल ही नहीं सकती...

ख़ुर्शीद आलम ख़ाँ अब भी उसकी तरफ़ देख रहे थे।

"कोशिश करती हूँ।" प्रेमा ने ख़ुर्शीद आलम से कहा और उनकी तरफ़ देखे बिना रिकार्डिंग रूम की तरफ़ चली गई।

दरवाज़े के शीशा लगे गोल कटाव से देश नज़र आ रहा था। वह उसी तरह अकड़ा हुआ बैठा था जैसा वह उसे छोड़ गई थी। वह दरवाज़ा खोलकर अन्दर चली गई। सामने दीवार पर लगी हुई घड़ी की सेकेंड की सूई समय के गिर्द चक्कर काट-काटकर समय को चाटती चली जा रही थी। लाल बल्ब बुझा हुआ था। वह अपनी कुर्सी पर बैठ गई। सामने रिकार्डिंग रूम में हेड फ़ोन लगाए ख़ुर्शीद आलम ख़ाँ बैठे हुए थे। देश की उनकी तरफ़ पीठ थी।

प्रेमा ने महसूस किया कि उसका गला सूख गया है। उसने थूक घोंटकर गला तर किया।

"हाँ तो देशराजजी, हम लोग कहाँ पहुँचे थे?"

देश की समझ में सवाल ही नहीं आया। बोला, "तब से इहँई बैयठे हैं चुपचाप।"

प्रेमा से मुस्कुराया भी न गया। उसने आलम साहब की तरफ़ देखा। उनकी आँखें उसी पर थीं। वह घबराकर देश की तरफ़ देखने लगी।

"हम लोग आपके दोस्त आशाराम की बातें कर रहे थे।" प्रेमा को लगा, जैसे यह सवाल करनेवाली आवाज़ किसी और की थी।

"आप प्रेमाजी हैं न?" देश ने पूछा।

प्रेमा धक् से हो गई।

"हम तब्बे से सोचते रहे कि आपको कहाँ देखा है।" देश ने कहा, "आसा बाबू के कमरे में आपकी एक ठो तस्वीर देखा रहा। आसाराम बाबू बहुत हीरा आदमी हैं प्रेमाजी, हम गरीब लोग के वास्ते तकरीर तो बहुत लोग झाड़ा किए पर लड़े खाली आसा बाबू, ऊ अगर हिम्मत न दिलाइन होता तो बिल्लो का घर ना बन सकता रहा...।"

"बिल्लो कौन?"

"हमरी घरवाली।" देश झेंप गया, "ठन गई रही कि घर बनाए बिना बिआह ना करेंगे। सब लोग ओका मजाक़ उड़ाते रहे। खाली आसा बाबू ओके साथ रहे। और साहब घर बन गया।"

"कभी तुमसे मुलाक़ात होती है उनकी?" प्रेमा ने सवाल किया। पर वह यह चाहती थी कि देश ताड़ जाए और इस सवाल का जवाब न दे। पर ख़ुर्शीद आलम ख़ाँ उसी की तरफ़ देख रहे थे और वह देश को इशारे से मना भी नहीं कर सकती थी।

"एक मरतबा मिले रहे।" देश ने कहा।

"और पूछो, और पूछो," ख़ुर्शीद आलम ने इशारा किया।

"कहाँ मिले थे?" प्रेमा रिकार्ड की तरह बज गई।

"बाबूरामजी, मतलब आसा बाबू के दादा, तो उनन्हें घर से निकाल दिहिन हैं। ऊ तो साफ कह दिहिन कि बिटिया रानी का दुसमन हमरा दुसमन है। पर एक दिन एक ठो लौंडा आके हमसे कहिस कि आसा बाबू रात के 11-12 बजे हमसे मिला चाहते हैं टंडन पारिक में, तो हम उहयीं जाके मिले। आपो की बात किहिन, असिल में हम कहा उनसे कि और कहीं तो पुलिस आपको छोड़ेवाली ना है। प्रेमाजी के घर जाके छिप रहिए कुछ दिन, तो ऊ बहुत उदास हो गए। बोले, नहीं देस, हमरा और उनका रास्ता अलग हो गया है। हम कहा, का बात करते हैं साहब, बिल्लो हमसे रोजाना लड़ती है त का एका मतलब ई है कि ऊ हम्में पिआरो ना करती। पिआर दुसरी चीज़ है। राजनीति दुसरी चीज़ है..."

देश बोल रहा था। प्रेमा सुन रही थी। पर वह तो कनखियों से ख़ुर्शीद आलम की तरफ़ देख भी रही थी और उसने देखा कि हेड फ़ोन उतारकर वह कमरे से चले गए।

"तो इमरजेंसी से आप ख़ुश हैं?" प्रेमा ने सवाल किया।

"बहुत ख़ुश हैं साहब।"

"आपका बहुत-बहुत शुक्रिया।" प्रेमा ने हाथ जोड़ लिए। "बाहर आपको चेक मिल जाएगा।"

"चेक कैयसा साहब? हम सच बोले का दाम ना ले सकते।"

देश चला गया।

प्रेमा अकेली रह गई। थकी हुई, निढाल, ज़ख़्मों से चूर, अपनी निगाहों से गिरी हुई। उसे यह सोचते डर लग रहा था कि अब देश का क्या बनेगा? क्या गुज़रेगी उस पर? कितना दर्द झेल सकता है वह?...

दुख ज़माने में बहुत से हैं महब्बत के सिवा

कुहर के खेत में
सारी पगडंडियाँ खो गईं।
क़ाफ़्ला रुक गया।
क्या पता दिन है या रात है।
हर हथेली की आँखें खुली हैं, मगर
सूझता ही नहीं।
दूसरा हाथ है—या—कोई राहज़न।
—धूप का क़ाफ़्ला ख़ेमा-ज़न हो गया।
कुहर ख़ेमों पें है।
कुहर ख़ेमों में है।
धूप की बूँद जमने लगी।
—जम गई।
धूप की बूँद गुम हो गई।
कुहर की यह खड़ी फ़स्ल अब देखिए,
कितने दिन में कटे।
धूप का ख़ेमा-ज़न क़ाफ़्ला कब चले।...

बिल्लो अँधेरे आँगन में अकेली थी। रो नहीं रही थी। रो चुकी थी। मामा के बहुत कहने के बाद भी वह रात गुज़ारने उनके घर नहीं गई कि क्या पता देश कब आ जाए। और मामा के बहुत कहने के बाद भी वह इस बात पर तैयार नहीं हुई थी कि मामा रात को यहीं रह जाएँ।

वह हैरान थी कि देश चला कहाँ गया। बिला बताए हुए वह मामा की दुकान तक नहीं जाता था। उसने दरवाज़े की तरफ़ देखा। दरवाज़ा भिड़ा हुआ था। मामा जाते-जाते भेड़ गए थे। कह गए थे कि वह अन्दर से कुंडी लगा ले। पर उससे उठा ही नहीं गया।

बिल्लो तीन दिन से घर में अकेली थी। सब हमदर्दी करने आ चुके थे। शहनाज़। सकीना बी। शम्सू मियाँ। शहनाज़ तो लगभग दिन-भर रही थी। शाम को बड़ी मुश्किल से गई थी और सवेरे फिर आ गई थी। एक बार महनाज़ भी आई थी। पर वह बैठी नहीं थी। उसे किसी मीटिंग में जाना था और वह इस डर से भी नहीं बैठी थी कि उसकी साड़ी 'क्रश' हो जाएगी। लैला भी उसके साथ आई थी और बिल्लो ने लैला से कहा था : "ए बहिनी, तनी अपने अब्बा से कहो ना कोई बखत जी लगाके कि हमरे आदमी को खोज दें।" लैला ने घबराकर वादा भी कर लिया था और महनाज़ ने भी कहा था कि वह डी.एम. साहब से कहेगी। पर उसके बाद से न लैला आई न महनाज़। और आज तो उसने शहनाज़ से श्रीमती गाँधी के नाम अपनी तरफ़ से एक ख़त भी लिखवाया था।

"श्रीमती गाँधी को मालूम होय कि इहाँ सब खैरियत है और भगवान की जात से उमीद है कि उहाँ भी सब खैरियत होगी। खास बात ई है कि तीन दिन भया, हम दूनो परानी रेडियो टेसन गए आपकी इमरजंसी की तारीफ करे। हम दूनो परानियों ने खूब-खूब तारीफ की। जब तारीफ करके बाहर निकले तो टेसनवाले लगे चेक थमाए। हम कहा कि हम चेक ना लेंगे। नकद दो। हमरा मरद तो पैयसा लेवे पर तैयारे न होता रहा कि हम सच बोले की मजूरी ना लेंगे। ऊ तो जब हम कहा कि श्रीमती गाँधी जब खुदे दे रही हैं तो हम मना करे वाले कौन। हम लोग माँगा ना न रहा। उनका असीरबाद समझ के ले ल्यो। तब ऊ राजी भया। बोला, तुँ जब तक रसीद पर अँगूठा लगाव हम तनी पिसाब कर आएँ। बस तबका गया ऊ अभी तक ना आया है। इन्दिराजी को इहो मालूम हो कि हमरे आदमी को आप ख़ुद सिफारिस करके बंक से करज दिलाया है। और हमरे मरद ने अपनी बर्कसाप का नाम भी आपके नाम पर इन्दिरा मोटर बर्कसाप रक्खा है। इहाँ के थेनेदार असफ़ाकुल्ला ख़ाँ की बीबी से एक दिन कपड़े की धुलाई पर हमरा झगड़ा हो गया रहा। तब्ब से जलती हैं हमसे। आप बजरिया तार उनसे कहिए कि हमरे मरद को खोज दें। थोड़े लिक्खे को बहुत जानिए और खत को तार समझिए।..."

शहनाज़ लिखती जाती थी और भाषा ठीक करती जाती थी। पर जब बिल्लो ने ख़त सुनाने को कहा तो उसने फिर बोली में अनुवाद करके सुनाया। और ख़त की तरफ़ से इतमिनान हो जाने के बाद उसने उस ख़त पर अँगूठा लगा दिया था। उसे यक़ीन था कि उस ख़त को पढ़ते ही मिसेज़ गाँधी अश्फ़ाक़ुल्लाह ख़ाँ को तार देंगी कि देशराज को फ़ौरन तलाश किया जाए। इस ख़याल से उसे थोड़ी-सी तसकीन हुई और तब उसे याद आया कि परसों से उसने कुछ खाया ही नहीं है।

कैसे खाती। पर मिसेज़ गाँधी पर उसके भरोसे ने उससे कहा कि जीने के लिए खाना ज़रूरी है। देश के लिए क्यों परेशान होती हो। देश तो मिल ही जाएगा।... तो वह पलंग से उठी और दरवाज़े में कुंडी लगाती हुई बावरचीख़ाने में चली गई और चाय के लिए चूल्हा जलाने लगी। फिर चूल्हे पर केतली रखकर वह वहीं चूल्हे के पास बैठ गई और आग का तमाशा देखने लगी और फिर यही सोचने लगी कि देश एकदम से ग़ायब कहाँ हो गया—और यह बात उसे कभी मालूम ही न हो सकी कि देश को रेडियो स्टेशन के पेशाबख़ाने ही से ख़ुर्शीद आलम ख़ाँ ने लपक लिया था।

देश जब तक चौंके-चौंके वह पुलिस की बन्द गाड़ी में बन्द किया जा चुका था।

''अरे। मुदा हम किया का है साहब।'' उसने फ़रयाद की।

किसी ने जवाब नहीं दिया। पुलिस की बन्द गाड़ी चलती रही।

खुर्शीद आलम ख़ाँ ने इन 'कामों' के लिए एक बँगला सरकारी किराये पर ले रक्खा था। इसमें एक कमरा रेडियो स्टेशन के रिकार्डिंग थेटरों की तरह साउंड प्रूफ़ था। उसी साउंड प्रूफ़ कमरे में देश से उनकी पहली मुलाक़ात हुई। देश अब भी समझ रहा था कि ज़रूर कोई ग़लतफ़हमी हुई है इसलिए उसने ख़ाँ साहब को सलाम किया। ख़ाँ साहब ने जवाब नहीं दिया।

''तो आशाराम से तुम्हारी दोस्ती थी?'' सवाल किया गया।

''हाँ साहब।''

''और यह जानते हुए भी कि सरकार उसे तलाश कर रही है, तुम टंडन पार्क में जाकर उससे चुपचाप मिल आए?''

''हाँ साहब। ई गल्ती तो हमसे हो गई।'' देश ने कहा। ''हम ऊ रात उनको बहुत समझाया कि सरकार की खिलाफत करना गलत बात है। इमरजंसी से गरीब आदमी का बहुत भला भया है। पर ऊ मनबे ना किए। पर हिम्मत ना हारे हैं।...''

''उसके बाद कब मिले तुम उससे?'' सवाल ने उसकी बात काटी और इस बार ख़ाँ साहब की आवाज़ में कोड़े का सड़ाका था।

देश ने उनकी आँखों में देखा। ''देखिए साहब।'' उसने कहा, ''हम सरीफ आदमी हैं। श्रीमती गाँधी खुदे अपने कलम से लिख के हम्में बंक से करज दिलाइन हैं कि हम अपनी बर्कसाप खोल सकें। हम आपकी सेकाएत बोल देंगे उनसे।''

''जगदम्बाप्रसाद! इस बहनचोद की शिकायत इसकी गाँड़ में घुसेड़ दो।'' खुर्शीद आलम ख़ाँ ने कहा।

बाबू जगदम्बाप्रसाद तो हुक्म के गुलाम थे। वह देश की शिकायत देश की गाँड़ में घुसाने के काम में लग गए। दो और सिपाहियों की मदद से जगदम्बाप्रसाद ने उसे नंगा किया। फिर वह लोग उस पर पिल पड़े। ठोकरें। लातें। डंडे। थोड़ी देर तक तो देश को दर्द का एहसास रहा। फिर दर्द का एहसास मिट गया। हर चीज़ धुँधली-धुँधली दिखाई देने लगी और फिर सूरज बिल्कुल डूब गया और दिन के सवा तीन बजे रात हो गई।...

उसे होश आया तो जहाँ-जहाँ तक उसका बदन था वहाँ-वहाँ अब सिर्फ़ दर्द रह गया था। और उसकी ज़बान सूखकर तालू से जा मिली थी। उसने बड़ी मेहनत से ज़बान को तालू से जुदा किया। फिर ज़बान को होंठों पर फेरा। कोई फ़ायदा नहीं हुआ। फिर उसने थूक घोंटने की कोशिश की। पर मुँह में थूक था ही नहीं।... तब उसने आँखें खोलीं। ख़ुर्शीद आलम ख़ाँ सामने बैठे सिग्रेट पी रहे थे और जगदम्बाप्रसाद पास खड़े हुए थे।

''देखो।'' ख़ुर्शीद आलम ने कहा। ''शायद होश आ गया बहनचोद को।''

जगदम्बाप्रसाद ने बहनचोद की तरफ़ देखा।

''जी सरकार। होश आ गया बहनचोद को।''

''ज़रा पानी पिलाव साले को।'' ख़ाँ साहब ने कहा।

जगदम्बाप्रसाद ने देश के मुँह पर पानी के छींटे दिए और उसके मुँह में भी कुछ पानी टपकाया। देश ने आँखें खोलकर जगदम्बाप्रसाद की तरफ़ देखा और न जाने क्यों हज़ार मुँहे दर्द के चंगुल में होने के बावजूद वह मुस्कुरा दिया और बोला : ''बिल्लो से कह दियो दीवानजी कि हम बहुत अराम से हैं। परेसान होये की जरूरत नहीं है।''

''अरे सरकार जो पूछ रहें बता के छुट्टी करो।'' जगदम्बाप्रसाद ने कहा।

''क्या कह रहा है?'' ख़ाँ साहब ने पूछा।

''बताने को तैयार है साहब।'' जगदम्बाप्रसाद ने देश को आँख मारते हुए ख़ाँ साहब से कहा।

''दीवार से लगाके बिठला दो।'' हुक्म दिया गया।

हुकम पूरा कर दिया गया।

''टंडन पार्क वाली मुलाकात के बाद तू कब मिला आशाराम से?''

''ओके बाद उनसे हमरी भेंट नहीं हुई साहब।''

''आशाराम कहाँ छिपा हुआ है?'' पल-भर तक उसे घूरते रहने के बाद ख़ाँ साहब ने सवाल किया।

''हम्में नहीं मालूम साहब।''

"जगदम्बाप्रसाद!"

जगदम्बाप्रसाद ने अपना नाम ख़त्म होते-होते देश के हाथ पर अपना एक भारी बूटवाला पाँव रख दिया। देश तड़प गया। पर उसमें इतनी ताकत नहीं थी कि हाथ को उस भारी पाँववाले जूते के नीचे से निकाल सके।

ख़ुर्शीद आलम ख़ाँ उठकर उसके पास आ गए।

"आशाराम कहाँ है?"

तकलीफ़ से उसकी जान निकली जा रही थी। उसने सवाल ही नहीं सुना। वह तो बस बेबसी से जगदम्बाप्रसाद की तरफ़ देखता रहा और ख़ाँ साहब ने उसके सीने पर सिग्रेट बुझा दी। वह जो तड़पकर उछला तो उसका हाथ जगदम्बाप्रसाद के पाँव के नीचे से निकल गया। और उनको झटका लगा और वह अपने बदन का बोझ न सँभाल पाए और गिर गए और बाक़ी दोनों सिपाही हँसने लगे और उस साउंड प्रूफ़ कमरे में उन क़हक़हों की आवाज सुनके खुर्शीद आलम ख़ाँ के रोंगटे खड़े हो गए और फिर सिपाहियों को एकदम से ख़याल आ गया कि वह अपने आफ़िसर के सामने हँसने की बदतमीज़ी कर रहे हैं तो वह एकदम से चुप हो गए और उस साउंड प्रूफ़ कमरे में एकदम से बड़ा हैबतनाक सन्नाटा हो गया। और उस सन्नाटे में देश के सिसकने की आवाज़ और भयानक लगने लगी।

"देखो देशराज," ख़ाँ साहब ने कहा, "बता दोगे तो और तकलीफ़ नहीं होगी। नहीं बताओगे तो बदन की एक-एक हड्डी का सुर्मा बना दूँगा।" उनकी आवाज़ में नर्मी थी। देश सोच भी नहीं सकता था कि इस नर्मी के पीछे कोई ठोकर भी है। इसलिए जब एक नोकदार जूते की टो उसके पेट में घुस-सी गई तो वह चीख़ पड़ा और ख़ाँ साहब ने पूछा : "आशाराम कहाँ है?"

देश ने बड़ी हिक़ारत से ख़ानसाहब की तरफ़ देखा और बोला : "नहीं बताऊँगा। उखाड़ लो जो उखाड़ा जाए।"

फिर जो कुछ हुआ उसे देश के लिए याद रखना मुश्किल हो गया।

जगदम्बाप्रसाद ने उसे घसीटकर दूसरी दीवार पर दे मारा। और फिर तीनों सिपाही बड़ी मेहनत से 'पूछगछ' करने लगे। उसे उलटा लटका दिया गया। उसके पाख़ाने की जगह में पिसी हुई लाल मिर्च भर दी गई। उसे इलेक्ट्रिक के शॉक दिए गए पर उसे भी ज़िद आ गई थी कि वह अपने दोस्त का पता नहीं बताएगा। वह न जाने कितनी बार बेहोश हुआ और उसे न जाने कितनी बार होश आया। उसने गिनना भी छोड़ दिया था। वह सिर्फ़ यह खेल खेल रहा था कि यह शर्त लगाता अपने आपसे कि ठोकर कहाँ पड़ेगी। या डंडा कहाँ पड़ेगा। या सिग्रेट कहाँ

बुझाई जाएगी। और अगर उसका अन्दाज़ा सही निकलता तो उसे एक अजीब-सी ख़ुशी होती...अब उसे यह सोचकर शर्म भी नहीं आती थी कि वह इतने लोगों के सामने नंगा है क्योंकि बदन तो था ही नहीं। बस एक अताह, नाक़ाबिले-बरदाश्त दर्द था और दहकती हुई आग-सी एक प्यास थी...सामने किसी ने पानी का एक गिलास रख दिया। उसने कनखियों से तीनों सिपाहियों की तरफ़ देखा। वह सुसता रहे थे। ख़ाँ साहब भी कहीं और देख रहे थे। उसने तै किया कि उछलकर गिलास पर जा पड़े और एक साँस में सारा पानी पी जाए और ठंडे गिलास को अपने गालों से लगा ले। पर जब उसने गिलास की तरफ़ उछलना चाहा तो पता चला कि वह उछल नहीं सकता। घुटनों के नीचे शायद हड्डियाँ टूट गई थीं। वह कोई और आदमी बन गया और यह सोचने लगा कि वह कौन-सी चोटें होंगी जिन्होंने हड्डियाँ तोड़ी होंगी। उसने जैसे पलटकर 'पूछगछ' के सारे सीकुएंस की तरफ़ देखा। स्लो मोशन फ़िल्म की तरह हर चोट आहिस्ता-आहिस्ता उसके बदन की तरफ़ आई और उसने देखा। फिर भी वह यह तै न कर सका कि किस चोट ने दीवार बनकर उसे गिलास की तरफ़ जाने से रोक रक्खा है।...पर प्यास फिर भी थी और पानी फिर भी सामने था। पल-भर को उसका जी चाहा कि आशाराम का पता बताकर पानी का वह गिलास ख़रीद ले। हट साला गाँडू...उसने अपने-आपको गाली दी। और कमज़ोरी का वह क्षण टल गया। एक गिलास पानी के लिए वह अपने दोस्त की ज़िन्दगी नहीं बेच सकता था। परन्तु प्यास? प्यास तो वैसी ही थी। लगता था कि दुनिया के तमाम रेगिस्तान सिमटकर उसके होंठों पर आ गए हैं। तो अपनी प्यास की तरफ़ से ध्यान बँटाने के लिए वह अपनी छोटी-छोटी यादों की रेज़कारी गिनने लगा। आदमी के पास हज़ारों-हज़ार यादें होती हैं। जब वह बिल्लो के साथ पहली बार सिनेमा देखने गया था। अब उसने शहनाज़ को पहली बार अम्माँ कहा था। जब उसने पहली बार किसी कार के एंजिन को हाथ लगाया था...जब उसने वह खटारा फ़ोर्ड ख़रीदी थी। जब उसने उसे अपने हाथों से ठीक किया था...जब लोगों ने उसे सुहागरात के एक ख़ास पल में बिल्लो के साथ अकेला छोड़कर कमरा बन्द कर दिया था। जब उसने फ़ुटपाथ पर बिल्लो के साथ तस्वीर खिंचवाई थी। जब उसने पहली बार यूनियन के जल्से में आशाराम को हटाकर पहली तकरीर शुरू की थी...हज़ारों दीये जल गए और उसे अपने बदन का हर दर्द और साफ़ दिखाई देने लगा तो उसने घबराकर यादों को निकालकर दिल के दरवाज़े की कुंडी लगा दी और पानी के उस गिलास और अपनी प्यास के साथ अकेला रह गया।...गिलास उसी तरह सामने रक्खा हुआ था और तीनों सिपाही उसी तरह जैसे उसे भूले हुए-से थे और

ख़ुर्शीद आलम ख़ाँ किसी और तरफ़ देख रहे थे।...तो वह बच्चों की तरह बकैयाँ चलता हुआ धीरे-धीरे गिलास की तरफ़ रेंगने लगा। लगता था जैसे पानी का गिलास सैकड़ों मील दूर है और जैसे यह दूरी अपनी खुरदुरी उँगलियों से उसके दुखते टपकते बदन पर तेज़ दर्द का कोई लेप लगा रही है। पर वह हिम्मत न हारा क्योंकि उसकी प्यास उसे घसीटती हुई गिलास की तरफ़ ले जा रही थी। दर्द को रोकने के लिए उसने दाँत होंठों में धँसा रक्खे थे...दाँत वैसे कम रह गए थे। पर जितने थे वह जैसे उसकी प्यास से मुँह छिपाने के लिए उसके होंठों में छिपने की कोशिश करने लगे और उसका मुँह फिर उसके गर्म नमकीन लहू से भर गया और उसे अपने बचपन का वह दिन याद आ गया जब उसकी उँगली में सूई चुभ गई थी। खून निकल आया था और उसने उँगली को चूस-चूसकर खून का बहना बन्द किया था।...अब गिलास पास आ गया था। उसने अपना एक हाथ मुश्किल से उठाया और गिलास की तरफ़ बढ़ाया...गिलास पीछे सरक गया। उसने आँखें उठाईं। जगदम्बाप्रसाद गिलास को पकड़े हुए मुस्कुरा रहा था... पर एक पल में जगदम्बाप्रसाद, बाकी दोनों सिपाही, ख़ुर्शीद आलम ख़ाँ, वह कमरा, बला का दर्द...हर चीज़ गायब हो गई। बस वह गिलास रह गया और उसकी प्यास रह गई...और वह रह गया। और वह फिर गिलास की तरफ़ बढ़ा...गिलास भी चलने लगा। पर गिलास गोलाई में चल रहा था। तो वह भी गोलाई में चलने लगा। चार जोड़े टाँगों के, आठ जोड़े जूतों के और एक गिलास पानी का। बैक ग्राउंड बदलता रहता। कभी भारी जूतोंवाली टाँगें बैक ग्राउंड में आतीं तो कभी काले नोकदार जूतोंवाली टाँगें। तो कभी वह टाँग जिसकी पिंडली की ख़ाकी पट्टी पर रोशनाई का एक दाग़ है। तो कभी उन जूतों वाली टाँगें सामने आतीं जिनकी ठोकर ने उसके सामने के तीन दाँत तोड़े थे...और फिर वही भारी जूतोंवाली टाँगें...

बाबू जगदम्बाप्रसाद हेड कान्स्टेबिल इस खेल से बोर हो गए तो उनकी नज़र परोंवाले उस झाड़ू पर पड़ी जो कमरे के एक कोने में न जाने कब से रक्खा हुआ था। गिलास दूसरे कान्स्टेबिल को थमाकर बाबू जगदम्बाप्रसाद उठकर परों के झाड़ू वाले कोने में गए। ख़ुर्शीद आलम ख़ाँ भी हैरान कि यह उधर क्यों गया। जगदम्बा प्रसाद ने पल-भर परों को देखा और फिर उन्होंने एक पर का चुनाव किया और उसे झाड़ू से निकालकर वापस आए। ख़ुर्शीद आलम ख़ाँ अब भी हैरान थे। बाबू जगदम्बाप्रसाद ने वह पर देश के चूतड़ में खोंस दी जहाँ अब भी तीन दिन पहले भरी जानेवाली मिर्च की जलन मौजूद थी...पर का रंग गहरा नीला था...तीनों सिपाही ज़ोर-ज़ोर से हँसने लगे और देश इस हँसी और चूतड़ में लगे हुए मोर

के पर और बदन के दर्द से बेपरवा पानी के गिलास के लिए उसके साथ-साथ दर्द और ज़िल्लत के उस कमरे में बकैयाँ चलता रहा[1]...

गिलास रुक गया। देश का हाथ गिलास तक पहुँच गया। पर किसी हाथ ने उस गिलास को बड़ी मज़बूती से पकड़ रक्खा था। देश ने बड़ा ज़ोर लगाया पर गिलास आज़ाद नहीं हुआ। कुछ पानी ज़रूर छलका। एक बूँद उसके हाथ पर गिरी और उसका हाथ जैसे अपनी प्यास से जल गया।

"आशाराम कहाँ है?" न जाने कहाँ से न जाने किसकी आवाज़ आई।

आशाराम? आशाराम कौन? देश ने अपने आपसे सवाल किया और चट से कोई चीज़ उसके दिमाग़ में टूट गई और फिर जैसे प्यास भी ख़त्म हो गई। उसने ख़ुर्शीद आलम ख़ाँ, जगदम्बाप्रसाद और दूसरे तीनों बेनाम कान्स्टेबिलों की तरफ़ देखा और चिल्लाया "बोलो स्रीमती गाँधी की जय, बोलो स्रीमती गाँधी की जय..." उसे लगा कि उसकी आवाज़ से कायनात भर गई है पर यह सिर्फ़ उसका ख़याल था। उराके मुँह से कोई आवाज़ ही नहीं निकल रही थी। उसके होंठ ज़रूर हिल रहे थे। ख़ुर्शीद आलम ख़ाँ ने उसके होंठों से अपना कान लगा दिया और यह सुन सके कि देश क्या कह रहा है।...मगर उन्हें अपने सुने पर यक़ीन न आया। उन्होंने घबराकर अपने सिपाहियों और फिर देश की तरफ़ देखा। पर देश वहाँ था ही नहीं। देश तो उनकी तरफ़ देखकर मुस्कुराया और फिर बकैयाँ चलने लगा। अब उसके बदन में कहीं दर्द नहीं था और वह लगातार वही बात कहे जा रहा था :

"स्रीमती गाँधी की जय। स्रीमती गाँधी की जय..."

---

1. यह टॉर्चर मेरी ईजाद नहीं हैं। मुझे यह काम नहीं आता। यह टॉर्चर मैंने दूसरी किताब से निकाले हैं और इस यक़ीन के साथ निकाले हैं कि उन किताबों के लेखक बुरा नहीं मानेंगे।

मेरे पते से ग़ैर को क्यों तेरा घर मिले

देश ने आशाराम का पता नहीं बताया। हालाँकि वह आशाराम का पता बताकर अपनी जान बचा सकता था। पर सादा आदमी था। और सादा आदमी दोस्तों से गद्दारी नहीं करते। लेकिन हक़ीक़त यह है कि जो देश आशाराम का पता बता देता तब भी आशाराम ख़ुर्शीद आलम ख़ाँ के हाथ नहीं आता क्योंकि वह उस पते पर था ही नहीं। वह कलकत्ते की एक जेल में था। मुहम्मद यूसुफ़, क़ैदी नम्बर 311 के नाम से।

आशाराम ईमानदार आदमी था। वह इमरजेंसी के ख़िलाफ़ भी था पर उसने इमरजेंसी के ख़िलाफ़ कोई काम नहीं किया था क्योंकि वह जानता था कि वह टार्चर बरदाश्त नहीं कर सकता। उसने तो सी.पी.एम. भी छोड़ दी थी पर अपने गुरूर की वजह से बाबूरामजी को यह बता न सका था। कोई यह कहना नहीं चाहता कि वह कायर है। इसलिए जब उसके ख़िलाफ़ वारंट कटा तो एक तरफ़ वह बहुत डरा पर दूसरी तरफ़ ख़ुश भी हुआ कि सरकार ने उसका कोई महत्त्व तो समझा। पर उसे यह पता नहीं था कि उसने किया क्या है। किस सिलसिले में पुलिस उसे तलाश कर रही है? और ऐसा क्या हो गया है कि उसकी गिरफ़तारी के लिए दिल्ली से ख़ुर्शीद आलम ख़ाँ को बुलाना पड़ा?...फिर भी बंटू का कहा मानकर वह अंडर-ग्राउंड चला गया। पर रहा इलाहाबाद ही में। लेकिन जब मस्जिद से बम का कारख़ाना बर-आमद हो गया और उस सिलसिले में उसका नाम लिया जाने लगा तो उसे पसीना आ गया और उसी रात टंडन पार्क में देश से मिलकर वह कलकत्ते चला गया। उसने देश को अपना कलकत्ते का पता भी दिया। उसे देश पर भरोसा था। फिर कलकत्ता जाते हुए उसे ख़याल आया कि पुलिस उसका पीछा नहीं छोड़ेगी तो वह घबरा गया। रेल के डिब्बे में उसी बम-कांड की बात हो रही थी। एक नौजवान आदमी उस बात पर हिक़ारत से हँस दिया और अगले स्टेशन पर उतार लिया गया तो वह डर से काँप गया। इमरजेंसी से पहले और इमरजेंसी के बाद की जेल में बड़ा फ़र्क़ हो गया था। वह राजनीतिक

आदर्शों के नाम जेल जाने के लिए अब तैयार नहीं था। तो कलकत्ते में रेल से उतरने के बाद वह उस पते पर गया ही नहीं जो देश को दे आया था। कई दिन परेशान रहा। सोता तो चौंककर उठ जाता। लगता कि जैसे पुलिस आ गई है। सोता रहता तो सपना देखता रहता कि वह पकड़ा जा रहा है और पुलिस पूछ-गछ कर रही है। टार्चर कर रही है और वह पहली ही चोट पर चीख़कर जाग उठता और देखता कि अपने सड़े हुए होटल के कमरे के अँधेरे में वह अकेला है और मच्छर मच्छरदानी में घुस आए हैं...और फिर वह सवेरे तक जागता रहता। यह सपने इस हद तक उसके दिमाग़ पर हावी हो गए कि वह सोने से डरने लगा और हर आदमी उसे पुलिस का मुख़बिर दिखाई देने लगा।...वह अपनी परछाईं से चौंकने लगा। अपने दिल की आवाज़ को पुलिस की दस्तक समझने लगा और उसे यक़ीन हो गया कि इस बेपनाह डर के साथ जीना मुश्किल है। तब उसे एक तरकीब सूझी। उसने सोचा कि सबसे ज़्यादा सुरक्षित जगह जेल ही हो सकती है। पुलिस आशाराम को हर जगह खोजेगी परन्तु उसका ध्यान जेल की तरफ़ नहीं जाएगा। तो उसने बिला टिकट सफ़र किया। पकड़ा गया। सज़ा हो गई और वह बहुत दिनों के बाद चैन की गहरी नींद सोया और बहुत दिनों के बाद उसे एक ऐसी रात मिली जिसके माथे पर उन डरावने सपनों का गुदना नहीं गुदा हुआ था।

काफ़ी दिनों के बाद आशाराम सुबह को जागा तो बदन में न सोने की थकन नहीं थी। सेल के दरवाज़े के बाहर सुबह हो चुकी थी। हाते की दीवार के पार पेड़ थे और उन पेड़ों पर चिड़ियाँ चहचहा रही थीं और धूप उनकी फुनगी पर बैठी नीचे छिपे हुए अँधेरे को झुक-झुककर देख रही थी। बहुत दिनों के बाद वह मुस्कुराया और उसे देश याद आया और वह सोचने लगा कि देश क्या कर रहा होगा...

देश उससे बहुत दूर एलाहाबाद के एक बँगले में था। उसे कपड़े पहना दिए गए थे। उसके ज़ख़्मों की मरहमपट्टी करवा दी गई थी। उसके हाथों की उँगलियों पर पट्टियाँ थीं। उसके दाहिने पाँव पर घुटने के नीचे तक प्लास्टर था। बाएँ पाँव की एड़ी पर पट्टी थी। आँखों में कोई पहचान नहीं थी और वह एक कोने में बैठा मंत्र जाप कर रहा था :

"स्रीमती गाँधी की जय। स्रीमती गाँधी की जय..."

खुर्शीद आलम ख़ाँ और बाबू जगदम्बाप्रसाद उसके सामने लाचार से खड़े थे।

"इसे तो अब यहाँ रखने से कोई फ़ायदा नहीं।" ख़ुर्शीद आलम ख़ाँ ने कहा। "दो-चार दिन में इसका प्लास्टर कट जाए तो रात को ले जाकर कटरे में छोड़ आव..."

जगदम्बाप्रसाद ने कोई जवाब नहीं दिया। उन्होंने बस एड़ियाँ बजा दीं।

''उस बहनचोद आशाराम के लिए कोई और तरकीब करनी पड़ेगी।'' ख़ुर्शीद आलम ने कहा। ''साला जार्ज फ़र्नान्डिस हो गया है...''

जो उन्हें मालूम होता कि आशाराम आराम से कलकत्ते की एक जेल में बैठा रोटियाँ तोड़ रहा है तो उनका ब्लडप्रेशर अवश्य बढ़ गया होता।

सच्ची बात भी यही है कि जेल में आशाराम की बड़े मज़े में गुज़र रही थी कि एक दिन पुलिस आई और उसी के सेल के एक क़ैदी को ठोकरें मारती हुई ले गई। उसे बाद में पता चला कि वह क़ैदी एक नकसलिया था और एक और नाम से जेल में बन्द था। बाक़ी क़ैदियों ने उस नकसलिये की उस गिरफ़्तारी को कोई महत्त्व नहीं दिया पर आशाराम ने उस रात फिर वही सपने देखे और पसीने में तर-ब-तर जागा। और उसे फिर उस अनदेखे ख़ौफ़ ने जकड़ लिया जिसने ज़िन्दगी का रूप बिगाड़ दिया। वह प्रेमा से एक डाइन बन गई जो दाँत निपोड़े, उसके सामने नंगी खड़ी क़हक़हे लगा रही थी। यह हर पल का डर, यह हर लमहे की बेयक़ीनी शायद पुलिस के टार्चर से ज़्यादा दुखदायी थी। उसने यह सोचा कि जो वह अपने-आपको पुलिस के हवाले कर देगा तो पुलिस उस पर दया खाएगी... तो एक दिन वह डरा-डरा जेलर के पास गया और यह उगल दिया कि कटरा मीर बुलाक़ी बम कांड का आशाराम वही है। उत्तर प्रदेश की पुलिस उसे तलाश कर रही है और वह किसी मैजिस्ट्रेट के सामने अपना बयान देना चाहता है...

यह उस दिन की बात है जिस दिन सकीना की मदद से बिल्लो की बेटी जन्मी और उसी रात को इतवारी बाबा ने देखा कि कुछ लोग चोरों की तरह आए और एक गठरी-सी फेंककर चले गए। इतवारी बाबा डर के मारे आँख बन्द किए पड़े रहे। उन लोगों के जाने के बाद उन्होंने उस गठरी को देखने का फ़ैसला किया। वह गठरी नहीं थी।...देश था। वह बेहोश था। उसके सारे बदन पर मार के निशान थे। चेहरे पर घाव था। उँगलियों पर पट्टियाँ बँधी हुई थीं। पट्टियाँ साफ़ थीं जैसे अभी बाँधी गई हों और एक पाँव की एड़ी पर भी पट्टी थी—और वह सो रहा था।

इतवारी बाबा चीख़ने लग : ''ए पहलवान! अरे जल्दी से आव। देस के कोई इहाँ फेंक गया है...सम्सू मियाँ! ए जोखन...रामऔतार, नराइन...'' बाबा को सारी बस्ती के लोगों के नाम याद थे। वह आवाज़ें देते रहे और देश पड़ा सोता रहा और रात हैरान खड़ी यह तमाशा देखती रही।

धीरे-धीरे किवाड़ खुलने लगे। धीरे-धीरे लोग निकलने लगे। धीरे-धीरे देश के चारों तरफ़ भीड़ लग गई। उस भीड़ में मास्टर बदर भी थे। और शम्सू मियाँ भी।

पर बदर शम्सू मियाँ से आँखें चुरा रहा था क्योंकि पानीपत से वापसी के बाद उसने शहनाज़ से शादी करने से इनकार कर दिया था। कटरेवालों के लिए यह ख़बर मस्जिद में बमों का कारख़ाना निकलने से ज़्यादा धमाकेदार थी। कोई मान ही नहीं रहा था कि बदर ने इनकार किया होगा। और तो किसी की पूछने की हिम्मत न हुई पर मोलवी ख़ैराती और शहनाज़ ने ज़रूर पूछा और बदर ने दोनों को कोई जवाब नहीं दिया। और बरात से वापसी के चौथे दिन जब शहर में ''नसबन्दी'' के बारे में एक अखिल भारतीय मुशायरा हुआ जिसमें उर्दू-हिन्दी के कई प्रसिद्ध कथाकार अपनी कहानियाँ भी सुनानेवाले थे, बद्रुलहसन नायाब मछलीशहरी इस मुशायरे के कन्वीनर थे। सारा शहर उस मुशायरे के पोस्टरों से भरा हुआ था। महनाज़ उसकी सिदारत करनेवाली थी और लैला की लिखी हुई तक़रीर उसने ज़बानी याद भी कर ली थी। ख़ुद बदर ने उस मुशायरे के लिए एक बड़ी ज़ोरदार नज़्म लिखी थी। शीर्षक था 'इसलाम में नसबन्दी'। उसने नौशाद के एक पुराने फ़िल्मी गाने की धुन ज़रा इधर-उधर करके अपने गले में उतार भी ली थी। पानीपत के रास्ते में वहाँ तक वह उसी धुन की रिहरसल करता गया जहाँ पुलिस ने बरातवाली बस रोकी और दूल्हा समेत तमाम बरातियों की 'नसबन्दी' कर दी—बस उसी दिन वह अपनी नज़्म 'इसलाम में नसबन्दी' की धुन भूल गया और इलाहाबाद आते-आते वह अपनी नज़्म भी भूल गया और जब नज़्म ही भूल गया तो मुशायरे में क्या जाता। मोलवी ख़ैराती ने बहुत कहा कि बेटा यह इमरजेंसी के दिन हैं। मुशायरे में न गए तो सरकार के दुश्मनों में नाम लिख लिया जाएगा। और अन्धे की दाद न फ़रयाद अन्धा मार बैठेगा। कहीं सुनवाई भी नहीं होगी।...पर बद्रुलहसन नायाब मछलीशहरी उन नसबन्दीवाले अखिल भारतीय मुशायरे में नहीं गए...महनाज़ बहुत खफ़ा हुई और वह अश्फ़ाकुल्लाह ख़ाँ को फ़ोन करने जा ही रही थी कि बदर को मीसा में गिरफ़्तार कर लिया जाए कि शहनाज़ आ गई थी और उस दिन दोनों बहनों में ज़बरदस्त लड़ाई हुई थी। शहनाज़ ने कह दिया था कि अगर बदर गिरफ़्तार हुआ तो वह आत्महत्या कर लेगी—महनाज़ यूथ कांग्रेस की लीडर होने के साथ शहनाज़ की बहन भी थी और उसे शहनाज़ से मुहब्बत भी थी इसलिए उसने फ़ोन नहीं किया। पर यह अलटिमेटम अवश्य दे दिया कि जो हफ़्ते भर के अन्दर-अन्दर बदर ने शहनाज़ से शादी न की तो वह उसे जेल में सड़वाए बिना नहीं मानेगी।

तो शहनाज़ को लाज-हया को ताक़ पर रखकर और पिछली मुलाक़ात की बेदर्दी और ज़िल्लत को भुलाकर फिर बदर के पास जाना पड़ा और इस मुलाक़ात के लिए वह पहली बार बदर के घर गई।

बात यह है कि बदर के घर में कोई औरत नहीं थी इसलिए महल्ले की औरतें उसके घर नहीं जाया करती थीं। क्यों जातीं और किससे मिलने जातीं। लेकिन बदर तो अब घर से निकलता ही नहीं था। स्कूल जाता और फिर अपने-आपको घर में बन्द कर लेता। तो शहनाज़ क्या करती। वह उसके घर में चली गई। कई लोगों ने आपस में हैरत का इज़हार भी किया परन्तु शहनाज़ इन बातों से आगे निकल चुकी थी।

बदर उस वक़्त घर में अकेला था। पहले तो उसे यक़ीन न आया कि शहनाज़ उसके आँगन में खड़ी उसकी तरफ़ देख रही है।

"मैं शहनाज़ हूँ।" शहनाज़ ने कहा। "जिसे तुम ग़ालिब और मीर और मोमिन की इश्क़िया शायरी पढ़ाया करते थे..."

"लोग तुम्हें यहाँ देखकर क्या कहेंगे?"

"यह कहेंगे कि शायद मैं तुमसे फँस गई हूँ और तब मजबूरन तुम्हें मुझसे शादी करनी पड़ेगी।"

"पर तुम मुझसे फँस नहीं सकतीं शहनाज़।" बदर ने बड़ी उदासी से कहा।

"वह तो मैं भी जानती हूँ।"

"जानती हो?" बदर डर गया और उसकी आँखों में आए हुए डर को देखकर शहनाज़ हैरान रह गई। बदर ने पूछा : "क्या जानती हो?"

"यही कि मैं तुमसे फँसी हुई नहीं हूँ।" शहनाज़ ने कहा।

बदर की आँखों का डर ख़त्म हो गया। सिर्फ़ गहरी उदासी का रंग कुछ और तेज़ हो गया।

"तुम्हारे मुशायरे में न जाने से बाजी बहुत खफ़ा हैं।" शहनाज़ ने कहा। "उन्होंने कहलवाया है कि अगर सात दिन के अन्दर-अन्दर तुमने मुझसे शादी न कर ली तो वह तुम्हें मीसा में अन्दर करवा देंगी। तुम्हें तो पता है कि आजकल बाजी की कमान चढ़ी हुई है। मैं तुम्हारे आगे हाथ जोड़ती हूँ। अपनी जान बचाने के लिए मुझसे ब्याह कर लो।"

बदर सन्नाटे में आ गया। शहनाज़ की तरफ़ देखता रह गया।

"सोच क्या रहे हो?" शहनाज़ ने सवाल किया।

"अपनी जान बचाने के लिए मैं तुम्हारी जान नहीं ले सकता।" हिम्मत करके उसने कह ही दिया।

"मेरी जान को क्या होनेवाला है।"

बदर के अन्दर एक अजीब-सी झल्लाहट ने सर उठाना शुरू किया...यह सामने खड़ी हुई लड़की समझती क्यों नहीं कि मोमिन के शोख़ शेरों पर शर्माने

के आगे भी ज़िन्दगी है। कि बदर की नज़्म 'नसबन्दी और इसलाम' तक ज़िन्दगी फैली हुई है। मुहब्बत से पानीपत तक ज़िन्दगी का खुला मैदान है–

"मैं शादी नहीं कर सकता।" उसने कहा।

"क्यों नहीं कर सकते?"

"संजय का हुक्म नहीं है। बंसीलाल ने मना किया है।"

"क्या?"

"हाँ। और जब वह दोनों मुझे हुक्म दे रहे थे कि मैं शादी न करूँ तो मिसेज़ गाँधी ने उन्हें मना भी नहीं किया। उनसे कहा भी नहीं कि इसे शादी से न रोको। यह शहनाज़ से प्यार करता है..."

शहनाज़ घबरा गई। बदर की बातें आज पहली बार उसकी समझ में नहीं आ रही थीं और बदर अपनी वीरान आँखों से उसकी तरफ़ देख रहा था। उसने एकदम से फ़ैसला किया कि शहनाज़ को जानने का पूरा हक़ है। तो वह बोला : "बात यह है शहनाज़ कि जिस बस पर हम लोग दिल्ली से पानीपत जा रहे थे उसे हरयाना पुलिस ने रोका। सड़क के किनारे पेड़ों के नीचे नसबन्दी का ख़ेमा था। हम लोग भेड़-बकरियों की तरह हँकाकर बस से उतारे गए। दूल्हे का बाप रोने लगा। तो थानेदार ने कहा कि फ़िक्र न करो। हम जो हैं दूल्हे की मदद करने को और यह सुनकर तमाम सिपाही हँसने लगे थे। फिर किसी ने कुछ नहीं कहा। हम लोग एक लाइन में खड़े कर दिए गए। हमारे नाम और पते लिखे गए। हम सबको तीस-तीस रुपये दिए गए"...उसने जेब में हाथ डालकर दस-दस के तीन नोट निकाले जो बहुत चिंगुड़े-मिंगुड़े हुए थे। शहनाज़ सन्नाटे में खड़ी की खड़ी रह गई। उसे अपने सुने पर यक़ीन नहीं आ रहा था पर दस-दस के तीन चिंगुड़े-मिंगुड़े नोट बदर के हाथ में थे और वह हाथ उसकी तरफ़ बढ़ा हुआ था जैसे कह रहा हो कि दस-दस के यह तीन नोट ले लो–

"मैं शादी नहीं कर सकता शहनाज!" बदर की आवाज़ जैसे कहीं बहुत दूर से आई।

उसके बढ़े हुए हाथ में वह नोट अब भी थे।

शहनाज़ ने हाथ बढ़ाकर वह नोट ले लिए और फिर बड़े गुरूर से बोली : "मेरा मेहर आज अदा हो गया। शादी मैं तुम्हीं से करूँगी।"

और इससे पहले कि बदर कुछ कहे शहनाज़ चली गई और बदर अकेला रह गया।

मोलवी ख़ैराती मस्जिद में मग़रिब की नमाज़ पढ़ रहे थे। शम्सू मियाँ वर्कशाप से वापस आ चुके थे। घर में उदास बैठे बीड़ी पी रहे थे और शहनाज़ के बारे

में सोच रहे थे और दिल ही दिल में बदर को हज़ारों गालियाँ दे रहे थे और अच्छे-अच्छे फ्राक पहने फ़त्तो और उम्मन आँगन में खेल रही थीं और उस कच्चे आँगन और कच्ची, लोना लगी दीवारोंवाले घर में अजीब लग रही थीं। उनके साथ उनकी आया भी थी जिसने सकीना से अच्छी साड़ी बाँध रक्खी थी। और बेबी लोग को मिट्टी से खेलने पर डाँट रही थी और सकीना की हिम्मत नहीं पड़ रही थी कि उस आया को डाँट दे क्योंकि वह अँगरेज़ी बोलती थी। बच्चियों को अँगरेज़ी ही में डाँट रही थी और नाना-नानी की समझ में यही नहीं आ रहा था कि वह बच्चियाँ उसे क्या जवाब दे रही हैं...

शहनाज़ ने घर में झाँका। फिर न जाने क्यों महनाज़ की बच्चियों को देख कर उसे पानीपत जानेवाली बरात याद आ गई और उसने घर में जाकर मुँह लपेटकर लेटने का इरादा ख़त्म कर दिया। वह बिल्लो की तरफ़ चली गई जहाँ आज सुबह को बेटी पैदा हुई थी।

हमेशा की तरह देश के घर जाते हुए शहनाज़ को ख़याल आया कि घर में पाँव धरते ही वह 'अम्मा' कहकर लपकेगा और उसे कोसना शुरू करना पड़ेगा। देश की याद आने से वह उदास हो गई। और पहलवान की दुकान की तरफ़ देखने की हिम्मत न कर सकी। पहलवान ने उसे देख लिया। पर पहलवान देश के यकायक ग़ायब हो जाने से बुझ-से गए थे। यकायक बूढ़े भी हो गए थे। अब बात में बात निकालकर वह पुरानी कहानियाँ भी नहीं सुनाया करते थे...

शहनाज़ आगे बढ़ गई।

बिल्लो के घर का दरवाज़ा खुला हुआ था। वह अन्दर चली गई। इतवारी बाबा चूल्हा फूँक रहे थे। शहनाज़ बावरचीख़ाने में चली गई।

"भाउज कैसी हैं?"

"तोरी भाउज बहुत अकेली हैं।" इतवारी बाबा ने कहा।

सभी अकेले हैं। शहनाज़ ने सोचा। शायद अकेलापन ही इस युग की एक अकेली सच्चाई है। कोई किसी के साथ नहीं है।

एक का क़िस्सा सबका क़िस्सा।
सबका क़िस्सा दर्दे-जुदाई।
सब तनहा हैं।
फूल अकेले,
ख़ुशबू तनहा।
आँख अकेली,
आँसू तनहा।

लफ़्ज अकेले,
जादू तनहा।
यह दुनिया तनहा लोगों की इक महिफ़ल है।
कृष्ण अकेला,
मधुबन तनहा।
गाय अकेली,
मक्खन तनहा।
हाथ अकेले,
दामन तनहा।
नींद अकेली...आँगन तनहा।
सबका क़िस्सा दर्दे-जुदाई...

इतवारी बाबा ने चाय बनाई। एक प्लेट में रात का क़ीमा निकाला। उस पर तह करके रात ही की दो रोटियाँ रक्खीं और तब शहनाज़ से पूछा : "चाय पीहो?"

"जी न।" शहनाज़ ने कहा।

"तनी इ खाने की पलेटिया उठाय ल्यो।" बाबा ने कहा। शहनाज़ ने प्लेट उठा ली। बासी रोटी। बासी क़ीमा। बासी ज़िन्दगी...

बिल्लो अपनी बच्ची की तरफ़ देखकर रो रही थी। दरवाज़ा खुलने की आहट पर उसने जल्दी से आँसू पोंछ डाले और तब दरवाज़े की तरफ़ देखा। शहनाज़ खाने की प्लेट लिए अन्दर आ गई। चाय की प्याली लिए बाबा आ गए। बिल्लो ने खाना चारपाई पर रखकर बच्ची को गोद में ले लिया। उसने अब तक इतनी छोटी बच्ची को गोद में नहीं लिया था। उसे डर लगा कि कहीं बच्ची चट से टूट न जाए। बच्ची रोने लगी।

"चुप हरामजादी।" बिल्लो ने बच्ची को प्यार से डाँटा। "जब से पैदा भई है पिपिहरी बन्दे ना हो रही एकी।"

"बड़ी खूबसूरत बच्ची है।" शहनाज़ ने कहा।

"बिल्लो भी जब एतनी बड़ी रही तो हू-ब-हू ऐयसिही रही।" बाबा ने कहा।

पल भर को बिल्लो की आँखों में भरा हुआ उदासी का गुबार साफ़ हो गया। वह मुस्कुरा दी। बोली : "हमरी नाक तो ऐयसी फुलौड़ी जैसी कभई ना रही होहिहे।"

शहनाज़ ने बे-खयाली में बिल्लो के सरहाने रक्खा हुआ ट्रांज़िस्टर चालू कर दिया। समाचार आ रहे थे।—प्रधानमंत्री ने जूनियर चैम्बर्स ऑफ़ कामर्स के सालाना जल्से को ख़िताब करते हुए कहा कि इस देश के दुश्मन, जो देश के

अन्दर भी है और बाहर भी, यह बात फैला रहे हैं कि देश में जमहूरियत ख़त्म हो चुकी है। हमारा तरक़्क़ी करता हुआ देश उनके झूठ का पर्दा फ़ाश करता है। जमहूरियत का मतलब यह नहीं कि मौक़ापरस्तों, स्मगलरों, फ़िरकापरस्त ताकतों को छूट दे दी जाए। यह आकाशवाणी है। आज कलकत्ता की एक जेल में एक क़ैदी ने कहा कि वह मुहम्मद यूसुफ़ नहीं बल्कि कटरा मीर बुलाक़ी बम केस का आशाराम है। इस ख़बर ने सरकारी हलक़ों में ख़ुशी की एक लहर दौड़ा दी क्योंकि पुलिस इस आदमी को महीनों से तलाश कर रही थी। जब हमारे नुमाइन्दे ने इलाहाबाद में डी.आई.जी. खुर्शीद आलम ख़ाँ से मुलाक़ात की जो बम कांड की तफ़्तीश कर रहे थे, तो उन्होंने कहा कि कलकत्ता पुलिस ने उन्हें ख़बर दी है कि आशाराम अप्रूवर बनना चाहता है क्योंकि उसे यह यक़ीन हो गया है कि प्रधानमंत्री देश को तरक़्क़ी के रास्ते पर ले जा रही हैं। उन्होंने हमारे नुमाइन्दे को यह भी बताया कि आशाराम सरकार का तख़्ता उलटने की एक बड़ी साज़िश का एक हिस्सा है और यह कि आशाराम के बयान के मुताबिक़ ई.एम.एस. नम्बूद्रीपाद, ज्योति बासू और जार्ज फ़र्नांडिस इस साज़िश के करता-धरता। ख़ुर्शीद आलम ख़ाँ आज यू.पी. सरकार के ख़ास जहाज़ से कलकत्ता के लिए रवाना होते हुए हवाई अड्डे पर हमारे नुमाइन्दे से बातचीत कर रहे थे। आकाशवाणी से उर्दू में ख़बरें खत्म हुईं। अब तबसिरा निगार से सियासी हालात पर एक तबसिरा सुनिए। बोलनेवाले हैं एलाहाबाद यूनिवर्सिटी के शोबये-सियासियात के सद्र डाक्टर मुर्ली मनोहर...

प्रेमा ने रेडियो बन्द कर दिया।

प्रेमा बहुत उदास थी। आशाराम की ख़बर ने उसकी उदासी और बढ़ा दी थी।...वह जानती थी कि आशाराम के राजनीतिक परिवर्तन का कारण उसकी राजनीतिक चेतना नहीं, उसका डर है। आशाराम ईमानदार आदमी था। वह ईमानदारी से इमरजेंसी के ख़िलाफ़ था और अब जब प्रेमा की समझ में यह बातें धीरे-धीरे आने लगी थीं तो आकाशवाणी उससे यह कह रही थी कि आशाराम ने अपनी राय बदल दी है। परन्तु चूँकि वह खुद आकाशवाणी से इमरजेंसी की खूबसूरतियों की ख़बरें काफ़ी दिनों से सुना रही थी इसलिए आकाशवाणी की ख़बरों पर से उसका भरोसा उठ चुका था।...इसलिए वह यह जानना चाहती थी कि आशाराम ने टार्चर के डर से ख़ुद ही अपना बयान पुलिस को दिया है या यह बयान टार्चर का नतीजा है?...

देश के 'ग़ायब' हो जाने के बाद ही से प्रेमा बहुत परेशान रहने लगी थी। वह जानती थी कि देश ग़ायब नहीं हुआ है बल्कि ख़ुर्शीद आलम ख़ाँ के क़ब्ज़े

में है। और वह यह भी जानती थी कि ख़ुर्शीद आलम ख़ाँ उसके साथ क्या सुलूक कर रहे होंगे। एक दिन जी कड़ा करके उसने रामदयी के कान बचाकर बाबूराम से यह कहा भी और बाबूराम सन्नाटे में आ गए। क्या गाँधीजी, जवाहरलाल, पटेल, मौलाना आज़ाद, रफ़ी अहमद क़िदवई की कांग्रेस के राज में यह भी हो सकता है!...पर प्रेमा कह रही है तो हुआ होगा। उन्होंने इन्द्रा गाँधी को उसी रात एक ख़त लिखा। बेटी इन्दू, यह मैं क्या सुन रहा हूँ...देल्ली से उस ख़त का कोई जवाब नहीं आया लेकिन बाबूराम ने सोचा शायद प्रियदर्शिनी को वह ख़त मिला ही नहीं वरना भला यह कैसे मुमकिन हो सकता है कि उसने जवाब न दिया हो...

"पर आप यह मानते क्यों नहीं कि आशाराम ने यह बयान टार्चर से टूटने के बाद दिया होगा?" प्रेमा ने पूछा।

"ज़िन्दगी में उसने यही एक तो अक़्लमन्दी का काम किया और इसे भी मैं उसकी डरपोकी मान लूँ?" बाबूराम ने कहा, "मैं यह नहीं कहता कि जो कुछ तुम मुझे बताती रहती हो वह ग़लत है। तुर्कमान गेट पर वही कुछ हुआ होगा, मुजफ़्फ़रनगर में वह घटनाएँ ज़रूर घटी होंगी पर प्रियदर्शिनी को किसी ने बताया ही न होगा।"

"बताएगा कौन दादाजी। पत्र-पत्रिकाओं की ज़बान काटी जा चुकी है। आकाशवाणी नम्बर एक सफ़दरजंग वाणी हो गया है। संजय गाँधी वाणी हो गया है और..."

"बाबूजी को इ सब बताए से का फ़ायदा धीया।" रामदयी ने कहा।

बाबूराम सन्नाटे में आ गए। रामदयी ने ज़िन्दगी में पहली बार उनके विरोध में आवाज़ उठाई थी। उन्होंने मुड़कर बहू की तरफ़ देखा। वह भी अपनी आवाज़ सुनकर घबरा-सी गई थी। फिर उन्होंने प्रेमा की तरफ़ देखा। वह उन्हीं की तरफ़ देख रही थी। बोली, "दादाजी, मेरे और आशाराम के बीच मेरे विचारों की दीवार खड़ी हो गई थी। मैं भी यही सोचती थी कि कांग्रेस के सिवा किसी के पास हमारे दुखों का इलाज हो ही नहीं सकता। आशाराम कहता था कि कांग्रेस? कांग्रेस अब है कहाँ? वह तो सन् सैंतालीस में अंग्रेज़ों से आखिरी शर्मनाक समझौता करके मर गई थी। वह पंडितजी को हिपॉक्रेट समझता था। तो मैं उससे अलग हो गई... लेकिन अब कभी-कभी मुझे लगता है कि शायद वह ठीक कहता था। और अब यकायक उसने अपनी राय बदल दी। वह कहता है कि इमरजेंसी ठीक है। संजय गाँधी अवतार हैं। हम दोनों के बीच में यह दीवार फिर भी खड़ी है। मैं दीवार के इस पार से उस पार चली गई हूँ और वह दीवार के उस पार से इस पार आ गया है। दीवार अपनी जगह पर है।"

घर में सन्नाटा हो गया। बाबूराम, रामदयी और प्रेमानारायण, सबके पास अपनी-अपनी निजी यादें थीं। तीनों अपनी यादों की दलदल में धँस गए...

"सम्भव है कि मिसेज़ गाँधी को यह सब बातें न मालूम हों।" प्रेमा ने अपनी आवाज़ को खोज लिया, "पर मुझे मालूम है कि देश आकाशवाणी के कम्पाउंड से क्यों और कैसे ग़ायब हो गया। और एक हद तक देश की गिरफ़तारी के लिए मैं भी ज़िम्मेदार हूँ।"

घर में फिर सन्नाटा हो गया क्योंकि बाबूराम को अपनी आवाज़ नहीं मिली थी और रामदयी अब तक उस झटके से बाहर नहीं निकल सकी थी कि उसने अपने ससुर के विरोध में आवाज़ उठाई थी।

सन्नाटे से घबराकर प्रेमा खड़ी हो गई। फिर भी किसी ने कुछ नहीं कहा।

"चलती हूँ।" प्रेमा ने अपने आपसे कहा।

बाबूराम ने एक लम्बा साँस लिया। शायद यही प्रेमा की बात का जवाब था।

प्रेमा चली गई।

बाबूराम के घर के बाहर 'पंडित गौरीशंकर पांडेय मार्ग' पर बड़ी रोशनी थी। न्यॉन के बल्ब जल रहे थे और रात दूधिया दिखाई दे रही थी। सड़क के दोनों तरफ़वाले घरों में कम ताक़त के बल्ब जल रहे थे। एक बैठक में चार आदमी बैठे कैरम बोर्ड खेल रहे थे और ज़ोर-ज़ोर से बातें कर रहे थे और हँस रहे थे। एक घर के अन्दर से किसी औरत की आवाज़ आ रही थी। वह अपने बेटे को कोस रही थी किसी बात पर। पहलवान की दुकान पर हमेशा की तरह भीड़ थी पर प्रेमा को जो क़हक़हे याद थे, जो गालियाँ उसके कानों में आज तक गूँज रही थीं...उनकी जगह एक अजीब-सा तनाव था। लोग बातें कर रहे थे पर लग रहा था, जैसे झूठ बोल रहे हों। एक वॉक्सवैगन 'गली द्वारिकाप्रसाद' में मुड़ने की कोशिश करने लगी। उसमें जोखन मियाँ थे।...जो अब पैंट और बुश्शर्ट पहनने लगे थे। तीन उँगलियों में दबी हुई लाल मुहम्मद बीड़ी की जगह 'केंट' सिग्रेट पीने लगे थे जो उनके लिए बम्बई से मँगवाया जाता था।

कार दुकान के सामने जो ज़रा धीमी हुई मुड़ने के लिए तो पहलवान की दुकान पर सन्नाटा हो गया। आवाज़ें जैसे होंठों पर जम गईं। दुकान पर बैठे हुए किसी आदमी को पूरी तरह यह नहीं मालूम था कि यह ख़ामोशी डर की वजह से थी। डर...जो खून की जगह रगों में दौड़ रहा था।

प्रेमा ज़रा अँधेरे में हो गई। वह यह नहीं चाहती थी कि जोखन मियाँ उसे देख लें क्योंकि वह उनसे बातें करके बोर होना नहीं चाहती थी। बात यह है कि जोखन मियाँ को अब खूबसूरत लड़कियाँ पसन्द आने लगी थीं। और प्रेमा खूबसूरत थी।

एक दिन आकाशवाणी के लिए महनाज़ की एक तक़रीर रिकार्ड करने प्रेमा उसके घर गई और उसी दिन जोखन मियाँ को पसन्द आ गई...इमरजेंसी का एक फ़ायदा तो यही बताया जा सकता है कि जोखन मियाँ, मैला कुरता-पाजामा पहनकर अपनी खिचड़ी दाढ़ी को खुजलाकर अल्लाह रसूल का नेम लेते हुए तराजू की डंडी मारनेवाले जोखन मियाँ दाढ़ी मुँडवाकर, पैंट-शर्ट पहनकर प्रेमानारायण जैसी लड़कियों को पसन्द करने लगे थे। उन्हें जब मौक़ा मिलता, महनाज़ की आँखें बचाकर प्रेमा को फ़ोन दाग़ देते।...प्रेमा फ़ोन की घंटी से डरने लगी थी...

वॉक्सवैगन गली के नुक्कड़ पर रुक गई।

दुकान के तमाम लोगों ने सलाम किया। पर जोखन मियाँ ने देखा ही नहीं। ड्राइवर उतरा और प्रेमा के बदन पर केंचवे रेंगने लगे। ड्राइवर के उतरने का मतलब यह था कि उसे जोखन के साथ कार में बैठकर उनके घर तक जाना पड़ेगा। फिर घर पहुँचने से पहले जोखन मियाँ के बदन का अपने बदन से टकराना झेलना पड़ेगा...फिर नसबन्दी पर महनाज़ की नई तक़रीर सुननी पड़ेगी। फिर इसी वॉक्सवैगन पर अपने घर जाना पड़ेगा और यही जोखन मियाँ अपनी बदबूदार साँस के साथ उसके साथ होंगे और उनका बदन उसके बदन से टकराता रहेगा और वह बत्तख-सी आवाज़ में हँसते रहेंगे और अपनी आँखों से उसे नंगा करते रहेंगे और फिर दिल ही दिल में वह उसके बदन को झिंझोड़ना शुरू कर देंगे...

लैला बड़े मज़े ले-लेकर प्रेमा को जोखन और अपने इश्क़ की बातें बताया करती थी—और एक दिन जब सिर्फ़ यह अनुभव करने के लिए कि किसी जोखन जैसे आदमी के साथ सोना कैसा लगता है, वह तैयार हो गई और उसके तैयार होते ही जोखन के हाथ-पाँव फूल गए। "कुछ कर ही न सका कमबख़्त और मैं उसे गालियाँ देती हुई अपने कपड़े पहनने लगी।"

"मियाँ बुला रहें।" ड्राइवर ने कहा।

वह चुपचाप वैगन की तरफ़ चल पड़ी। वह कर ही क्या सकती थी।

"आइए-आइए प्रेमाजी।" जोखन ने दरवाज़ा सरकाते हुए कहा, प्रेमा ने मुस्कुराने की कोशिश की। सफल नहीं हुई। वह वैगन में बैठ गई। दरवाज़ा सरककर बन्द हो गया। वैगन 'गली द्वारिकाप्रसाद' के अँधेरे में आगे बढ़ गई। जोखन का बदन प्रेमा के बदन से टकराने लगा। जोखन अपनी बत्तख़ों-जैसी आवाज़वाली हँसी हँसने लगा और प्रेम के नथनों में बत्तख़ों की बिसाँध भर गई। उससे तो बत्तख़ के अंडे भी नहीं खाए जाते थे।

"आप तो नजर ही नहीं आतीं।" जोखन ने कहा।

"इतनी छोटी तो नहीं हुई हूँ।" प्रेमा ने जलकर कहा, पर जोखन मियाँ की

नाक में आवाज़ और शब्दों के जलने की महक नहीं गई। वह उसे प्रेमा का नख़रा समझे और ख़ुश हो गए। ज़ोर से हँसने लगे और बेख़याली में उनका हाथ प्रेमा की जाँघ पर जा गिरा और प्रेमा का सारा बदन गनगना गया जैसे उसकी जाँघ पर कोई छिपकली गिर गई हो। उसे मतली-सी आने लगी। और जोखन अपना हाथ हटाना जैसे भूल ही गए।

"वी.सी. साहब तुम्हारी शिकायत कर रहे थे कि तुम आसाराम की मासूका हो इस वास्ते तुमको आकासबानी पर नहीं होना चाहिए। तो मैं उन्हें डपट दिया और महनाज से कहा कि फ़ौरन से पेसतर संजयजी को खत लिखो कि प्रेमाजी और आसाराम में अब कोई तअल्लुक नहीं है। वह तो हम लोगों की परसनल फ्रेंड हैं।..."

जोखन मियाँ जाने क्या-क्या बोल रहे थे। प्रेमा के कान जैसे बन्द थे। उस तक जोखन की आवाज़ नहीं आ रही थी। उसे तो बस वह गन्दा हाथ दिखाई दे रहा था जो उसकी जाँघ पर रक्खा हुआ था। उस हाथ को हटाने के लिए उसे उस हाथ को हाथ लगाना पड़ता और वह उसे हाथ नहीं लगा सकती थी तो ज़रा एक तरफ़ सरक गई और जोखन ने उसकी आँखों में भरी हुई घिन देख ली और बोला, "तो शुक्लाजी ने फरमाया कि आप तो सीधे आदमी हैं जोखन साहब। हमें पता चला है कि आपकी प्रेमानराएन के.बी.ए. साजिस में सामिल हैं।"

अब जोखन की आवाज़ में वह घिनावना लुजलुजापन भी नहीं था। वह प्रेमा को धमका रहा था और प्रेमा समझ भी रही थी। पर यह के.बी.ए. क्या है? यह नाम तो उसने पहली बार सुना था। उसने जोखन की तरफ़ देखा। जोखन ने अब भी अपना हाथ उसकी जाँघ से नहीं हटाया था। प्रेमा ने उसका हाथ अपनी जाँघ से हटा दिया।

"मुझे यह बातें पसन्द नहीं हैं।"

घर के अन्दर जाने के बाद पता चला कि महनाज़ किसी मीटिंग में गई है। और फिर उसे यह मालूम हुआ कि वह जोखन मियाँ और उनके ड्राइवर सर्जू प्रसाद के साथ महनाज़ के कमरे में अकेली है और जोखन मियाँ कमरे का दरवाज़ा बन्द कर रहे हैं और ड्राइवर मुस्कुरा रहा है...इसके बाद की बातें प्रेमा को अच्छी तरह याद नहीं थीं।...उसे इतना याद आ रहा था कि जब ड्राइवर उसके बदन को झिंझोड़ रहा था और वह दीवान पर बेबस पड़ी हुई थी तो जैसे कहीं बहुत दूर किसी फ़ोन की घंटी-सी बजी थी और फिर दर्द की लहरों के बीच उस तक जोखन की आवाज़ आ रही थी। "लखनऊ चली गईं असफाकुल्लाह ख़ाँ को लेके?... अच्छा-अच्छा असफाकुल्लाह खाँ बाडी गाड़ी के वास्ते गए हैं।...मुखमन्तरी ससुर

को कौन काम पड़ गया।...उँह! गाँड़ मरायें मुखमन्तरी...'' फिर साँसों की आवाज़ों के सिवा कोई आवाज़ नहीं रह गई। कभी-कभार कटरा मीर बुलाक़ी की कोई भूली-भटकी आवाज़ आ जाती थी और बस।...फिर साँसों की आवाज़ ख़त्म हो गई और जोखन और ड्राइवर के हँसने की आवाज़ आई। वे किसी आपसी मज़ाक पर एक गन्दी, भिंची हुई हँसी हँस रहे थे। फिर कमरे में वह अकेली रह गई। उसने आँखें खोलीं। कमरा वैसा ही था। हर तरफ़ उसके कपड़े बिखरे हुए थे। वह उठी। दर्द की एक लहर भी उठी। वह उसे झेल गई। उसे बड़ी प्यास लग रही थी। और उसे ऐसा लग रहा था कि जैसे उसकी आत्मा को एक बड़े ही डरावने सन्नाटे ने जकड़ लिया है। उस सन्नाटे की दाढ़ी खिचड़ी है। जोखन की तरह। बदन गँठा हुआ है सर्जू प्रसाद ड्राइवर की तरह और उसकी आँखें हैं आशाराम की तरह...वह हैरान भी हुई कि आशाराम इन दोनों के साथ कहाँ आ गया...वह उठी और नंगी ही बाथरूम की तरफ़ गई। वाशबेसिन में ठंडा पानी भरकर उसने खूब-खूब मुँह पर छपके मारे। फिर उसने सोचा कि नहा लेना चाहिए। तो बॉथ-टब में लेट गई। वह देर तक नहाती रही। पर बदन में जोंक की तरह चिपकी हुई गन्दगी जैसे साफ़ ही नहीं हो रही थी। तो आजिज़ आकर वह बाथरूम से निकल आई। उसने एक साफ़ तौलिये से रगड़-रगड़कर अपना बदन सुखाया। फिर आईने के सामने खड़ी हुई और अपने बदन को नंगा देखकर उसे एकदम से याद आ गया कि उस पर क्या गुज़र चुकी है। वह महनाज़ के कमरे में लौट आई। सामने दीवार पर 'उन माँ बेटे' की तस्वीर टँगी हुई थी। दोनों मुस्कुरा रहे थे। उसने झुककर अपना अंडरवियर उठाया। उसका अलास्टिक टूट चुका था। ब्लाउज के सारे हुक नुचे हुए थे। साड़ी में दो जगह खोंच लग गई थी।...उसने महनाज़ के कपड़ों की अलमारी खोली।...अपने लिए एक साड़ी पसन्द करने लगी।

''तैयार हो गई हो तो चलो छोड़ आएँ जानी।'' सर्जू प्रसाद की आवाज़ आई।

प्रेमा ने पलटके देखा।

सर्जू प्रसाद दरवाज़े में खड़ा मुस्कुरा रहा था। प्रेमा ने अभी ब्लाउज़ की केवल एक बाँह डाली थी। पर उसे शर्म नहीं आई। बोली, ''मैं ख़ुद चली जाऊँगी।''

''मज़ा आया कि ना?''

प्रेमा ने जवाब नहीं दिया। वह ब्लाउज पहनने लगी। सर्जू प्रसाद अन्दर आ गया और महनाज़ के पलंग पर यूँ बैठ गया जैसे इस पलंग से उसकी पुरानी मुलाक़ात हो।...उस पलंग से उसकी पुरानी मुलाक़ात थी भी।

''जोखन मियाँ तो अब खाली जबानी खरच के रह गए हैं। उनकी तरफ़ से

हम्में महनाजो के साथ इ काम करना पड़ता है। बाकी महनाज के साथ हम इ काम जोखन मियाँ के हुकुम से ना करते।"...सर्जू हँसा। प्रेमा साड़ी बाँधने लगी।

तैयार होने के बाद सर्जू प्रसाद की तरफ़ देखे बिना वह महनाज़ के कमरे से निकल गई।

कटरा मीर बुलाक़ी में अँधेरा था। प्रेमा उस अँधेरे में चल पड़ी। कुछ आवारा कुत्ते भूँक रहे थे। सामने एक भीड़-सी इकट्ठा थी। प्रेमा को आश्चर्य भी हुआ कि इतनी रात गए, इमरजेंसी के दिनों में भीड़ लगाने की हिम्मत कैसे की लोगों ने।... तो वह उस भीड़ की तरफ़ चल पड़ी।

सामने देश था।

देश के चारों तरफ़ कटरा मीर बुलाक़ी के लोग थे।

सब सन्नाटे में थे।

प्रेमा मास्टर बदर के पास खड़ी हो गई।

मास्टर बदर ने उसकी तरफ़ देखा। पर मास्टर बदर ने इतनी रात गए उसके यहाँ होने पर कोई आश्चर्य प्रकट नहीं किया। वह फिर देश की तरफ़ देखने लगा।

देश की आँखें बन्द थीं। फिर धीरे-धीरे देश की आँखें खुलीं। उसने चारों तरफ़ देखा। चारों तरफ़ जाने-पहचाने लोग थे। पर उसने किसी को नहीं पहचाना। फिर उसकी आँखों में एक डर चमका और वह ज़ोर-ज़ोर से चिल्लाने लगा, "स्रीमती गाँधी जिन्दाबाद, स्रीमती गाँधी जिन्दाबाद..." और फिर उसके होंठों पर एक अजीब-सी मुस्कुराहट आई। शराब की ख़ाली बोतल-सी मुस्कुराहट। किसी अर्थहीन कविता-सी मुस्कुराहट। सरकार के किए हुए वादों-सी मुस्कुराहट। काग़ज़ के फूल-सी मुस्कुराहट।...मुस्कुराहट जिसका कोई रंग, कोई चरित्र और कोई अर्थ नहीं था।...

देश के चारों तरफ़ खड़े हुए लोग उस मुस्कुराहट को देखकर डर गए।

हम तो ए बाबुल तोरे अँगना की चिरैया

सारा कटरा मीर बुलाक़ी उर्फ़ कटरा श्रीमती गाँधी बिल्लो के घर के सामने चुपचाप खड़ा था। सर झुकाए हुए। किसी में इतनी हिम्मत नहीं थी कि उस दरवाज़े की कुंडी बजाए और बिल्लो से कहे कि उसका देश आ गया है।

देश के होंठों पर फिर वही अर्थहीन मुस्कुराहट आई और उसने ज़ोर से नारा लगाया : "स्रीमती गाँधी जिन्दाबाद। स्रीमती गाँधी जिन्दाबाद–"

रात के सन्नाटे में यह आवाज़ न जाने कहाँ-कहाँ तक गई। सामनेवाले घर का दरवाज़ा खुला और लुंगी लपेटते हुए एक आदमी ने झाँककर देखा और लगी हुई खामोश भीड़ को देख वहीं आ गया।

"बिल्लो को कोई इनाम-उनाम मिला है का?" उसने बदर से पूछा। परन्तु इससे पहले कि बदर कुछ कहे उसकी निगाह देश पर पड़ गई जो नारे लगाना बन्द करके अपनी अर्थहीन, ख़ाली बोतल-सी मुस्कुराहट में लग गया था।...वह आदमी सन्नाटे में आ गया और लुंगी लपेटता चुपचाप अपने घर में चला गया और उसने दरवाज़ा अन्दर से बन्द कर लिया...यही तो इमरजेंसी का कमाल था कि हर आदमी ने अन्दर से किवाड़ लगा रक्खे थे और सपनों पर दफ़ा चवालीस लगा रक्खी थी कि पाँच सपने इकट्ठा न हों। रोज़गार, शान्ति, बेख़ौफ़ी, इतमीनान और आज़ादी पाँच सपनों के इकट्ठा होने को सरकार जुर्म मान रही थी और कटरा मीर बुलाक़ी चुप, सर झुकाए न्यॉन बल्बों की दूधिया रोशनी में बिल्लो के घर के सामने खड़ा था और उस घर का दरवाज़ा अन्दर से बन्द था।

आख़िर पहलवान ने हिम्मत की। आगे बढ़े और उन्होंने कुंडी बजाई।

"बिल्लो, ए बिल्लो।" पहलवान ने आवाज़ दी।

बिल्लो की आँख खुल गई। पहलवान की आवाज़ फिर आई। वह उठी। बच्ची मेल्ही। उसने उसे थपक दिया। पहलवान की आवाज़ फिर आई। उसे हैरानी हो रही थी कि मामा इतनी रात गए क्यों पुकार रहे हैं और उनकी आवाज़ में यह भीगी-भीगी मिठास क्यों है।

बिल्लो ने दरवाज़ा खोला। सामने लगी हुई भीड़ को देखकर वह डर गई। सामने, भीड़ के आगे, उसकी आँखों के बिल्कुल पास, मामा खड़े थे। उदास। फिर मामा सामने से हट गए और उसकी नज़र उस चीज़ पर पड़ी जो सड़क पर पड़ी-पड़ी मुस्कुरा रही थी। और उस अर्थहीन मुस्कुराहट के उस पार देश था। उसका देश। देश उसका दोस्त। देश उसका प्रेमी। देश उसका पति। देश उसकी बच्ची का बाप।...और उन सभी देशों की एक ही हालत थी। एक अर्थहीन मुस्कुराहट के सिवा हर चीज़ टूटी हुई, घायल...

बिल्लो जैसे जम गई। उसे अपनी आँखों पर यक़ीन नहीं आ रहा था। अन्दर बच्ची जाग गई थी और रो रही थी पर उसके रोने की आवाज़ बिल्लो की ठिठकन की दीवार नहीं पार कर पा रही थी—मामा ने उसके गले में बाँहें डाल दीं और वह उनसे लिपटकर रोने लगी और देश मुस्कुराता रहा। वही अर्थहीन मुस्कुराहट और फिर उसने नारा मारा, ''स्रीमती गाँधी की जय'' और फिर बच्चों की तरह हँसने लगा।...

अन्दर बच्ची रो रही थी। चौखट पर बिल्लो रो रही थी और चौखट के बाहर देश मुस्कुरा रहा था और बच्चों की तरह चारों हाथ-पाँवों के बल घर की तरफ़ चल रहा था। बकैयाँ। बच्चों की तरह। रोती हुई बिल्लो को पार करके वह आँगन में उतर गया। फिर मामा बिल्लो को अन्दर ले गए और शम्सू मियाँ ने इतवारी के अन्दर आ जाने के बाद दरवाज़ा अन्दर से बन्द कर दिया और लगी हुई भीड़ चुपचाप छँट गई और न्यॉन बल्बों की दूधिया रोशनी में नहाई हुई सड़क अकेली रह गई...सड़क पर न कोई राहगीर था, न रहबर...न कोई तूफ़ान। सारा तूफ़ान तो सामनेवाले घर में था जिसमें अब तक बिल्लो अपनी आँखों की गवाही मानने पर तैयार नहीं थी और उसकी बच्ची इतवारी बाबा की गोद में रो रही थी और पहलवान चुपचाप आँगन में बैठे बीड़ी पी रहे थे और उन्हें अपना वह दोस्त याद आ रहा था जो अपने बच्चे को उनकी गोद में देकर अपनी पत्नी के साथ बूढ़े ताज़िये पर मानी हुई अपनी मन्नत उतारने चला गया था...

पहलवान ने पलटकर देश की तरफ़ देखा। वह दालान में बकैयाँ चल रहा था और धीरे-धीरे किसी मंत्र की तरह ''स्रीमती गाँधी जिन्दाबाद'' का जाप कर रहा था। यह जाप कभी खुशामद बन जाता। कभी गुस्सा और कभी नफ़रत—दालान में टँगा हुआ लाल मुहम्मद बीड़ी का कैलेंडर उसी जगह था और श्रीमती गाँधी का फ़ोटो उस कैलेंडर में उसी तरह मुस्कुरा रहा था जैसे उस तक देश की आवाज़ ही न जा रही हो और बिल्लो दालान के खम्बे से टिकी खड़ी हुई थी और अपनी आँखों से देश के बदन पर पड़ी हुई दर्द की धूल साफ़ कर

रही थी और ज़ख़्मों के निशानों पर गुज़रे हुए दिनों की यादों का मरहम लगा रही थी...देश थककर वहीं दालान में खड़ंजेदार फर्श पर सो गया। बच्ची इतवारी बाबा की गोद में सो गई। पहलवान ने बीड़ी को माँ की गाली देकर बुझा दिया।

''तूँ भी सो जाव बहिनी।'' इतवारी बाबा ने कहा।

''आप लोग जाइए।'' बिल्लो ने कहा।

''हमरे कहे का मतलब ई रहा कि...''

''आप लोग जाइए।'' बिल्लो ने फिर कहा।

पहलवान ने बेबसी से इतवारी बाबा की तरफ़ देखा। इतवारी बाबा ने उनकी आँखों की बात का जवाब देने की जगह बच्ची को बिल्लो की गोद में दे दिया और पहलवान की तरफ़ देखे बिना आँगन में उतरकर दरवाज़े की तरफ़ चल पड़े। पहलवान भी उठ खड़े हुए। दरवाज़ा खुला। दरवाज़ा बन्द हो गया और बिल्लो देश के साथ अकेली रह गई।...

बिल्लो ने बच्ची को बड़ी एहतियात से चारपाई पर लिटा दिया। बच्ची शायद मुस्कुरा दी।...और तब वह सोये हुए देश के पास बैठ गई और उसे देखने लगी और जब उसकी तरफ़ देखते रहना सम्भव न रह गया तो उससे लिपटकर बच्चों की तरह रोने लगी...लाल मुहम्मद बीड़ीवाले कैलेंडर में बैठी श्रीमती गाँधी ने इस पर भी ध्यान नहीं दिया। वह मुस्कुराती रहीं...

बिल्लो की रात बड़ी मुश्किल से गुज़री।

सुबह हुई तो सन्नाटा टूट गया और घर में मनसैना हो गया। लोग देश को देखने आने लगे—देश एक आदमी से एक तमाशा बन गया। वह लोगों से बेख़बर बकैयाँ चलता रहा...एक खूबसूरत, फूल-सी बच्ची उसे बकैयाँ चलता देखकर खिलखिला पड़ी और तमाम लोग उसकी तरफ़ देखने लगे। वह बिचारी घबरा गई पर देश बकैयाँ चलता रहा और अपने मंत्र का जाप करता रहा—फिर एक-एक करके औरतें बच्चों को घसीटती चली गईं। बच्चे जाना नहीं चाहते क्योंकि एक बड़े आदमी को बकैयाँ चलता देखने में उन्हें बड़ा मज़ा आ रहा था। परन्तु माँओं को और भी काम थे। घर में जाकर चूल्हा जलाना था। पतियों के लिए खाना पकाना था। सब्ज़ी बेचनेवाली से लड़ना था। एक-दूसरे की पीठ पीछे एक-दूसरे की बुराई करनी थी। बेटियों की जवानी की तरफ़ से परेशान होना था।...औरतों के जाने के बाद पहलवान चाय लेकर आए। बिल्लो चाय का प्याला लेकर देश के पास बैठ गई, ''स्त्रीमती गाँधी भेजिन हैं।'' उसने देश से कहा।

''स्त्रीमती गाँधी जिन्दाबाद।'' देश ने जवाब दिया।

''हाँ-हाँ। जिन्दाबाद,'' बिल्लो ने कहा, ''चाय पी ल्यो नहीं तो देख ल्यो उप्पर

बैठी देख रहीं।" उसने कैलेंडर की तरफ़ इशारा किया। मिसेज़ गाँधी मुस्कुरा रही थीं। "ना पीहो तो खफ़ा हो जैयहें।"

यह बात जैसे देश तक पहुँच गई। उसने पीछे और दाहिने-बाएँ देखा। मामा और बिल्लो के सिवा कोई नहीं था। वह चाय पीने लगा। उसके हाथ बेकार थे। बिल्लो उसे चमचे से पिला रही थी और वह पी रहा था...

"अब ई बच्चा भी पाले को पड़ेगा तुहें।" मामा ने कहा। बिल्लो ने कोई जवाब नहीं दिया। वह देश को चाय पिलाती रही और बिसकुट के टुकड़े खिलाती रही। "हमरी राय तो ई है कि तूँ अब पुराने घर में उठ चलो। कम-से-कम सम्सू मियाँ का घर मिला हुआ है। सकीना भाउज, ऊ नहीं तो सहनाज थोड़ी-थोड़ी देर बैयठ सकती हैं तोरे साथ। इहाँ अकेली कैयसे सँभालिहो दू बच्चन को!"

"हम एँहीं रहेंगे।" बिल्लो ने जवाब दिया।

थोड़ी देर के लिए सन्नाटा हो गया। सिर्फ़ चमचे से चाय सुड़ुकने की आवाज़ आती रही।

"अभईं कलल्हे की बात है।" पहलवान ने कहना शुरू किया, "जगदम्बाप्रसाद कहते रहे कि ई सड़क चौड़ी होयेवाली है। तो इधिर-उधिर के घर गिराए जैयहें। तोरा घर भी ओही इसकीम में आ रहा।"

अब बिल्लो पलटी।

"जे लोगन का घर गिरिहे ऊ लोगन के वास्ते जमुना पार बस्ती बन गई है। सरकार घर के बदले में घर दीहे।"

"हम तो ना जाँगे जुमना पार।" बिल्लो ने कहा।

"सरकार कहिहे तो जाए जरूर पड़िहे।" पहलवान ने कहा, "जगदम्बाप्रसाद कहते रहे कि उहाँ सरकार घर अच्छा बनवाइस है। बिल्कुल पक्का। रोसनी-पानी सब मौजूद है।"

"बाकी सड़क चौड़ी करे की जरूरत का पड़ गई?"

"का पता। मुदा सुन रहें कि बाबू स्युसंकर पाँड़े के बाप गोरीसंकर की पचासवीं बरसी पर उनकी एक ठो मूर्ती लगेवाली है कोठे के मरदाने आँगन में। संजय गाँधी आ रहें मूर्ती की नकाब कुसाई करे। बहुत बड़ा जलूस निकलिहे। ई सड़क में ऊ जलूस ना समा सकता।..."

"इ बाबू स्यूसंकर के बाप का घर ना है कि गिरा दिया जैयहे। हम नकद दाम देके खरीदा है इ जमीन। हम मुँह ना नोच लेंगे घर गिरायेवाले का।"

"स्रीमती गाँधी जिन्दाबाद।" देश ने नारा लगाया और उसकी आवाज़ से बच्ची चिहुँक के जाग गई और रोने लगी। चाय का प्याला ज़मीन पर रखकर

बिल्लो ने बच्ची को उठा लिया और उसे चुप करने के लिए उसने उसके मुँह में अपना दूध दे दिया...

यह दिन उसके आराम करने के थे। उसने सुना था कि चालीस दिन की सौरी होती है। मेवे की तुर्री पिलाई जाती है। गोंद का हलवा खिलाया जाता है। बदन की मालिश की जाती है...उसे साड़ी में कुछ गीलापन लगा...खून फिर बहने लगा था। पहलवान ने उसे लिटा दिया और बाहर निकलकर चिल्लाने लगे, "नरेना। अबे ओ बेटीचोद नरेना। तनी लपक के मोली खैराती को बुला ला। कहिबे की बिल्लो की तबिअत खराब हो गई है।"

"दुकान अकेली है।" नारायण ने कहा।

"अरे दुकान गई तोरी माँ की चूत में साले।"

नारायण दुकान छोड़कर भागा। मोल्वी ख़ैराती अपना होम्योपेथी का बक्सा ले के आ गए। बिल्लो लेटी हुई थी।

मोल्वी ख़ैराती ने अपना दवाओं का बक्स चारपाई पर रक्खा और पहलवान की रक्खी हुई कुरसी पर बैठ गए। बिल्लो का चेहरा सफ़ेद हो रहा था। देश ज़मीन पर पड़ा हुआ था और पानी के गिलास की तरफ़ देख रहा था। बच्ची सो रही थी। पहलवान जल्दी-जल्दी बीड़ी के कश ले रहे थे। रामदीन की अम्माँ बच्ची की ढोंड़ी में कोई दवा लगा रही थी। इतवारी बाबा बावरचीख़ाने में थे और चूल्हे से धुआँ उठ रहा था।

मोल्वी ख़ैराती ने नब्ज़ देखने की जगह रामदीन की अम्माँ से बिल्लो का हाल सुनकर एक पुरानी-सी किताब खोली जो उनकी बग़ल में दबी हुई आई थी। उर्दू में छपी हुई किताब थी। वह तेज़ी से उसके पन्ने पलटने लगे। कहीं रुकते पर सारे सिम्टम न मिलने के कारण आगे बढ़ जाते। आख़िर एक पन्ना उन्हें ठीक मालूम हुआ। उन्होंने अपना बक्सा खोला। छोटी-छोटी शीशियाँ, नन्हीं-नन्हीं गोलियों से भरी हुई, क़तार में लगी हुई थीं। हर शीशी की कार्क पर एक नम्बर लिखा हुआ था। मोल्वी ख़ैराती ने तीन शीशियाँ निकालीं। काग़ज़ के चौकोर टुकड़े बक्से के एक खाने से निकाले। चार टुकड़े। उन टुकड़ों को उन्होंने चारपाई पर सलीक़े से रक्खा, फिर शीशियों से उन पर तीन-तीन गोलियाँ गिराने लगे। फिर उन्होंने बहुत सलीक़े से तीन टुकड़ों की पुड़ियाँ बनाईं और चौथे काग़ज़ की दवा बिल्लो के मुँह में डाल दी और बिल्लो का मुँह नन्हीं-नन्हीं गोलियों की मिठास से भर गया और उसे अपना बचपन याद आ गया जब वह मोल्वी साहब के घर यह गोलियाँ खाने जाया करती थी और वह उसके मुँह में यूँ ही गोलियाँ गिराकर उसका मुँह चूम लिया करते थे। तब बदर की अम्मा ज़िन्दा थीं।...अपने बचपन

को याद करके उसकी आँखें भर आईं। और उसने दीवार की तरफ़ करवट ले ली।

"उट्ठे मत देना।" मोल्वी साहब ने कहा, "आराम की सख़्त ज़रूरत है। मगर कोई ऐसी परेशानी की बात नहीं है। रामदीन की अम्माँ को कुछ दिन के लिए यहीं रख लीजिए। मालिश भी करेगी और बच्ची की देखभाल भी कर लेगी।"

मोल्वी साहब चले गए।

"आपो दुकान पर जाइए।" बिल्लो ने मामा से कहा।

"नरैना है दुकान पर।" मामा ने कहा।

"नरैना का देखिए दुकान।"

"अच्छा बाबा हम जाइत हैं। तूँ सुनेवाली थोड़े हो कोई की।" पहलवान ने बीड़ी को आँगन में फेंकते हुए कहा। फिर उन्होंने रामदीन की अम्माँ से कहा, "उट्ठे मत देना ऐको।"

वह चले गए।

रामदीन की अम्माँ बच्ची के साथ खटोले पर लेट गई। इतवारी बाबा बावरचीख़ाने में ऊँघने लगे। बिल्लो देश की तरफ़ देखने लगी। देश की आँखें न जाने कहाँ थीं।

"मामा कहते रहे कि सरकार हम लोगन को जमुना पार भेजेवाली है।" उसने देश से कहा। देश के होंठों पर वही अर्थहीन, ख़ाली बोतल-सी मुस्कुराहट आ गई। "संजय गाँधी के जलूस के वास्ते ई सड़क चौड़ी होयेवाली है।" उसने कहा। देश फिर मुस्कुरा दिया। "कुछ बोलिहो ना?"

"स्रीमती गाँधी जिन्दाबाद।" देश बोला।

देश की इस बात का बिल्लो के पास कोई जवाब नहीं था। वह चुप हो गई और मकड़ी के जाले की तरफ़ देखने लगी जो छत के एक कोने में था और जिसमें एक मक्खी की लाश फँसी हुई थी और मकड़ी का पता नहीं था। फिर उसकी निगाहें ज़रा नीचे उतरीं। दीवार पर देश के साथ उसकी तस्वीर थी। वही फुटपाथ पर, मोटर के कट-आउट के बैक-ग्राउंड में खिंचवाई हुई तस्वीर। उसने देश की तरफ़ देखा और सोचा कि यह सामने बेबस पड़ा हुआ वह देश कैसे हो सकता है जिसके साथ उसने उस दिन यह तस्वीर खिंचवाई थी...एक परछाईं-सी सामने से गुज़री। बिल्लो ने सामने देखा। प्रेमानारायण खड़ी थी। बिल्लो उसे देखकर बड़ी बहादुरी से मुस्कुराई। प्रेमा अन्दर आ गई। जवाब में उसने भी मुस्कुराना चाहा पर उससे मुस्कुराया न गया।

"कैसी हो?" उसने बड़ी बेवकूफ़ी का सवाल किया क्योंकि वह साफ़ देख

रही थी कि वह अच्छी नहीं है। पर यह बातें हमारे समाज में यूँ ही पूछ ली जाती हैं क्योंकि पूछने के लिए कुछ होता ही नहीं।

"बैठिए।" बिल्लो ने कहा।

प्रेमा मोल्वी ख़ैराती वाली कुरसी पर बैठ गई।

कमरे में सन्नाटा हो गया।

फिर यकायक देश खिलखिलाकर बच्चों की तरह हँसने लगा।

बिल्लो और प्रेमा ने एकसाथ उसकी तरफ़ देखा। वह उन दोनों से बेख़बर था।

बिल्लो ने उस पर से आँखें हटा लीं पर प्रेमा उसी की तरफ़ देखती रही। शायद वह उसके टूटे-फूटे बदन पर जगह-जगह अपना नाम पढ़ने की कोशिश कर रही थी। न जाने क्यों देश ने उसकी तरफ़ देखा। उसकी आँखों में न कोई दर्द था, न कोई शिकायत। उसकी आँखों में न कोई जज़्बा था, न कोई पहचान। न वे कुछ कह रही थीं, न सुन रही थीं...दो वीराने थे जिनमें किसी ख़याल की परछाईं भी नहीं थी...प्रेमा को किसी पत्रिका में पढ़ी हुई एक नज़्म से कुछ लाइनें याद आ गईं :

खड़ी दोपहर दरवाज़े पर,
मन के अन्दर रात।
गूँगा आँगन,
गूँगा कमरा,
करे न कोई बात।
किस आवाज़ की टहनी पर हम दिल की बात उतारें!
किस डाली पर झूलें
किस पोखर को पत्थर मारें!
सारे रस्ते याद हैं हमको
हम कैसे खो जाएँ?
जब तक जागें,
अपने-आपसे बात करें,
—सो जाएँ।

...यह वीरान आँखें क्या कभी बात ही नहीं करेंगी? प्रेमा ने सोचा और उसे लगा कि जैसे इस गूँगेपन की ज़िम्मेदारी उसी के सर आती है। वह आकाशवाणी पर समाचार सुनाने की नौकरी करती है। सरकार के लिए जासूसी करना उसके काम में शामिल नहीं है। और वहाँ, बिल्लो के घर में, बिल्लो की बोलती हुई और

देश की गूँगी आँखों और सोई बच्ची और उसकी तरफ़ देखती हुई रामदीन की अम्माँ और बावरचीखाने में ऊँघते हुए इतवारी बाबा के सामने वह अपनी आँखों से गिर गई और उसे बहुत चोट भी लगी।...यह चोट कल रात महनाज़ के कमरे में लगनेवाली चोट से अलग थी।

"मुझे पहचानते हो?" प्रेमा ने देश से पूछा।

देश ने सर हिला दिया जैसे कोई किसी सवाल का जवाब मालूम होने पर खुशी से फूल के सर हिलाए।

"कौन हूँ मैं?"

"स्रीमती गाँधी।" देश ने कहा और हँसने लगा। जैसे कोई बच्चा किसी मुश्किल सवाल का जवाब देकर हँस दे।

"एही हाल है।" बिल्लो ने कहा, "हर बात का जवाब स्रीमती।"

प्रेमा ने कुछ नहीं कहा।

"प्रेमाजी।" बिल्लो बोली, "हम इनके गायब होये के बारे में भी स्रीमती गाँधी को सहनाज से एक ठो खत लिखवाया रहा। लग रहा कि ऊ साइद मिलबे ना किया उनन्हें। मिलता तो ऊ जवाब ज़रूर देतीं। इन पर तो उनकी खास निगाह है। बरकसाप खोले को करज दिलवाइन रहा बंक को खत लिख के। हमरी तरफ से एक ठो खत आज आप लिख दीजिए उनन्हें। हम और कुछ नहीं चाह रहें। खाली ऊ सी.आई.डी. को बोल दें कि जो देस का इ हाल बनाया ओका नाम-पता मालूम किया जाए। कम-से-कम हम ओको कोस तो लें प्रेमाजी?"

"अच्छा।" प्रेमा ने कहा, "लिख दूँगी।"

"खूब समझा के लिखिएगा।"

"लिख दूँगी।"

बातें ख़त्म हो गईं। बिल्लो देश की तरफ़ देखने लगी। प्रेमा देश से आँखें चुराने लगी।

"सुन रहें कि आसा बाबू स्रीमती गाँधी के साथ आ गए।" बिल्लो ने कहा।

"हाँ।" प्रेमा ने जवाब दिया।

"का ऊ सचमुच सरकार का तखता उलटे की साजिस करते रहे? हम उनन्हें ऐयसा त ना समझते रहे। खिलाफ त ऊ जरूर रहे पर सरकार के पास तखता कैयसा होता है और कहाँ रक्खा रहता है कि जो चाहे उहे उलटे की कोसिस करे लगे? कहाँ देहली, कहाँ कटरा मीर बुलाकी। इहाँ से बैयठे-बैयठे कोई देहली का तखता कैयसे उलट सकता है? सरकार का तखता का इहाँ एलाहाबाद में है?"

"हाँ।" प्रेमा ने कहा।

चाय की दो प्यालियाँ लेकर इतवारी बाबा आ गए। एक प्याली उन्होंने प्रेमा को दी। दूसरी की आधी उन्होंने बिल्लो को दी और आधी चाय सॉसर में लेकर देश को पिलाने बैठ गए। बोले : ''ऐ रामदीन की अम्माँ! उहाँ जाके चाय पी ल्यो।''

रामदीन की अम्माँ चली गई।

इतवारी ने प्रेमा की तरफ़ देखा और कहा : ''सन बयालिस में हम पुलिस के हाथ की मार खा चुके हैं। हमें खूब पहचान है पुलिस की मार की। देस को पुलिस मारिस है।''

''तूँ तो सठिया गए हो।'' बिल्लो ने कहा, ''पुलिस काहे को मारिहे? का किहिन हैं ई? तखता उलटिन हैं सरकार का?...''

''पुलिस ने इनसे आशाराम का पता पूछा होगा बिल्लोजी।'' प्रेमा ने कहा। और यह कहने के बाद उसके सीने से जैसे एक बोझ सरक गया। वह हलकी हो गई। ''उस दिन आप भी रेडियो स्टेशन आई थीं ना...''

''ऐ साहब, ऊ बिल्लो की तकरीर बजी ना आज तक।'' इतवारी ने कहा।

''वह हुआ यह कि जिस वक़्त बजनेवाली थी उसी वक्त श्रीमती गाँधी ने बोलने का फ़ैसला कर लिया। बस बिल्लो की बात रह गई। बज जाएगी किसी दिन।'' प्रेमा ने कहा और उसका दम घुटने लगा। उसने देश की तरफ़ देखा। वह उसकी तरफ़ देखकर उसी तरह मुस्कुरा रहा था। घड़ी देखती हुई वह उठ खड़ी हुई : ''अब चलती हूँ। समाचार सुनाना है। फिर आती हूँ किसी वक्त। अपना और देश का ख़याल रखना।''

चाय की प्याली को चारपाई पर रखती हुई वह चली गई। चाय वैसी की वैसी थी...

रेडियो स्टेशन के लोगों को प्रेमा में कोई ख़ास परिवर्तन नहीं दिखाई दिया। वह उसी तरह मुस्कुराती हुई समाचार लेकर रिकार्डिंग थेटर में चली गई। कुरसी पर बैठकर उसने माइक्रोफ़ोन को ठीक किया। गला साफ़ किया और फिर लाल बत्ती के जलने की राह देखने लगी। रिकार्डिस्ट ने शीशे के उस पार से उसकी तरफ़ हमेशा की तरह एक दोस्ताना मुस्कुराहट भेजी। उसने भी जवाब में एक दोस्ताना मुस्कुराहट भेज दी।

लाल बत्ती जल गई।

''यह आकाशवाणी लखनऊ-इलाहाबाद है। अब आप प्रेमानारायण से स्थानीय समाचार सुनिए।'' रिकार्डिस्ट ने हेड फ़ोन उतार दिए। आवाज़ का वाल्युम ठीक था। प्रेमा एक मँजी हुई न्यूज-रीडर थी।...तो उसने एक सिग्रेट

सुलगा ली। उसे या किसी को ख़याल भी नहीं था कि प्रेमा मन-गढ़ंत समाचार सुनाना शुरू कर देगी। उसकी गिनती सिक्योरिटी रिस्कों में नहीं होती थी।... रिकार्डिस्ट प्रेमा की तरफ़ देखके मुस्कुराया। समाचार पढ़ती हुई प्रेमा भी मुस्कुरा दी और फिर वह समाचार सुनाने लगी।

"कटरा मीर बुलाक़ी का मोटर मिकैनिक देशराज, जो पिछले दिनों आकाशवाणी इलाहाबाद के कम्पाउंड से लापता हो गया था, रात के डेढ़ बजे कटरा मीर बुलाक़ी में पड़ा पाया गया। उसके हाथ-पाँव पुलिस की मार खाते-खाते टूट गए हैं। उसका दिमाग़ ख़राब हो गया है। उसका जुर्म यह था कि उसे आशाराम का पता नहीं मालूम था..."

ट्रांसमीटर पल-भर के लिए बन्द हो गया। और पल-भर के बाद एक और लड़की की आवाज़ आई : "हमें खेद है कि ट्रांसमीटर में ख़राबी पैदा हो जाने के कारण आप स्थानीय समाचार न सुन सके। अब सुनिए फ़िल्म 'जागृति' में मुहम्मद रफ़ी को। गीतकार हैं मजरूह सुलतानपुरी..."

जागृति। क्या सन् 76 में हिन्दुस्तान को कोई इससे बड़ी गाली दी जा सकती थी? आकाशवाणी ने इस तरह की गालियों में बड़ी शुहरत पाई।...आकाशवाणी से आदमी नहीं, रिकार्ड बजते थे। आवाज़ें अलग हुआ करती थीं पर बात नम्बर एक सफ़दरजंग करता था।...मिसेज़ गाँधी को आवाज़ें बदलने में कैसा कमाल हासिल था! और जब कोई आवाज़ ज़रा इधर-उधर होती, बन्द कर दी जाती... प्रेमानारायण तो किसी गिनती-शुमार में नहीं थी।

खुर्शीद आलम खाँ ने 'पूछगछ' की। और एक अदालत के कमरे में बैठे हुए कूक से चलनेवाले एक बबुये या एक वॉकी-टॉकी गुड्डे ने अपनी रटी हुई बात कह दी और प्रेमा जो कल तक न्युज़-रीडर थी, एक न्युज़ बन गई। यह ख़बर कहीं छपी नहीं क्योंकि उन दिनों समाचार छपा ही नहीं करते थे।

पर प्रेमा को कोई पछतावा नहीं था। टार्चर का डर भी जैसे ख़त्म हो गया था क्योंकि उसने आशाराम ही से एक शेर सुन रक्खा था : दर्द का हद से गुज़रना है दवा हो जाना...इस शेर का मतलब वह खुर्शीद आलम ख़ाँ की पूछगछ के दिनों में समझ गई थी। जो वह भी देश की तरह निहत्थी रही होती तो शायद पागल हो गई होती क्योंकि टार्चर का मतलब उसने यह नहीं समझा था कि बाबू जगदम्बाप्रसाद जैसे लोग उसके बदन की किताब पर अँगूठा निशान मारेंगे। वह बहुत खूबसूरत थी इसलिए अफ़सरों और सिपाहियों सभी को पसन्द आई और सभी ने अपनी-अपनी पसन्द उस पर आज़माई। जगदम्बाप्रसाद के मुँह से आती हुई बदबू को झेलना उसके लिए बहुत मुश्किल साबित हुआ और अपनी ज़िल्लत

के उन क्षणों में भी उसे कॉलगेट डेंटल क्रीम के बारे देखी हुई एक डाक्युमेंटरी फ़िल्म याद आ गई...और जब वह बिल्कुल ख़ाली हो गई तो जेल में फेंक दी गई।

जेल की वह कोठरी कोई तीस फ़िट लम्बी और पन्दरह फ़िट चौड़ी रही होगी। उसमें न जाने कितनी औरतें ठुँसी हुई थीं। सबने उसकी तरफ़ देखा। उसने किसी की तरफ़ नहीं देखा।...एक औरत उठी और सबके सामने उस तसली पर बैठ गई जो एक कोने में रक्खी हुई थी। उसके पेशाब की आवाज़ प्रेमा तक आ रही थी। बिल्कुल साफ़--जैसे वह औरत उसके कानों में पेशाब कर रही हो।

रात का वक्त था।

प्रेमा बहुत थकी हुई थी। वह पड़कर सो जाना चाहती थी। पर उस सेल में तो कहीं तिल धरने को जगह नहीं थी। उसने चेहरे बचाकर फिर सेल पर एक निगाह डाली। एक कोने में काफ़ी जगह थी। सिर्फ़ एक औरत कम्बल ओढ़े सो रही थी। उसके हर तरफ़ काफ़ी जगह खाली थी। तमाम क़ैदी औरतें उसकी निगाहों का पीछा कर रही थीं और लगता था कि जैसे वह किसी बात के इन्तिज़ार में हैं...दूसरे कोने में काफ़ी जगह खाली थी। वहाँ एक लम्बी-चौड़ी औरत बैठी प्रेमा को देख रही थी। उसे देखते ही प्रेमा के रोंगटे खड़े हो गए। और उस औरत की आँखों से बचने के लिए वह कम्बल ओढ़े सोई हुई औरत के पास जाकर जल्दी से लेट गई...उसके लेटने की आहट पर कम्बलवाली औरत कसमसायी और उसने अपने चेहरे से कम्बल सरकाकर प्रेमा की तरफ़ देखा और प्रेमा चीख़कर भागी। वह औरत कोढ़ी थी। उसकी नाक गल चुकी थी। चेहरे पर ज़ख्मों के चकत्ते थे। उँगलियाँ जैसे थी ही नहीं...क़ैदी औरतें हँसने लगीं...और कोने में बैठी हुई औरत उठी। उसे उठता देखकर तमाम औरतें डरके चुप हो गईं। वह औरत मुँह छिपाए खिसकती हुई प्रेमा की तरफ़ बढ़ी। तमाम औरतें सकते में उसे देखती रहीं। उसने प्रेमा को दबोच लिया और जैसे उस पर कोई दौरा पड़ गया। वह प्रेमा के कपड़े नोचने लगी--प्रेमा एक बार चीखी। और फिर खौफ़ से उसकी घिग्घी बँध गई और वह बेबसी से दूसरी क़ैदी औरतों की तरफ़ देखती रही पर दूसरी औरतों में से कोई उसकी तरफ़ नहीं देख रहा था--उन्हें मालूम था कि हर नई क़ैदी को यह क्षण झेलने पड़ते हैं...

उस लम्बी-चौड़ी औरत का नाम भाग्यमती था। प्यार से भानो कही जाती थी। पढ़ी-लिखी थी। दिल्ली यूनिवर्सिटी में अंग्रेज़ी साहित्य पढ़ाया करती थी। लिसवियन थी। अपनी तनहायी के अन्धे कुएँ में क़ैद थी। उसे जिस लड़की से प्यार था उसकी शादी हो गई और उसने उस लड़की को क़त्ल कर दिया। अदालत में उसे पागल साबित न किया जा सका। उम्रक़ैद की सज़ा हुई। उम्रक़ैद की सज़ा

काट रही थी। जब कोई नई क़ैदी आती तो यह दीवानी हो जाती और इसमें बला की ताक़त आ जाती और यह उस नई क़ैदी को दूसरी तमाम क़ैदी औरतों के सामने रेप करती। और फिर बिल्कुल सीधी हो जाती। मुस्कुराने भी लगती। जेल के अफ़सरों को यह बात मालूम थी। पर उन्हें इस बात पर कोई एतराज़ नहीं था। उन्हें पता था कि आज रात उस बैरेक में क्या होगा। पहरे का सिपाही झाँककर यह तमाशा भी देख रहा था कि कल अपने साथियों को बता सके कि रात का तमाशा कैसा रहा...

प्रेमा आशाराम, बिल्लो, देश, जगदम्बाप्रसाद के मुँह की बदबू...सबकुछ भूल गई। दुनिया में भाग्यमती और उसकी आँखों की वहशत और उसके प्यार की बर्बरता के सिवा कुछ था ही नहीं जैसे।...भाग्यमती के मरने तक वह उसकी रखैल रही। भाग्यमती जब भी इशारा करती, वह डर से मर जाती और अपने-आपको भाग्यमती के हवाले कर देती...बैरेक की तमाम औरतें उसकी ज़िल्लत का तमाशा देखतीं। न कुछ कहतीं, न कुछ करतीं। उनमें से सबको प्रेमा से हमदर्दी थी पर कोई उससे हमदर्दी कर नहीं सकता था क्योंकि उससे हमदर्दी करने की सज़ा सख़्त हुआ करती थी। एक औरत ने कभी हमदर्दी की थी। भाग्यमती ने उसकी आँखें निकाल ली थीं...

बस वह कोढ़ी औरत भाग्यमती से नहीं डरती थी क्योंकि भाग्यमती ही उससे डरा करती थी। वह चुपचाप यह तमाशा देखा करती थी। एक दिन प्रेमा की बेबसी से उसकी आँखें मिल गईं—बरसों बाद किसी ने उससे कुछ कहा था। वह मुस्कुराई। उसके गले हुए होंठों पर आई हुई मुस्कुराहट किसी को नज़र ही नहीं आई।...उसी रात तमाम क़ैदी औरतें एक चीख की आवाज़ पर जाग उठीं। धीमी रोशनी में उन्होंने देखा कि कोढ़ी औरत भाग्यमती से लिपटी हुई है। और भाग्यमती चीख़ रही है...फिर भाग्यमती की चीख़ बन्द हो गई और किसी क़ैदी औरत तक अँधेरे में उसका खून बह आया और वह अपने हाथ में खून देखकर चीख़ उठी...

उस कोढ़ी औरत को उसी रात उस बैरेक से हटा दिया गया। जाते-जाते उसने प्रेमा की तरफ़ देखा।...शायद मुस्कुराई भी। पर उसकी मुस्कुराहट प्रेमा को दिखाई नहीं दी। उसकी तबीयत गनगना गई। उसने उसकी तरफ़ से मुँह फेर लिया और वह कोढ़ी औरत अपनी मुस्कुराहट की लाश उठाए सिपाहियों के साथ चली गई—उस रात उस बैरेक की तमाम क़ैदी औरतें जागती रहीं। पर उस रात प्रेमा न जाने कितने दिनों के बाद गहरी नींद सोई...

सपनों का खँडहर

बिल्लो को प्रेमा बराबर याद आती रही। पर वह पूछती किससे और उसे जवाब कौन देता? महल्ले के लोग भी कितनी हमदर्दी करते। थक गए। उनके सामने उनकी अपनी ज़िन्दगियाँ और उनकी समस्याएँ थीं। बस शहनाज़ आती रही। इतवारी बाबा आते रहे और मामा तो ख़ैर आते ही रहे। प्रेमा होती तो वह भी आती। इसका बिल्लो को यक़ीन था। शायद जल्दी में उसकी बदली हो गई हो? फिर बिल्लो भी प्रेमा को भूल गई। क्यों याद रखती? उसके सामने अपनी ज़िन्दगी पड़ी थी। जनता लांडरी बन्द हो चुकी थी। शम्सू मियाँ ने किराया नहीं माँगा था पर जो वह किराया माँगते भी तो क्या कर लेते? बिल्लो देती कहाँ से? तो उन्होंने एक दिन शहनाज़ के ज़रिए कहलवाया कि बिल्लो दुकान बेच क्यों नहीं देती। उसे पैसों की तंगी भी होगी। तो बिल्लो राज़ी हो गई। लांडरी बिक गई। ईदू धोबी ने ख़रीदी। लैला के घर के कपड़े वही धोने लगा था इसलिए लैला ने उसकी लांडरी का नाम अंग्रेज़ी में रक्खा। 'इक्लिप्स क्लीनर्ज़'। और जिस दिन लांडरी का नाम बदला उसी दिन इतवारी बाबा ने उसके तख़्ते पर सोना छोड़ दिया।

बड़ी धूमधाम से 'इक्लिप्स क्लीनर्ज़' का उद्घाटन हुआ। दिन-भर रिकार्ड बजा किए। शाम को बाबू गौरीशंकर पांडेय एम.पी. ने लांडरी का उद्घाटन किया। दिन-भर बिल्लो अपनी लांडरी के मरने पर होनेवाले समारोह के हंगामे की आवाज़ सुनती रही। माइक्रोफ़ोन पर बाबू गौरीशंकर पांडेय के भाषण की आवाज़ भी आई :

"यह बड़े, मतलब है, बड़ी खुशी की बात है कि आज श्री ईदू धोबी ख़ुद अपनी दुकान के मालिक हैं, अर्थात् अब अपने लिए काम करेंगे। जो जीवन कोई गन्दा कपड़ा होता तो चन्द्रमाग्रहण धोनेवाली यह लांडरी जीवन को भी धो-धुलाकर इस्त्री कर देती। इस अवसर पर मुझे यह कहने दीजिए कि यह सब श्रीमती गाँधी और उनकी लाई हुई इमरजेंसी का चमत्कार है नहीं तो कहाँ एक साधारण भाई ईदू और कहाँ एक लांडरी का मालिक होना..."

जब 'इक्लिप्स लांडरी' के सामने मेहमान कोक पी रहे थे और बाबू साहब

का भाषण सुन रहे थे तभी कारपोरेशन का चपरासी बिल्लो के घर नोटिस लाया। बिल्लो पढ़ी-लिखी नहीं थी। अँगूठा लगाने के बाद उसने चपरासी से कहा कि वही ज़रा सुना दे कि नोटिस काहे का है। टैक्स तो उसने बराबर भर दिया था। चपरासी ने नोटिस सुना दी कि हफ़्ते-भर के अन्दर-अन्दर उसे जमुना पार संजयनगर में उठ जाना चाहिए नहीं तो कारपोरेशन के आदमी आकर मकान खाली करवा लेंगे। उसके लिए संजयनगर में गली नम्बर पाँच, मकान नम्बर 74-बी अलॉट हुआ है।

मतलब जो ख़बर मामा को जगदम्बाप्रसाद ने दी थी वह ठीक थी। संजयनगर। गली नम्बर : 5, मकान नम्बर : 74-बी।

चपरासी चला गया। वह अपनी दहलीज़ पर अकेली रह गई।

बकैयाँ चलता हुआ देश उसके पास आ गया। उसकी हालत पहले से कुछ बेहतर हो गई थी। अब वह श्रीमती गाँधी ज़िन्दाबाद नहीं कहता था। अपने नाम पर पलटकर देखता भी था। खाना भी खा लेता था। एक-आध लफ़्ज बोल लेता था। हरी बढ़ई ने उसके लिए बड़ी अच्छी बैसाखी बना दी थी। कभी-कभार वह बैसाखी लेकर चल भी लेता था। पर घर में वह बकैयाँ ही चलता था।

देश का ज़्यादा वक़्त अपनी बेटी के पास गुज़रा करता था। वह चुपचाप उसके खटोले की पट्टी से लगा उसे तका करता था और कभी-कभार उसके होंठों पर वही खाली बोतल-सी मुस्कुराहट आ जाया करती थी।

''बिल्लो।'' देश की आवाज़ आई।

बिल्लो पलटी। देश उसकी तरफ़ देखकर मुस्कुरा दिया।...और यह मुस्कुराहट खाली-खाली बोतल-सी नहीं थी। उस मुस्कुराहट में पुराने प्यार की ख़ुशबू थी, पुराने प्यार का रंग था। पर पल-भर के बाद वह मुस्कुराहट खाली हो गई।

''चाय पीहो?'' बिल्लो ने पूछा।

देश ने सर हिला दिया।

''चलो रसोइये में चलते हैं।'' बिल्लो ने कहा, फिर उसने सहारा देकर उसे उठाया। दोनों बावरचीख़ाने की तरफ़ चलने लगे। बिल्लो ने उसे दीवार से टिकाके बिठला दिया। चूल्हे की आग भड़काकर उसने केतली चढ़ा दी।

''आज हमरी लांडरी बिका गई।'' बिल्लो ने कहा।

देश मुस्कुरा दिया।

''दिन-भर से ओही की ख़ुसी में गाना बजता रहा।''

देश मुस्कुरा दिया।

''तोरी मोटरियो बिका गई।''

देश मुस्कुरा दिया।

"बंक से नोटिस आया है। मामा कहत रहे कि कोई आसा ना है..."

आशा।

देश चौंक पड़ा। उसकी आँखों में डर झाँकने लगा।

"का भया?" बिल्लो घबराकर उसके पास आ गई। पर उसका डर कम न हुआ। वह अपने बेकार हाथों की तरफ़ देखने लगा। फिर उसने अपने चेहरे के सूखे हुए घावों पर हाथ फेरा। डर बढ़ गया। बिल्लो ने उसके गले में बाँहें डाल दीं। फिर पूछा, "का भया? डर लग रहा?"

देश ने सर हिला दिया।

"के से डर लग रहा?"

देश ने कोई जवाब नहीं दिया।

"ऐयसा करो।" बिल्लो ने कहा, "इन्दराजी को एक ठो चिट्ठी लिखवा दो कि तूँहें इ हाल पर कौन पहुँचाइस है।..."

बिल्लो समझाती रही और देश की आँखों पर चढ़ा हुआ डर का रंग और गहरा होता गया।

कि मामा आ गए।

बिल्लो ने नोटिस छिपा लिया।

केतली का पानी उबल रहा था। उसकी टोंटी से भाप निकल रही थी।

मामा भी आकर वहाँ बैठ गए।

बिल्लो चाय बनाने लगी।

"हम सोच रहें कि आप दु-चार दिन के वास्ते एको ले के मड़िहाँउ चले जाइए। रामदीन की अम्माँ कहती रही कि उहाँ एक ठो बड़े अच्छे हकीम हैं।" उसने चाय बनाते-बनाते मामा से कहा। फिर उसने चाय की प्याली देश के सामने रख दी। उसने अपने ठूँठ हाथों से प्याली उठाई और चाय पीने लगा।

"मामा के साथ जाके घूम आव दु-चार दिन।" बिल्लो ने कहा।

देश मुस्कुरा दिया।

"ककुलत मिटाए के वास्ते चले जाते हैं ले के। मुदा कोई फायदा नहीं : अँगुली थोड़े दिहें हकीम साब!"

बिल्लो ने कोई जवाब नहीं दिया।

दूसरे दिन मामा देश को लेकर चले गए और दूसरे ही दिन 'पंडित शिवशंकर पांडेय मार्ग' पर कारपोरेशन के ट्रक आने लगे और सड़क का सामान ढेर करने लगे। दो बुलडोज़र आए। उन्हें देखने के लिए आसपास के बच्चे जमा हो गए।

सड़क के दोनों तरफ़ रहनेवालों को नोटिस मिला था। सब फ़रयाद कर रहे थे। बिल्लो चुप थी। सब भाग-दौड़ कर रहे थे। वह अपनी दहलीज़ पर बैठी ट्रकों का आना-जाना देख रही थी। जैसे उसने अपनी ज़िन्दगी में इससे दिलचस्प कोई तमाशा ही न देखा हो।

फिर एक दिन रिक्शा करके वह जमुना पार संजयनगर देखने गई। ज़िन्दगी में पहली बार उसने रिक्शेवाले से मोल-तोल नहीं किया। बस उसे रोककर रिक्शे पर बैठ गई।

"जमुना पार, संजयनगर।" उसने कहा।

रिक्शा चल पड़ा। जाने-पहचाने बाज़ार, जानी-पहचानी सूरतें उसे अजीब लग रही थीं। मामा की दुकान पर नारायण था। लोग बैठे चाय पी रहे थे और दुकान पर रक्खे हुए रेडियो से फ़िल्मी गानों का कोई प्रोग्राम आ रहा था। शम्सू मियाँ ने एक तरफ़ झुककर नाक छिनकी और हमेशा की तरह दामन से नाक पोंछ ली। जोखन मियाँ की वॉक्सबैगन उसके रिक्शे के पास से धूल उड़ाती गुज़र गई। एक ताँगे पर किसी फ़िल्म का इश्तिहार बाँटनेवाले हाथ में माइक्रोफ़ोन लिए बोल रहे थे और ताँगे के हुड पर रक्खा हुआ ऐमप्लिफ़ायर चिल्ला रहा था : "शोले। सलीम जावेद का शोले। यश चोपड़ा का शोले। धर्मेन्द्र, संजीवकुमार और अमिताभ बच्चन का शोले। एलाहाबाद के दिल की धड़कन। अमिताभ बच्चन। हेमामालिनी और जया भादुरी के साथ। गुलशन राय की पेशकश। आपके पैलेस थेटर में रोजाना तीन शो। समय से पहले आइए कि निराश होकर लौटना न पड़े—शोले। मुल्क के कोने-कोने में आग लगाकर आपके शहर एलाहाबाद में आ गया है : शोले..." ताँगे से आनेवाली आवाज़ काफ़ी दूर तक उसका पीछा करती रही और फिर रिक्शा आगे बढ़ गया और आवाज़ पीछे रह गई...और बिल्लो अपनी यादों की गलियों से गुज़रती रही...

जमुना पार का संजयनगर बहुत बोड़ लगा था। पर उसे पाँचवीं गली का उसका मकान नम्बर : 74-बी नहीं मिला क्योंकि न वहाँ कोई गली थी, न कोई मकान। कुछ आधी-अधूरी झोंपड़ियाँ ज़रूर इधर-उधर बिखरी हुई थीं और अपने घरों को छोड़कर उठ आनेवाले लोग उनकी मरम्मत में लगे हुए थे।

एक बच्चा आकर उसके रिक्शे के पास खड़ा हो गया और जब वह उसकी तरफ़ देखकर मुस्कुराई तो बच्चे ने कहा : "इहाँ हमरा जी ना लग रहा। हम्में अपने साथ ले चलिहो?"

बिल्लो ने कोई जवाब नहीं दिया। रिक्शेवाले से अलबत्ता बोली, "चलो भैया।..."

रिक्शा मुड़ा। वापसी यात्रा शुरू हुई। बिल्लो ने पलटके देखा। वह बच्चा वहीं खड़ा जाते हुए रिक्शे को देख रहा था। फिर वही सड़कें, वही दुकानें, वही बाज़ार, वही लोग, वही आवाज़ें...फिर वही कटरा मीर बुलाक़ी के दहाने से गुज़रती हुई 'पंडित शिवशंकर पांडेय मार्ग', वही पहलवान का टी-स्टाल, टी-स्टाल पर बैठे हुए वही लोग...और फिर वही दरवाज़ा जिसमें लगे हुए ताले की कुंजी उसके पास थी। सामनेवाले मकान के सामने एक घर का सामान और उसमें रहनेवाली यादों का ढेर था। चटरजी साहब संजयनगर जाने की तैयारी कर रहे थे। उसने उनकी तरफ़ देखा तक नहीं। वह चुपचाप ताला खोलकर अन्दर चली गई।

घर। हाउसफ़ंड की डाकखानेवाली किताब। एक-एक पैसे के ख़र्च पर देश से होनेवाले झगड़े...महनाज़ के दहेज के वास्ते ख़रीदी जानेवाली घड़ी और साइकिल का क़िस्सा...उसकी बैंक की पासबुक। बैंक की पासबुक में एक रक़म बनकर टँकी हुई जनता लांडरी...

वह दालान में बैठकर कारपोरेशन का इन्तिज़ार करने लगी। वह यह फ़ैसला कर चुकी थी कि वह संजयनगर नहीं जाएगी। संजयनगर में जो उसे महल मिल रहा होता गली नम्बर पाँच में तब भी वह न जाती क्योंकि यह घर उसने बनाया था। यह ज़मीन उसने ख़रीदी थी। इस घर का उसने सपना देखा था।

वह कमरे में गई। अपनी और देश की वह मोटर के कट-आउटवाली तस्वीर उसने उतारी। पल-भर उस तस्वीर को देखती रही, फिर उस तस्वीर को पुराने अख़बार में लपेटकर वह बाहर निकली। आँगन में धूप मर चुकी थी। उसने सब्ज़ी काटने की छुरी से कच्चे आँगन में एक छोटा-सा गढ़ा खोदा और फिर उस गढ़े में उस तस्वीर को फ्रेम समेत दफ़्न कर दिया और फिर रगड़-रगड़कर अपने हाथ साफ़ करने लगी।

वह न जाने कब तक अपने हाथ साफ़ करती रहती पर शहनाज के आने से उसने अपना हाथ यूँ छिपाया जैसे रँगे हाथों चोरी करते पकड़ ली गई हो। फिर उसने कनखियों से उस छोटी-सी कब्र की तरफ़ देखा और डरी कि कहीं शहनाज़ उसे न देख ले।

शहनाज़ उसके पास आकर बैठ गई।

"हम पूछित हैं कि बदर पगला गए हैं का?" बिल्लो ने कहा।

चूँकि करने के लिए कोई बात नहीं थी इसलिए उसने बदर की बात शुरू कर दी, क्योंकि किसी-न-किसी तरह वह उस क़ब्र को शहनाज़ से छिपाना चाहती थी। वह खड़ी हो गई, "चलो भीतर चलके बैठें।"

"इहाँ ऐयसी अच्छी धूप है।" शहनाज़ ने महनाज़ के दिए हुए कार्डिगन के बटन बन्द करते हुए कहा।

अब बिल्लो क्या करती! रुक गई। बैठ गई और बेबसी से शहनाज़ की तरफ़ देखने लगी।

''कल कानी कै बरस के बाद भाई साहब का खत आया कराची से।'' शहनाज़ ने कहा।

''का लिक्खिन हैं? मजे में हैं ना?''

''पासपोर्ट बनवाने की फ़िकिर में हैं। लिखा है कि मेरी शादी की ख़बर भेजी जाए तो विज़ा मिलने में आसानी होगी। अम्माँ मार घबरा रहीं कि एक्के ठो कमरा है। ईदू से का कहें। और ईदू से कुछ न कहें तो भाई साब को ठहराएँ कहाँ!''

''संजयनगर। गली नम्बर पाँच। मकान नम्बर चौहत्तर-बी खाली पड़ा है।''

''क्या?''

''अरे बहिनी, कारपोरेसनवाले हम्में नया घर दिहिन हैं कि ना ई घर के बदले में! हम आज देख आए हैं। जेतना बड़ा ई घर उतना बड़ा तो ओका हाल कमरा है। पखाना इतना बड़ा कि दू परानी चाहें तो रह लें...ई तोरे खूँट में का बँधा रहता है हर बखत?''

शहनाज़ ने अपने खूँट को प्यार भरे उदास हाथों से छुआ। और उसे लगा जैसे उस खूँट में कहीं से उसके आँसुओं की नमी आ गई है। उसने उसमें बँधी हुई चीज़ को प्यार से छुआ।

''हमरा देन मेहर है।'' उसने कहा, ''बदर निकाह होये से पहले ही मेहर अदा कर दिहिन हैं।'' यकायक वह खड़ी बोली भूल गई।

''ल्यो निकाह से पहिले ही मेहर दे-दिला के छुट्टी किहिन।'' बिल्लो मुस्कुराई, ''का दिहिन?''

''एकइस रुपिया मेहर फ़ातमी और नौ रुपिया मँगाई भत्ता।''

''मतलब ई कि बिआह करे पर राजी हो गए?''

''होते कैसे नहीं? पिआर कोई मज़ाक थोड़े होता है भाउज!''

''इहो ठीके है।'' बिल्लो ने कहा, ''कब हो रहा बिआह?''

''इमरजेंसी उट्ठे के दूसरे दिन,'' शहनाज़ ने कहा, ''फिर आपो लोग लौट आइएगा अपने महल्ले में। अभयीं आते रहे तो देखा कि चटरजी सवार होते रहे। मार भोयें-भायें रोते रहे बिचारू।''

''हम ना रोएँगे।'' बिल्लो ने कहा, ''आज हम बजार गए रहे। तो तोरे वास्ते दू ठो सारी लेते आए।'' वह यह कहती हुई उठी और कमरे में चली गई। दालान में लाल मुहम्मद बीड़ीवाली श्रीमती गाँधी उसी तरह मुस्कुरा रही थीं जैसे उन्होंने देखा ही न हो कि बिल्लो ने अभी थोड़ी देर पहले अपने घर के कच्चे आँगन में

अपने सपने की कब्र बनाई है। वह श्रीमती गाँधी की तरफ़ देखे बिना कमरे में चली गई। देश घर की सालगिरह मनाने के लिए अपनी घरवाली को नई साड़ी पहनाना चाहता था। साड़ी वैसी-की-वैसी बिल्लो के बक्स में रक्खी थी। बिल्लो ने चारपाई के नीचे से बक्स खैंचा। ऊपर ही दो नई साड़ियाँ रक्खी हुई थीं। उसने दोनों साड़ियाँ उठाईं, बक्स को बन्द करके पलंग के नीचे ढकेला और तब चारपाई की तरफ़ देखे बिना वह कमरे से निकल गई।

शहनाज़ आँगन में वहीं खटोले पर बैठी हुई थी।

बिल्लो ने दोनों साड़ियाँ उसे थमा दीं। शहनाज़ ने उसे सलाम किया। वह मुस्कुरा दी। शहनाज़ ने साड़ियाँ रैपर से निकालके देखीं। ख़ुश हो गई। फिर साड़ियों को अपने बदन से लगाकर देखा। बहुत ख़ुश हो गई और फिर उसे एकदम से ख़याल आ गया कि बिल्लो को शायद जाना पड़ेगा—जमुना पार। संजय कालोनी। गली नम्बर : 5। मकान नम्बर : 74-बी।

''वहाँ जाने के बजाय आप पहलवान-चा के घर क्यों नहीं उठ आतीं?''

''काहे को उठ आएँ? जब सरकार हम्में हमरे घर के बदले में पक्का घर दे रही तो हम कोई और के घर में काहे को रहें?'' बिल्लो ने पूछा।

''वहाँ जी लग जाएगा? हम लोग याद नहीं आएँगे क्या?''

''अरे जी लगे में का धरा है बहिनी!'' बिल्लो ने कहा, ''न लगे को होय तो घरो में ना लगे। और जो लगे पर आ जाए तो जंगलो में लग जाए।''

''कब जाइएगा?''

''ई ना बता सकित हैं हम।'' बिल्लो ने कहा, ''हम ई ना चाहते कि जाए के बखत सारा महल्ला खड़ा हो जाए बिदा करे के वास्ते। हम मामू को सलाम करे आएँगे।''

बातें ख़त्म हो गईं।

फिर शहनाज़ चली गई। और बिल्लो फिर अपने घर में अपनी यादों और सपनों के साथ रह गई।

एक अंगारा है कि ज़मीं है,
साये का एक हलका-सा धब्बा भी नहीं है,
जिसकी गोद में बैठ के कोई घास की उँगली से शबनम के क़तरे चाटे,
और ये सोचे :
रेत के इस पीले काग़ज़ पर,
क्या अपनी तक़दीर में उसने,
ख़ुद ही इतनी प्यास लिखी थी?..

वह उठी। घर के बाहर निकली। शाम हो चली थी। लोग गर्म कोटों और स्वेटरों में सिकुड़ते हुए आ-जा रहे थे। सूरजनाथ ख़्वाँचेवाले ने ख़्वाँचा लगा लिया था। गर्म-गर्म पकौड़ियाँ तल रहा था। खूँट से पैसा खोलती वह सूरजनाथ के ख़्वाँचे के पास गई।...ज़िन्दगी में पहली बार उसने दो रुपये की चाट खाई। आलू के कचालू। लाल मिर्च का पाउडर बुरका हुआ। बाएँ हाथ में दोना। दाहिने हाथ में नीम का छोटा-सा तिनका। आस्तीन से नाक पोंछती हुई वह खाए चली जा रही थी। फिर उसने गोलगप्पे खाए। फिर पकौड़ियों की बारी आई। मिर्च की तेज़ी से उसकी जबान जलने लगी तो वह मामा की दुकान पर चली गई।

मामा की दुकान पर भीड़ थी पर उसे वह दुकान ख़ाली-ख़ाली दिखाई दी, क्योंकि मामा की जगह नारायण बैठा हुआ था और उसके पीछे टँगी हुई गामा पहलवान की तस्वीर बिल्लो को बहुत उदास दिखाई दी। हनुमानजी के चेहरे पर रौनक नहीं थी। लगता था हाथ पर पहाड़ उठाए-उठाए वह थक गए हैं...चूल्हा उदास था। चाय की प्यालियाँ परेशान थीं।...बस 'लाल मुहम्मद बीड़ी' के कैलेंडर से झाँकती हुई श्रीमती गाँधी की तस्वीर मुस्कुरा रही थी...यह तस्वीर शायद कल बुलडोज़रों को चलता देखकर भी मुस्कुराती रहेगी।

बिल्लो ने कनखियों से दुकान के पास ही खड़े ऊँघते हुए बुलडोज़र को देखा। वह बिल्लो से बे-परवा खड़ा था और एक बच्ची नाक सुड़कती हुई उसे सबकी आँखें बचाकर बार-बार छू रही थी।...

पहलवान का टी-स्टाल सड़क से ज़रा हटा हुआ था इसलिए सड़क की चौड़ाई और नगर की खूबसूरती की स्कीम में नहीं आया था। बिल्लो सोचने लगी कि आसपास के घरों के गिर जाने के बाद यह अकेली दुकान कैसी लगेगी। उसने आँखें बन्द करके उस अकेली दुकान को देखना चाहा। पर कुछ दिखाई नहीं दिया तो वह चुपचाप 'गली द्वारिकाप्रसाद' में मुड़ गई।

यह गली देश से अपनी महब्बत की तरह उसे ज़बानी याद थी। इस गली पर वह न जाने कितने हज़ार बार चली होगी। क्या यह गली उसे याद करेगी? क्या इस गली में उतरनेवाली सुबह हवा से पूछेगी कि बिल्लो कहाँ है? क्या कल की रात इस गली में रुककर जनता लांडरी से लौटकर घर जाने के लिए उसकी राह देखेगी?... क्या कुछ भी नहीं बदलेगा? उसकी आँखें उमड़ आईं। वह एक-एक दीवार से मिली। एक-एक दरवाज़े से रुख़सत हुई। उसने एक-एक घर में जाकर बड़ों को सलाम किया। छोटों को प्यार किया। थक गई। लौटने लगी तो उसने देखा कि बाबू जगदम्बाप्रसाद एक दीवार से लगे पेशाब कर रहे हैं।

"इ दीवार गिराए बिना तूँ ना मनिहो का?" उसने कहा।

जगदम्बाप्रसाद घबराकर खड़े हो गए। उनके पीछे दीवार पर देवनागरी और फ़ारसी लिपियों में लिखा हुआ था :

''श्री संजय गाँधी का कहना है कि अपने नगर को साफ़-सुथरा रखना हर नागरिक का कर्त्तव्य है।''

जगदम्बाप्रसाद ने दीवार की लिखावट पढ़ी नहीं और बिल्लो को पढ़ना आता ही नहीं था।

''कोई कहता रहा कि आज तूँ जा रही हो?'' जगदम्बाप्रसाद ने कहा।

''कोई कौन कहेवाला होता है?'' बिल्लो ने कहा, ''हम ख़ुदै कह रहें कि हम जा रहें।''

''देस की तबिअत कैसी है अब?''

''पहिले से तो बहुत फरक है।'' बिल्लो ने कहा। फिर एकदम से बोली, ''तनी इ इमरजंसी जल्दी उठवाए की कोसिस करिए कि सहनाज और बदर का बिआह हो जाए।''

''अरे कौनो हम लगाया है इमरजंसी कि उठाय दें।'' जगदम्बाप्रसाद बोले, ''उप्पर से हुकुम आया। लग गई इमरजंसी। उप्पर से हुकुम आए की देरी है। हट जययूहे इमरजंसी।''

बाबू जगदम्बाप्रसाद बीड़ी सुलगाते आगे बढ़ गए। बिल्लो अकेली अपने घर की तरफ़ चल पड़ी।

घर।

घर जिसमें यह उसकी आख़िरी रात थी...

वरना हर-हर क़दम पे याँ घर था

बुलडोज़रों की आँख साढ़े नौ बजे खुली क्योंकि वह सरकारी बुलडोज़र थे—कटरा मीर बुलाक़ी के लोग घरों से बाहर नहीं निकले। बच्चे तमाशा देखने ज़रूर आ गए। वह अपनी हैरान आँखों से उन बुलडोज़रों की तरफ़ देख रहे थे। बुलडोज़र स्टार्ट हुए। आगे बढ़े। एक दाहिनी तरफ़ के मकानों की तरफ़ मुड़ा। दूसरा बाईं तरफ के मकानों की तरफ़। मलबा उठानेवाली ट्रकें तैयार हो गईं। मज़दूर फावड़े और टोकरियाँ सँभाले पहले घर के गिरने की राह देखने लगे...थोड़ी देर के बाद जहाँ 'पंडित शिवशंकर पांडेय मार्ग' था वहाँ ज़मीन से आसमान तक धूल अट गई। उन घरों की धूल जिसके रहनेवाले जमुना पार, संजयनगर की नम्बरी गलियों में बने हुए नम्बरी मकानों में उठ गए थे। दाहिनी तरफ़वाले बुलडोज़र के ड्राइवर ने धूल से बचने के लिए मुँह पर ढाटा बाँध लिया था। बाईं तरफ़वाला ड्राइवर धूप की ऐनक लगाए बैठा था। यह ऐनक उसका साला बम्बई से लाया था जहाँ वह कपड़ा मिल में काम करता था...

दाहिनी तरफ़वाले ड्राइवर ने बुलडोज़र का मुँह एक घर की तरफ़ मोड़ा और दाँत पर दाँत जमाकर धूल के लिए तैयार हो गया। घर का किवाड़ बन्द था। जब बुलडोज़र बिल्कुल किवाड़ तक आ गया तो ड्राइवर ने धूल में देखा कि दरवाज़ा शायद खुल गया है और चौखट पर कोई खड़ा है...या शायद खड़ी है...

"अरे हट बहनचोद..." ड्राइवर ने घबराकर कहा। पर वह नहीं हटी और फिर बुलडोज़र घर के अन्दर दाख़िल हो गया—तब तक ड्राइवर ने उसे रोक लिया। वह कूदा। धूल में कुछ दिखाई नहीं दे रहा था। धूल का बादल दस-पाँच मिनट बाद ज़रा फटा तो ड्राइवर ने एक औरत की लाश देखी और उसके बुलडोज़र में फ़िल्मी संगीत सुनाते हुए ट्रांजिस्टर से एक और आवाज़ आने लगी :

"आपका नाम?"

"बिल्लो।"

"पूरा नाम क्या है?"

"पता नहीं। हम तो जब से होस सँभाला है इहे नाम सुन रहें। और एही पर बोलते चले आ रहें।"

"आप करती क्या हैं बिल्लो देवी?"

"कटरा स्त्रीमती गाँधी में हमरी जनता लांडरी है। हमरे पती को परधान मनतरी बंक से करजा दिलवा दिहिन हैं तो उनकी इन्दिरा मोटर वर्क़साप चल रही जीरो रोड पर।"

"इमरजेंसी के बारे में आपका क्या ख़याल है बिल्लो देवी?"

"बहुत अच्छा ख़याल है। जब से इन्दिराजी देस में इमरजंसी लिआई हैं, देस में बहुत तरक्की हुई है। पुलिसवाले कपड़े की धुलाई देवे लगे हैं। चीनी और सोने के भाव में फरक हो गया है। हमरी तो भगवान से एही परार्थना है कि भगवान इन्दिराजी को जिन्दा रक्खे कि ऊ इमरजंसी बनाए रहें।"

बुलडोज़र के ड्राइवर को यह नहीं मालूम था कि उसी औरत की आवाज़ है जो उसके बुलडोज़र के नीचे आकर सामने पड़ी है। वह बिल्लो को नहीं जानता था। पर मैं बिल्लो को जानता हूँ। उसकी आवाज़ भी पहचानता हूँ...

बुलडोज़र के ड्राइवर ने ट्रांज़िस्टर बन्द कर दिया और बजता हुआ फ़िल्मी गाना बन्द हो गया।

फिर पुलिस आ गई। पुलिस ने घेरा डाल दिया। लोग हटा दिए गए। हलका-सा लाठीचार्ज भी करना पड़ा पुलिस को क्योंकि लोग हट नहीं रहे थे। और लोग हटते कैसे? उन्हें भनक पड़ गई थी कि कोई मर गया है।

बाद में लोग यही कहते रहे कि बिल्लो बुलडोज़र के सामने आकर मर गई। पर आकाशवाणी का कहना था कि यह ख़बर बिल्कुल ग़लत है। बुलडोज़र के ड्राइवर का बयान भी आकाशवाणी के लखनऊ-इलाहाबाद स्टेशन से सुनवाया गया जिसमें उसने क़सम खाकर कहा कि उसके बुलडोज़र से कुचलकर कोई नहीं मरा—इमरजेंसी के दिन थे इसलिए कटरा मीर बुलाक़ी के लोग मान गए कि कोई नहीं मरा...पर कोई मरा नहीं तो बिल्लो है कहाँ?...कटरा मीर बुलाक़ी के लोगों ने यह सवाल किसी से नहीं किया क्योंकि दिन इमरजेंसी के थे।...

दो दिन में सारे मकान गिन गए। मलबा उठ गया। सड़क चौड़ी होने लगी... भारी रोलर गिट्टी कुचलने लगे।...तारकोल बिछाया जाने लगा...पहलवान की दुकान 'गली द्वारिकाप्रसाद' के नुक्कड़ पर अकेली खड़ी सड़क का रंग-रूप निखरते देखती रही...

यहाँ तक कि पहलवान जब देश को लेकर लौटे तो उस चौड़ी सड़क को देखकर चकरा गए। समझे कि वह ग़लती से किसी और महल्ले में आ निकले

हैं। पर अपनी दुकान देखकर उनकी जान में जान आई और यह देखकर वह रो पड़े कि जहाँ देश का घर था वहाँ चमचमाती हुई सड़क धूप में पड़ी मेल्ह रही है। उन्होंने देश की तरफ़ देखा। देश मुस्कुरा रहा था। वही ख़ाली बोतल-सी मुस्कुराहट। पहलवान ने रिक्शा गली में मुड़वा लिया।

उन्हें यह बात बहुत अजीब लगी कि महल्ले के लोग उनसे आँखें चुरा रहे हैं।

"ए सम्सू–" उन्होंने शम्सू मियाँ को आवाज़ दी जो उनके रिक्शे को आता देखकर लपकके घर में घुसे जा रहे थे।

बात यह थी कि कटरा मीर बुलाक़ी का कोई आदमी आगे बढ़कर पहलवान को यह ख़बर सुनाने पर तैयार नहीं था कि बिल्लो मर चुकी है। लोग चाहते थे कि उन्हें यह ख़बर कोई और दे ले तो वह पुरसे में जाएँ। पर अब पहलवान की आवाज़ सुनकर तो शम्सू मियाँ अन्दर जा नहीं सकते थे। लौट पड़े।

"कब आए?" उन्होंने पहलवान से पूछा।

"चूतियापन्ती की बात तो करो जिन हमसे।" पहलवान ने कहा।

"सलाम पहलवान।" मास्टर बद्रुलहसन आ गए।

"जीते रहो भैया।"

"अब क्या हाल है इनका?"

"हकीम साब की दवा से एतना फायदा तो जरूर भया कि एक दिन इ हम्में पहचान लिहिन। मुदा फिर तुरन्त गोता मार गए। हकीम साब बोले हैं कि माजून खिलाए जाव। सफा होगी। मुदा बखत लगेगा।" वह शम्सू मियाँ की तरफ़ मुड़े। "एक बात हमरी समझ में न आ रही। बिल्लो तो हमसे कहिस रहा कि ओके घर के गिराए का नोटिस ना आया है। फिर ओका घर कैयसे गिर गया? और जब नोटिस आया तो तूँ खत लिखके हम्में बुलवा काहे ना लियो?"

"हम समझे रहे कि तूँहे खबर होइहे।" शम्सू मियाँ ने कहा।

देश हँस पड़ा। सामने से एक बच्चा नंग-धड़ंग चला आ रहा था।

"बिल्लो बिचारी को जाए में बड़ी तकलीफ भई होगी। गोदी में बच्ची, सर सामान...तूँ लोग ओको पहुँचाए गए रहे कि ना?"

इस सवाल का जवाब किसी ने नहीं दिया।

"बच्ची कहाँ है?" शम्सू मियाँ ने एकदम से सवाल किया।

"तोरी अक्किल गाँड़ मराये चली गई है का! हम तो अभयीं चले आ हैं। बच्ची बिल्लो के पास होइहे। बिल्लो कहाँ है?"

पहलवान के इस सवाल का किसी ने जवाब नहीं दिया।

"बिल्लो ने तो कहा था कि देश भाई का दिल बहलाने के लिए बच्ची आपके साथ गई है।" बदर ने कहा।

पहलवान ने मुड़कर बदर की तरफ़ देखा। उन्हें पहली बार डर लगा।

"बिल्लो कहाँ है?"

देश ने नारा मारा : "स्रीमती गाँधी ज़िन्दाबाद।"

"बात इ है कि..." शम्सू मियाँ कहते-कहते रुक गए। उन्हें यह मालूम ही नहीं था कि बुलडोज़र के आगे आकर मर जाने की बात कैसे कही जाती है।

"मगर बच्ची..." बदर ने घबराकर शम्सू मियाँ की तरफ़ देखा।

फत्तो दौड़ी-दौड़ी आई और पहलवान से लिपटकर यूँ बोली जैसे कोई बड़ी मज़ेदार ख़बर सुना रही हो। "बिल्लो खाला मर गईं..."

देश ने नारा मारा, "स्रीमती गाँधी जिन्दाबाद..."

"अबे चुप रह भोंसड़ीवाले..." पहलवान ने देश को मारना शुरू किया। देश जो अपने को बचा भी नहीं सकता था मार खाता रहा। बड़ी मुश्किल से बदर और शम्सू मियाँ ने पहलवान पर क़ाबू पाया। और देश को सीने से लगाकर पहलवान बच्चों की तरह रोने लगे। शम्सू मियाँ और बदर ने उन्हें रोने दिया। फत्तो उन्हें रोता देखकर हँसती हुई उम्मेन को यह बताने भाग गई कि पहलवान नाना एतने बड़े होके रो रहें...

धीरे-धीरे सारा कटरा वहीं जमा हो गया। सब ख़ामोश थे। बस पहलवान रो रहे थे। रिक्शेवाला परेशान हो रहा था कि सवारी का 'टैम' है। एक-एक सवारी में इतनी देर लगेगी तो कैसे काम चलेगा! यह तो वह समझ गया था कि किसी की मौत हो गई। पर उसे यह नहीं मालूम था कि मरनेवाली अपने घर के साथ बुलडोज़र की चोट खाकर गिरी थी और घर ही के साथ मर गई थी और तब उसकी गोद में एक बच्ची भी थी...

उस रात पहलवान के घर शम्सू मियाँ के घर से खाना आया कि यही रस्म है। जिस घर में मौत हो जाती है उसमें सोग उठने तक चूल्हा नहीं जलता। कटरा मीर बुलाक़ी के लोग एक-एक करके आए और पहलवान के पास थोड़ी देर चुपचाप बैठकर चले गए...सबके बाद आशाराम आया।

"ए बेटा!" पहलवान ने देश से कहा, "आसा बाबू आए हैं।"

"ना बताएँगे।" देश ने बड़ी सख़्ती से कहा, "आसा बाबू हमरे दोस्त हैं। हम उनका पता ना बताएँगे।..." आशाराम किसी और तरफ़ देखने लगा। देश बोलता रहा, "हम्में ढेर मत परेसान करो लोग। हम स्रीमती गाँधी को खत लिख देंगे कि तू लोग हम्में सता रहे हो तो ऊ तूँ लोगन की ऐसी-तैसी कर देंगी।"

देश देर तक न जाने क्या-क्या बोलता रहा। आशाराम के सिवा किसी की समझ में यह बात न आई। और आशाराम चुप बैठा सुनता रहा...देश के दर्द की पूरी कहानी। उसकी दोस्ती की पूरी कथा। उसके आत्मविश्वास का तमाम क़िस्सा...फिर आशाराम चला गया क्योंकि इमरजेंसी के समर्थन में उसे टंडन पार्क में एक भाषण देना था। उस आम सभा की सिदारत करनेवाली थी महनाज़।

देश को जैसे बहुत-सी भूली हुई बातें एकसाथ याद आने लगीं। एक भेड़ियाधसान था यादों का। बिल्लो से उसके इश्क़ की यादें। हाउस फ़ंड की यादें। आशाराम से अपनी दोस्ती की यादें। बैंक से मिलनेवाले कर्ज़ की यादें। अपने घर की यादें। सुहागरात की यादें। फुटपाथ पर खिंचनेवाली तस्वीर की यादें। अपनी कार की यादें और उस कार पर होनेवाली एक रात की सैर की यादें और इलाहाबाद के बँगले में गुज़रनेवाले दिनों, महीनों...सदियों की यादें। यह तमाम यादें एक-दूसरे में गिडमिड थीं। एक याद के तार दूसरी याद के तार से उलझे हुए थे।...वह सारा-सारा दिन उन तारों को सुलझाने की कोशिश में लगा रहता। बोलता रहता...देखता रहता...और जब किसी तरह कोई बात समझ में न आती तो 'पंडित शिवशंकर पांडेय मार्ग' पर बैसाखी टेकता चला जाता और वहाँ बैठ जाता जहाँ उसका घर हुआ करता था। जहाँ उसकी बेटी पैदा हुई थी। जहाँ उसने सुहागरात मनाई थी। जहाँ बिल्लो ने उसे सोता समझकर उसके सामने साड़ी बदली थी और कार को देखने बाहर निकल गई थी...परछाइयाँ-सी आती और निकल जातीं और वह बैठा-बैठा यह सोचता रह जाता कि वह यहाँ, सड़क पर बैठा क्या कर रहा है। खाने का वक़्त आता तो मामा आते और उसे बहला-फुसलाकर ले जाते। वह न उठने की ज़िद करता तो मामा रोहाँसे होकर उसे माँ-बहन की गालियाँ देने लगते। इतवार का दिन होता तो इतवारी बाबा दिन-दिन भर उसके पास बैठे रहते और उससे इधर-उधर की बातें किया करते और सड़क देश से आँखें चुराकर चलती रहती। कोई रिक्शेवाला उसे गाली देकर हटने को कहता। बाबू गौरीशंकर पांडेय एम.पी. की कार भी उससे कतराकर निकल जाती।

कि एक दिन आकाशवाणी ने ऐलान किया कि श्रीमती गाँधी ने देशद्रोहियों का मुँह बन्द करने के लिए आम चुनाव करने का फ़ैसला किया है...पहले तो किसी को इस ख़बर पर यक़ीन नहीं आया। पर सब कहने यही लगे कि चुनाव में श्रीमती गाँधी सबको धो के रख देंगी...

कि ख़बर आई कि पुरानी कांग्रेस, सोशलिस्ट, बी.एल.डी., जनसंघ और यंग

टर्क्स मिल के चुनाव लड़ेंगे। लोगों ने कहा कि मिल के लड़ें या अलग-अलग, नतीजा मालूम है। जीतेंगी मिसेज़ गाँधी।

कि ख़बर आई कि दिल्ली की जामा मस्जिद का इमाम भी जनसंघियों से मिल गया। लोगों ने कहा : तो क्या हुआ! जीतेगी श्रीमती गाँधी की कांग्रेस।

कि ख़बर आई कि जगजीवनराम कांग्रेस से अलग हो गए। और पहली बार लोगों को शक-सा हुआ कि शायद मिसेज़ गाँधी हार भी जाएँ।...मिसेज़ गाँधी हार भी सकती हैं...और फिर ख़बर आई कि बाबू गौरीशंकर पांडेय कांग्रेस से अलग हो गए और जनता पार्टी में चले गए। फिर ख़बर आई कि इस कांस्टिचुऐंसी से बाबू साहब ही जनता के टिकट पर चुनाव लड़ेंगे।

और सबसे बाद में यह ख़बर आई कि आशाराम इस कांस्टिचुऐंसी से कांग्रेस के टिकट पर चुनाव लड़ रहे हैं।

और उन्नीस महीनों से हाथ बाँधे खड़े हुए देश ने सर उठाने का फ़ैसला किया। पर डर अब भी ऐसा था कि सब कह रहे थे कि वह कांग्रेस को वोट देंगे... जमुना पार, संजयनगर वाले भी कांग्रेस ही को वोट देनेवाले थे।

शहर में जुलूसों की बहार आ गई। तक़रीरों को तरसे हुए कान एक-एक दिन में दस-दस तक़रीरें सुनने लगे। बहुत दिनों के बाद उन्होंने देखा कि लोग दिन-दहाड़े, हाथ में माइक्रोफ़ोन लेकर श्रीमती गाँधी और संजय गाँधी के ख़िलाफ़ बोल रहे हैं। जिन लोगों का नाम इज़्ज़त से लेते भी डर लगता था कि कहीं कोई यह न लगा दे कि उन्हें बुरा-भला कहा जा रहा था, उन वी.सी. शुक्लाओं, उन यशपाल कपूरों, उन बंसीलालों को लोग सरे-राह खड़े होकर गालियाँ दे रहे थे। धीरे-धीरे जेलों की कहानियाँ बाहर आने लगीं।

प्रेमा आशाराम के ख़िलाफ़ काम कर रही थी। उसने देश की तस्वीर छापी और लिखा कि यह आदमी कौन है और इस पर क्या गुज़री है। उसने लोगों को बिल्लो की कहानी सुनाई। उसने दुनिया की आँखों में आँखें डालकर बताया कि उस पर क्या-क्या बीती...हवा का रुख बदलने लगा।

...पर बाबूराम 'आज़ाद' अपने घर से बाहर न निकले। उन्होंने जनता वालों से कह दिया कि वह पैदाइशी कांग्रेसी हैं और आख़िरी वक़्त में क्या ख़ाक मुसलमाँ होंगे। पर वह आशाराम की कैन्वेसिंग करने नहीं निकले।

रामदयी, जिसे राजनीति की समझ बिल्कुल नहीं थी, अपने बेटे के जीतने की दुआएँ माँगने लगी।

देश इन बातों और इन परिवर्तनों से बे-तअल्लुक़ सड़क का कोना थामे अपनी यादों की उलझी हुई डोर सुलझाता रहा और चुनाव के हंगामों में कटरा

मीर बुलाक़ी के लोग भी लगभग उसे भूल गए। बस बदर आता रहा। इतवारी बाबा उसकी परछाईं बने रहे और पहलवान उसके लिए रोते रहे।

चुनाव से कोई पाँच दिन पहले आशाराम अपने चुनाव के लिए चन्दा माँगने कटरा मीर बुलाक़ी में आया। महनाज़ के घर के सामने मैदान में सभा हुई। उसने कटरेवालों को बतलाया कि उन्हें अपोज़िशन के बहकावे में नहीं आना चाहिए। और फिर उसने अपने चुनाव के लिए चन्दे की अपील की।

सबसे पहले जोखन मियाँ ने एक हज़ार रुपया दिया। तमाम लोग चुप बैठे रहे। फिर अन्दर से शहनाज़ निकली। बुरक़ा पहने हुए वह आशाराम के पास गई। फिर उसने भीड़ में बैठे हुए बदर की तरफ़ देखा। फिर उसने अपना खूँट खोला। उसमें दस-दस के तीन चिंगुडे-मिंगुड़े नोट थे। वह नोट उसने आशाराम की तरफ़ बढ़ाते हुए कहा : "मेरी कुल पूँजी यही तीस रुपये हैं।" बदर के सिवा कोई न समझ सका कि उसने आशाराम के चुनाव के चन्दे में क्या दिया। बदर उठा और वहाँ से चला गया...

आशाराम ने शुक्रिया अदा करके वह तीस रुपये ले लिए।

सभा ख़त्म हो गई।

भीड़ छँट गई।

लोग अपने-अपने घरों को चले गए। बस बदर भटकता रहा।...और उसी रात शहनाज़ से उसका निकाह हो गया। उस निकाह में देश भी लाया गया। वह चुपचाप बैठा मुस्कुराता रहा। वही ख़ाली बोतल-सी मुस्कुराहट।

बदर और शहनाज़ की सुहागरात भी अजीब थी। बाहर मिरासनें तो नहीं गा रही थीं कि शम्सू मियाँ के बचपन के दोस्त भोलू पहलवान की भांजी अभी कुछ ही दिन पहले मरी थी हालाँकि आकाशवाणी का कहना था कि यह ख़बर ग़लत है। आशाराम ने अपनी कई-कई तक़रीरों में भी यही कहा। पर कटरे के लोग जानते थे कि आकाशवाणी से झूठी ख़बरें भी आती हैं...

तो शम्सू मियाँ के घर में बाक़ायदा न ढोल रक्खा गया, न गीत गाए गए। फिर भी कुछ लड़कियाँ अपनी तरफ़ से टें-टाँ कर रही थीं और अन्दर कमरे में शहनाज़ दुल्हन बनी बदर की राह देख रही थी। बदर आया। उसने टोपी और शेरवानी के साथ-साथ होंठों को पहनाई हुई मुस्कुराहट भी उतार दी और फिर अपने नंगे होंठ लेकर शहनाज़ के पास गया।

"रूनुमायी में तुम्हें अपना वोट देता हूँ," बदर ने कहा, "उसे कांग्रेस के ख़िलाफ़ दे आना।"

...बदर के प्राइमरी स्कूल में पोलिंग स्टेशन था। उससे थोड़ी दूर पर दो तम्बू गड़े थे। एक कांग्रेस का। दूसरा बाबू गौरीशंकर पांडेय का।...

भीड़ कांग्रेस के तम्बू तले ज़्यादा थी क्योंकि लोग रिस्क लेना नहीं चाहते थे। वोट चाहे किसी को दें। पर लोग पर्ची गाय-बछड़ेवाली लेना चाहते थे...

देश भीड़ देखकर वहीं आ गया।

उसकी समझ में यह नहीं आ रहा था कि बात क्या है? क्यों इतने लोग इकट्ठा हैं? पर यह भीड़ और धक्कमपेल देखकर वह ख़ुश बहुत था। ऐसा लग रहा था जैसे इस शोर ने उसके बदन का दर्द धो दिया हो। कभी-कभार इस शोर को भूलकर वह अपने-आपसे बातें करने लगता...

बाबूराम दिन के कोई ढाई बजे रामदयी को लेकर वोट देने आए। उन्होंने कांग्रेस के तम्बू मे अपना नम्बर निकलवाया। उसी वक़्त पोलिंग स्टेशनों का दौरा करता आशाराम भी आ गया। उसने दादा को सलाम किया। बाबूरामजी टाल गए। न जाने क्यों आशाराम को जीने की दुआ देने को उनका जी न चाहा। वह जाने के लिए मुड़े। रामदयी बेटे को देखती हुई पीछे रह गई। पर बाबूरामजी रामदयी के इन्तिज़ार में रुके नहीं। वह तम्बू से बाहर निकल गए।

वहाँ देश खड़ा था। वह बाबूराम की तरफ़ देखकर मुस्कुराया। वही ख़ाली बोतल-सी मुस्कुराहट। बाबूरामजी ने नज़र भरकर देश की तरफ़ देखा।

"गड़बड़ करोगे तो स्रीमती गाँधी को लिख दूँगा..." देश ने कहा।

बाबूरामजी के हाथ में कांग्रेस कैम्प की बनाई हुई पर्ची थी।

"स्रीमती गाँधी जिन्दाबाद।" देश ने कहा। फिर वह हँसा और फिर वह अपनी बैसाखी टेकता आगे चला गया। बाबूरामजी वहीं खड़े देखते रह गए।

देश को पता भी नहीं था कि वह बाबूरामजी को किस दलदल में ढकेलकर चला आया है।

बाबूरामजी आगे बढ़कर क्यु में खड़े हो गए। क्यु धीरे-धीरे आगे सरकने लगा। रामदयी भी आ गई पर अब बाबूराम और रामदयी के बीच में कई लोग थे। बाबूराम ने पलटकर देखा भी नहीं कि रामदयी आई या नहीं। यह अपने साथ अकेले रहने का क्षण था और अकेले फ़ैसला करने की घड़ी थी।

न जाने कहाँ से देश के हँसने की आवाज़ आई।

क्यु और आगे सरक गया।

देश के हँसने की आवाज़ कुछ पीछे रह गई।

पोलिंग आफ़िसर बाबूरामजी को जानता था। वह उन्हें देखकर मुस्कुराया। चारों पोलिंग एजेंट भी उन्हें जानते थे। वह भी मुस्कुराए। बाबूरामजी किसी मुस्कुराहट के जवाब में नहीं मुस्कुराए। उन्हें ऐसा लग रहा था जैसे हिन्दुस्तान की तकदीर उनके अकेले वोट से बँधी हुई है। अपनी, अपने पिता की सारी ज़िन्दगी

सामने थी। आशाराम की ज़िन्दगी भी सामने थी और उनके हाथ में उनका बैलेट पेपर था और वह पोलिंग बूथ में अकेले थे और परछाइयों में घिरे हुए थे। फिर सारी परछाइयाँ ग़ायब हो गईं। केवल देश रह गया। देश और देशराज। शायद दोनों एक ही थे। और फिर केवल देश की मुस्कुराहट रह गई। वही ख़ाली बोतल-सी मुस्कुराहट और उन्होंने बाबू गौरीशंकर पांडेय के निशान पर ठप्पा लगा दिया...

यह वोट देने के बाद उन्हें ऐसी थकन महसूस हुई जो स्वतंत्रता-संघर्ष के बाद भी नहीं महसूस हुई थी। वह पोलिंग बूथ से बाहर निकल आए। और उन्हें लगा जैसे वह जेल से बाहर आए हों। खुली फ़िज़ा में वह लम्बे-लम्बे साँस लेने लगे और उन्होंने देखा कि आशाराम की माँ, उनकी बहू रामदयी क्यु के साथ आगे बढ़ रही है।

बहुत दिनों के बाद वह मुस्कुराए और रामदयी की राह देखे बिना घर की तरफ़ चल पड़े।

जीत की घड़ी

'पंडित शिवशंकर मार्ग' ख़ुशी से पागल हो रहा था। आशाराम हार गया था। बाबू गौरीशंकर पांडेय जीत गए थे। उस दिन जितना बड़ा जुलूस निकला उतना बड़ा तो संजय गाँधी का भी नहीं निकला था जब वह पंडित शिवशंकर पांडेय की मूर्ति की नक़ाब-कुशायी करने आए थे।

बाबूरामजी पंडित गौरीशंकर पांडेय एम.पी. (जनता पार्टी) के साथ फूलों से सजे हुए ट्रक पर थे। पहलवान भी ट्रक ही पर थे और खुशी में बीड़ी के लम्बे-लम्बे कश ले रहे थे। इतवारी बाबा ट्रक के आगे नाच रहे थे। भीड़ गला फाड़ के नारे लगा रही थी :

बाबू गौरीशंकर पांडेय—ज़िन्दाबाद।
कांग्रेस फ़ार डिमाक्रेसी—ज़िन्दाबाद।
जनता पार्टी—ज़िन्दाबाद।
बाबू जगजीवनराम की—जय।
भारत माता की—जय।
लोकनायक श्री जयप्रकाश नारायण—ज़िन्दाबाद।...

इन लोगों की आवाज़ अपनी नर्म-नर्म उँगलियों से उन्नीस महीनों के लगाए हुए ज़ख़्मों पर मरहम लगा रही थी। उन्नीस महीनों के सन्नाटे की दीवार टूट रही थी। उन्नीस महीनों से झुकी हुई गरदनें सीधी हो रही थीं।...कि जुलूस पहलवान की दुकान पार करके, 'गली द्वारिकाप्रसाद' के नुक्कड़ से आगे बढ़ा और वह जगह आ गई जहाँ पहले बिल्लो और देश का घर हुआ करता था। जुलूस के तमाम लोगों को यह बात नहीं मालूम थी। जो जानते थे वह सड़क के उस हिस्से से आँखें बचा के गुज़र जाने की जल्दी करने लगे। और वहाँ चुपचाप बैठा हुआ देश भीड़, नाचती-गाती भीड़ को देखकर ख़ुश हो गया और नाचते हुए इतवारी बाबा के साथ अपनी बैसाखी समेत नाचने लगा—उसे नाचता देखकर गला फाड़ता हुआ मजमा धीरे-धीरे चुप होने लगा। पहले आगेवाले लोग चुप हुए फिर उनके

पीछे—धीरे-धीरे वह लोग भी चुप हो गए जो देश का नाच नहीं देख सकते थे... ट्रक रेंग रही थी। बाबू गौरीशंकर पांडेय ने अपने गले का हार देश की तरफ़ उछाला। हार ठीक उसके गले में पड़ा। लोग तालियाँ बजाने लगे। सैकड़ों हाथ। देश भी ताली बजाने लगा। पर ताली बजाने के लिए दो हाथों की ज़रूरत पड़ती है। देश ने बैसाखी छोड़ दी। वह लड़खड़ाया और इससे पहले कि ट्रक रुके और लोग समझें कि क्या हो रहा है वह ट्रक के नीचे आ गया...

उस रात आकाशवाणी की न्युज़ बुलेटीन में और ख़बरों के साथ यह ख़बर आई कि :

इलाहाबाद में एक दुर्घटना हो गई। ख़बर मिली है कि जब जनता पार्टी के टिकट पर चुने हुए एम.पी. श्री गौरीशंकर पांडेय की जीत का जुलूस निकल रहा था तब एक अपाहिज नाचते-नाचते ट्रक के नीचे आ गया और मर गया। याद रहे कि श्री गौरीशंकरलाल पांडेय एम.पी. ने 'कटरा मीर बुलाक़ी बम केस' के एप्रूवर श्री आशाराम को दो लाख अस्सी हज़ार नौ सौ पैंसठ वोटों से पराजित किया है...।

●●●